HEYNE <

Das Buch

Wenn Sie einen Blick in die Zukunft werfen könnten, würden Sie es tun? Für Ben Boyce und Adhi Chaudry lautet die Antwort auf diese Frage eindeutig Ja. Und die beiden sind bereit, alles darauf zu verwetten, dass es anderen Menschen genauso geht. Als Adhi einen Quantencomputer entwickelt, der in der Lage ist, auf das Internet, wie es in einem Jahr sein wird, zuzugreifen, wittern die beiden ihre ganz große Chance. Sie gründen das Start-up The Future, um ihre Erfindung zu vermarkten. Ihre Kunden investieren Millionen in diese digitale Kristallkugel, die ihnen kommende Börsencrashs, den nächsten Superbowl-Gewinner oder politische Skandale mitteilen kann. Doch schon bald macht Adhi eine beunruhigende Entdeckung: Es scheint, dass das Internet und möglicherweise die Menschheit selbst in weniger als einem Jahr vernichtet sein wird – und dass The Future irgendetwas damit zu tun hat. Für Ben und Adhi beginnt ein Wettlauf gegen die Zeit …

Der Autor

Dan Frey ist Drehbuchautor und Schriftsteller. Er lebt und arbeitet in Los Angeles.
Besuchen Sie Dan Frey auf Twitter: @wordsbyDanFrey

Mehr über Dan Frey und seine Werke erfahren Sie auf:

diezukunft.de

DAN FREY

FUTURE

DIE ZUKUNFT GEHÖRT DIR

Roman

Aus dem Amerikanischen von
Bernhard Kempen

WILHELM HEYNE VERLAG
MÜNCHEN

Titel der Originalausgabe:
THE FUTURE IS YOURS

MIX
Papier aus verantwortungsvollen Quellen
FSC® C014496
FSC
www.fsc.org

Penguin Random House Verlagsgruppe FSC® N001967

Deutsche Ausgabe 01/2022

Printed in Germany
Umschlaggestaltung: DAS ILLUSTRAT, München,
unter Verwendung von Motiven von Shutterstock.com
(Blackboard, arleksey)
Satz: Schaber Datentechnik, Austria
Druck und Bindung: GGP Media GmbH, Pößneck

ISBN 978-3-453-32131-1

www.diezukunft.de

Für Casey
Meine Zukunft gehört dir

EINS

E-Mail

Von: Ben Boyce
An: Ben Boyce, Adhvan Chaudry

Leute,
ES FUNKTIONIERT! Ernsthaft. Ihr habt es geschafft.

Das ist total verrückt – ich schicke euch diese Mail am 28. Februar 2023 und weiß, dass ich sie am 28. Februar 2022 empfangen werde (bereits empfangen HABE). Ziemlich schräg, was?

Also hör zu, Früherer Ben … Erst mal High five! Es war ganz richtig, dass du die ganze Zeit daran geglaubt hast – an dich selbst, an Adhi, an alles. Dein Traum, zum ersten schwarzen Firmenchef zu werden, der ein Milliarden-Dollar-Unternehmen gründet, wird in Erfüllung gehen … und das kann ich mit Sicherheit sagen, denn mir ist es BEREITS PASSIERT.

Und Adhi, Bro. Du bist das Genie, das es möglich macht. Ich hab immer gesagt, dass du irgendwann die Welt verändern wirst, und ich hatte recht. Das ist doch Wahnsinn – du sitzt mir gegenüber, während ich das hier schreibe, aber ich erinnere mich noch genau an dein Gesicht an dem Tag damals, als du es gelesen hast. Mach den Mund wieder zu und lies weiter.

Ich weiß, dass ihr gleich ausflippen und den Prototyp einsetzen werdet, um alles Mögliche nachzuschauen, aber ich kann euch schon jetzt ein paar Tipps geben.

1. Für Stanford läuft es in dieser Saison gar nicht gut, also hört sofort mit diesem Quatsch auf und erspart euch den Ärger.

2. Was Börsentipps betrifft, ja, natürlich, ihr KÖNNTET heute in ein paar idiotensichere Investitionen einsteigen. Aber ich verspreche euch, dass ihr besser fahren werdet, wenn ihr eure Zeit nicht mit so einem Scheiß vertrödelt, denn hauptsächlich solltet ihr jetzt in EUCH SELBST investieren.

Ich möchte diesen Moment dazu nutzen, einfach nur zu sagen: Alles wird gut. Der Prototyp funktioniert (offensichtlich). Und was auch immer passieren mag, rastet nicht aus. Nicht wegen Geld oder Respekt oder Prestige oder sonst was. Lasst den Korken knallen, und gönnt euch den besten verdammten Champagner eures Lebens – eine schöne Erinnerung für mich. Und von nun an: Vertraut dem Lauf der Dinge, genießt die Fahrt und haltet unbedingt zusammen.

Mit zutiefst freundschaftlichen Grüßen
Ben aus der Zukunft

Auszug aus dem Protokoll der Kongressanhörung vom 1. Dezember 2022

SEN. GREG WALDEN (D-OR): Die Sitzung der Senatsausschüsse für Justiz, Wirtschaft, Wissenschaft und Technologie ist eröffnet. Wir begrüßen alle Anwesenden zur heutigen Anhörung über das neue Wirtschaftsunternehmen namens »The Future« und die eventuellen rechtlichen, ethischen und politischen Auswirkungen dieser Technologie.

Eine solche Anhörung mag zwar nicht beispiellos sein, ist aber dennoch eine außergewöhnliche Gelegenheit, die gravierenden gesellschaftlichen Konsequenzen einer neuen Konsumtechnologie vorherzusehen und anzusprechen. Dieses gesetzgebende Gremium ist dafür bekannt, Innovationen mit großem Abstand hinterherzulaufen, wie sich bei einer früheren Anhörung zu sozialen Medien und Problemen mit dem Datenschutz gezeigt hat. Diesmal besteht die Hoffnung, dass wir der Zeit voraus sein könnten – insbesondere im Hinblick auf den jüngsten Whistleblower-Fall, der darauf hinzudeuten scheint, dass diese Technologie eine existenzielle Gefahr für unser Land und unser Volk darstellt.
BOYCE: Senator Walden, ich erhebe Einspruch gegen die Charakterisierung als ...
SEN. GREG WALDEN (D-OR): Sie wurden noch nicht aufgefordert, sich zu äußern, Mr. Boyce. Ungeachtet Ihrer Einwände liegen uns Daten aus Ihrem eigenen Unternehmen vor, die zahlreiche angesehene Wissenschaftler dahingehend interpretieren, dass wir uns auf einem Kurs befinden, der zur Auslöschung der Zivilisation, wie wir sie kennen, führen wird, und zwar innerhalb eines Zeitrahmens von weniger als zwei Jahren. Wenn das keine existenzielle Gefahr ...
BOYCE: Ich halte es einfach nur für verantwortungslos, es so zu bezeichnen, ohne dass alle Faktoren angemessen berücksichtigt wurden.
SEN. GREG WALDEN (D-OR): Belehren Sie mich nicht über *Verantwortungslosigkeit*, Mr. Boyce. Und wenn Sie sich nicht an die parlamentarischen Anstandsregeln halten, wird man Sie wegen Missachtung belangen. Haben Sie verstanden?
BOYCE: ... verstanden.
SEN. GREG WALDEN (D-OR): Gut. Also, die Mitglieder dieses Gremiums haben zwei Zeugen einberufen, die Gründer des Unternehmens namens The Future: Mr. Benjamin Boyce und

Mr. Adhvan Chaudry. Doch ich gebe zu Protokoll, dass zu dem Termin der Anhörung nur Mr. Boyce vor dem Gremium erschienen ist. Mr. Boyce, können Sie die Abwesenheit Ihres Kollegen erklären?

BOYCE: Nein, das kann ich nicht. Und ich mache mir Sorgen. Wenn Adhi nicht hier ist, scheint offensichtlich etwas nicht zu stimmen, und es wäre das Beste, wenn wir die Angelegenheit vorläufig vertagen.

SEN. GREG WALDEN (D-OR): Diese Sitzung wird nicht nach Ihrem Gutdünken abgehalten. Sie folgen einer Zeugenvorladung vor vierundvierzig Mitgliedern des Kongresses. Da einer von Ihnen nicht erschienen ist, wird ein Haftbefehl gegen Mr. Chaudry ausgestellt, den man wegen der Missachtung des Kongresses anklagen wird. Sind Sie bereit, mit der Anhörung fortzufahren, um ähnliche Maßnahmen zu vermeiden?

BOYCE: Ja, Sir. Ich möchte nur, dass meine Bitte um Aufschiebung protokolliert wird.

SEN. GREG WALDEN (D-OR): Gebührend zur Kenntnis genommen, und wir alle hoffen, dass Ihr Mitgründer zu irgendeinem Zeitpunkt des heutigen Tages geruhen wird, doch noch hier zu erscheinen. Jedenfalls hat er sich seinen Ruf der intellektuellen Selbstüberschätzung erneut verdient.

BOYCE: Ich möchte nur darauf hinweisen, dass es eigentlich keine Selbstüberschätzung ist, wenn er sich diesen Ruf verdient hat, nicht wahr? Nichts für ungut, aber ... Adhi ist klüger als alle hier in diesem Raum.

SEN. GREG WALDEN (D-OR): Das mag durchaus der Fall sein, Mr. Boyce. Aber dieses Gremium ist zusammengekommen, weil arglose Leute, die angeblich »klüger« sind, uns in der Vergangenheit einige Schwierigkeiten bereitet haben. Zweifellos sind die Datenwissenschaftler von Cambridge Analytica ausgesprochen stolz auf ihre Intelligenz gewesen, ebenso wie die Eugeniker vor einem Jahrhundert.

BOYCE: Ich bitte Sie, ist das wirklich ein fairer Vergleich?

SEN. GREG WALDEN (D-OR): Wir haben es hier mit einer Technologie zu tun, die anscheinend das Potenzial hat, die Welt, wie wir sie kennen, auszulöschen. Also verzeihen Sie mir, wenn mein Vergleich verletzend klingt, aber es ist dennoch angebracht, darüber zu diskutieren, auf welche Weise Mr. Chaudrys Intelligenz in der Vergangenheit mehrfach zu Problemen geführt hat.

Adhvan Chaudrys College-Zulassungsarbeit

Eingereicht am 12. Januar 2013, Stanford University

Bildung ist Blödsinn.

Ich weiß, dass es unklug sein dürfte, so etwas ausgerechnet in dieser Umgebung zu äußern, doch ich hoffe, dass Stanford Ehrlichkeit und Stringenz zu schätzen weiß. Gestatten Sie mir zu erklären, wie ich zu dieser speziellen Schlussfolgerung gelangt bin.

Meine Eltern kamen kurz nach meiner Geburt in dieses Land. Sie wollten dem indischen Kastensystem entfliehen. Im Jahr 1950 wurde es offiziell abgeschafft, doch vor zwanzig Jahren war es in praktischer Hinsicht immer noch fest etabliert. Da meine Eltern Shudras (arme Arbeiter) waren, hatten sie nie die Chance, Rajanyas (reiche Händler) zu werden. Aber sie glaubten, in Amerika kämen sie dazu in die Lage.

Als sie in San Francisco eintrafen, gaben sie sich alle Mühe. Doch zu ihrer Enttäuschung stellten sie fest, dass ein Aufstieg in dieser Welt genauso unmöglich ist. Nicht nur das, sie erkannten auch, dass das indische System doch einige Vorzüge hat – denn keinem Shudra wird jemals vermittelt, er sollte das Gefühl haben, an seiner Armut *schuld* zu sein. Es ist sein Lebensschicksal. Doch in Amerika wird Armut mit Versagen gleichgesetzt. Sie ist ein Grund für tiefe und beständige Scham.

Also setzten sie ihre Hoffnung in mich. Sie opferten sich auf und arbeiteten viele Stunden. Sie verinnerlichten den Wert harter Arbeit und bauten darauf, dass ich auf ein gutes College gehen und mir einen besseren Job verdienen würde, als es ihnen jemals möglich war. In der Bildung sahen sie einen Ausweg.

Doch nach meinen bisherigen Erfahrungen in der akademischen Welt habe ich gesehen, dass das alles nur Fassade ist. Ein abgekartetes Spiel. Ein System aus Schall und Rauch, um die Spreu vom Weizen zu trennen, um ein oligarchisches System aufrechtzuerhalten, das eine Generation nach der anderen mit Privilegien belohnt, genauso wie im Kastensystem. An der »renommierten« Privatschule, die ich besuche (mit einem akademischen Vollstipendium), stammt die überwiegende Mehrheit meiner Studienkollegen aus reichen Familien. Und unter meinen Kommilitonen grassiert Schummelei. Die meisten Eltern sind mitschuldig an einem System, das zwar perfekte Zensuren, Testnoten und ordentliche Tätigkeitsbescheinigungen honoriert ... sich aber einen Dreck um Redlichkeit schert.

Wir werden ermahnt, »zu jeder Zeit« Gelehrte und Gentlemen zu sein, und Studenten wird wegen ihres Benehmens am Wochenende der Rauswurf angedroht. Doch als der Sohn unseres Schuldirektors (einer meiner Klassenkameraden) bei einem Basketballspiel an der Schule so betrunken war, dass er auf dem Platz stolperte und sich auf die Freiwurflinie erbrach, wurde er lediglich mit Nachsitzen bestraft, und den Vorfall hat man unter den Teppich gekehrt.

Nun fragen Sie sich vermutlich: Will dieser Kerl überhaupt in Stanford studieren? Die Antwort darauf ist für mich ein uneingeschränktes Ja.

Ich weiß, dass meine schlechte Meinung über Bildung immer wie eine Ausrede klingen dürfte, solange ich sie nicht mit Erfahrungen begründe. Ich weiß, dass meine Verdienstmöglichkeiten durch die Diplome gesteigert werden, selbst wenn sie gar keine Bedeutung haben. Ich bin gewillt, die beste Schulbildung zu bekommen, die mir möglich ist, bis hin zum Doktortitel, damit ich schließlich mit absoluter Zuversicht behaupten kann, dass Bildung auf sämtlichen Ebenen totaler Blödsinn ist.

Auszug aus dem Protokoll der Kongressanhörung vom 1. Dezember 2022

REP. CORINNE SOTHEBY (R-NE): Mr. Boyce, ich möchte mit Ihnen über die Anfangszeit Ihrer Bekanntschaft mit Mr. Chaudry sprechen. Wie ich höre, sind Sie sich an der Universität begegnet.

BOYCE: Ja, richtig. Im ersten Semester. Also, Adhi war sogar schon ein Jahr älter als alle anderen, aber er musste trotzdem mit dem ersten Studienjahr beginnen. Bei seiner ersten Bewerbung war er, ob Sie es glauben oder nicht, von Stanford abgelehnt worden. Obwohl er Bestnoten hatte, bestandene Tests und alles, wurde er trotzdem nicht angenommen. Angeblich wegen seiner Zulassungsarbeit. Was eigentlich nur bedeutet, dass er die Spielregeln nicht kannte und nicht wusste, dass er den Leuten das sagen muss, was sie hören wollen.

Also ging er ein Jahr lang auf das Junior College, irgendwo in East Bay, und bewarb sich anschließend noch einmal. Und weil er da draußen als Studienanfänger am JC Artikel über Mathematik veröffentlichte, erkannten sie, dass sie etwas übersehen hatten, also bekam er im folgenden Herbst die Studienzulassung. Zwar war er nicht gerade begeistert, dass er alle Voraussetzungen noch einmal erfüllen musste oder dass er ein Jahr älter war als die anderen. Aber trotz seines Gemeckers konnte ich heraushören, dass er durchaus glücklich darüber war, in Stanford zu sein. Genauso wie ich.

Dort haben wir uns kennengelernt. Zufällig wurden wir demselben Studentenwohnheim zugeteilt. Und vom ersten Tag an haben wir uns gut verstanden.

REP. CORINNE SOTHEBY (R-NE): Waren Sie sofort an einer professionellen Zusammenarbeit mit Mr. Chaudry interessiert?

BOYCE: Mit achtzehn? Ich war an *gar nichts* interessiert, was irgendwie professionell war.

REP. CORINNE SOTHEBY (R-NE): Ich dachte nur, weil mir eine Freundschaft zwischen Ihnen beiden unwahrscheinlich vorkommt.

BOYCE: Hatten Sie nie Freunde, die anders als Sie selbst waren? Mir persönlich hat es gefallen, dass Adhi eher still war. Heutzutage würde man wahrscheinlich »auf dem Spektrum« sagen. Weshalb er sich auch nie zuvor richtig mit jemandem angefreundet hatte.

Aber ich mochte ihn gleich. Auch wenn es nicht jeder so gesehen haben mag, ich fand ihn richtig witzig. Da er nicht gerade ein gesprächiger Typ war, saßen wir gern an unseren Computern im gleichen Zimmer und chatteten *stundenlang* über IM, während wir eigentlich studieren sollten, bis ich mir vor Lachen fast in die Hose machte.

Was ich damit sagen will: Oberflächlich gesehen waren wir vielleicht sehr unterschiedlich, aber in Stanford saßen wir im selben Boot. Keiner von uns passte dahin. Ich war nicht so schlau wie all die anderen Hochleistungsstudenten um uns herum ... und Adhi war *viel* schlauer, wenn ich ehrlich sein darf. Schlauer als die anderen Studenten, und auch schlauer als die Professoren. Manchmal schlauer, als es für ihn selbst gut war.

Es war wie ... wir beide gegen den Rest der Welt. Ich habe ihm geholfen, mit Leuten klarzukommen, er hat mir bei meinen Hausaufgaben geholfen. Nach sechs Monaten waren wir die besten Freunde.

REP. CORINNE SOTHEBY (R-NE): Das ist sehr schön. Aber damit begannen auch die Schwierigkeiten, nicht wahr? Schon

zu Anfang Ihrer College-Karriere scheinen Sie beide die Einstellung entwickelt zu haben, dass die Regeln nicht für Sie gelten. Könnten Sie das etwas genauer erläutern?
BOYCE: Meinen Sie jetzt etwa die Sache in der Bibliothek? Ich wüsste nicht, was das mit allem anderen zu tun hat.

Unterhaltung auf G-Chat

4. Mai 2015, 20.16 Uhr

Benjamin Boyce:
YO! Wo bist du, Bro?

Adhvan Chaudry:
Bibliothek
Morgen Abschlussprüfung Kunstgeschichte

Benjamin Boyce:
Laaaaahm. Komm zurück.
Hab Nattys besorgt.
Muss ich selber trinken und allein Halo zocken?

Adhvan Chaudry:
Im Ernst, ich werde durchfallen, wenn
ich heute nicht alles lerne
Total nervig
Hatte letztes Jahr Kunstgeschichte
Trotzdem wollen diese Snobs
meine Studienleistungen nicht anerkennen
Aber ganz klar nur, weil ich ihnen keine
Stanford-Prämie bezahlt habe

Benjamin Boyce:
Alter, komm klar, eigentlich bezahlt hier keiner von uns
irgendwelche Studiengebühren

Adhvan Chaudry:
Es geht ums Prinzip

Benjamin Boyce:
Komm jetzt rüber, Bro
Hab morgen Abschlussprüfung in Weltmythologie,
mach mir auch keinen Stress

Adhvan Chaudry:
Nicht jeder von uns kommt mit Charme weiter

Benjamin Boyce:
Hey, ich wette, wir alle kommen um die Prüfungen rum,
wenn die Bibliothek überflutet wird

Adhvan Chaudry:
Hab den Wetterbericht nicht gesehen,
aber das halte ich für unwahrscheinlich

Benjamin Boyce:
Dr. Night könnte eine Flut heraufbeschwören
Ich wette, Dr. Night kontrolliert auch das Wetter

Adhvan Chaudry:
Hahaha klar.
Und sein Erzfeind Benny-Boy
wäre außerstande ihn aufzuhalten

Benjamin Boyce:
In diesem Fall würde sich Benny-Boy
mit ihm verbünden

Adhvan Chaudry:
Ich glaube … ich könnte eine
Überflutung der Bibliothek hinkriegen.
Oder zumindest einen Sturm.
Falls ich dazu aufgefordert werde.

Benjamin Boyce:
Äh, dann betrachte dich als aufgefordert.
Dein Ernst? Das wäre total krank.

Adhvan Chaudry:
Wär einen Versuch wert.
Wir treffen uns oben im 2. Stock

Benjamin Boyce:
Bro, wenn das klappt, sag ich es weiter …

Aus dem Archiv der Studentenverwaltung der Stanford University

SCHADENSBERICHT DES DISZIPLINARAUSSCHUSSES

Student: Adhvan Chaudry
Hauptstudiengang: Computerwissenschaft
Status: 1. Semester (Transferstudent)
Zeit: 4. Mai 2015, 23.20 Uhr
Ort: Wilkes Library, 2. Stock, Bibliotheksregale

Art des Vorfalls: Student verschaffte sich unrechtmäßig Zugang zum Computersystem des Gebäudes und löste die Feuerlöschanlage der Bibliothek aus.

Der Vorfall war offenkundig vorsätzlich geplant und wurde öffentlich mitgeteilt, da sich Studenten in Badeanzügen und mit Wasserpistolen in der Bibliothek einfanden.

Der Schaden im Gebäude wird auf über 50 000 $ geschätzt, bedingt durch Wasserschäden an Einrichtung und Büchern.

Der Vorfall erforderte außerdem die Versorgung von zwei Studenten im Gesundheitszentrum infolge von Stürzen aufgrund nasser Bodenfliesen.

Der Universität wurden zudem die Kosten des Feuerwehreinsatzes in Rechnung gestellt. Der Schaden an den Systemen, die notwendigen Untersuchungen und die Reparatur der beeinträchtigten Onlinesysteme belaufen sich auf etwa 12 000 $.

Auch wirkte sich der Vorfall nachteilig auf andere Studenten aus, die während der Woche der Abschlussprüfungen in der Bibliothek arbeiteten.

Schaden erlitt ebenfalls der Ruf und das gute öffentliche Ansehen der Universität aufgrund der Nachrichtenberichterstattung und der Zirkulation von Videos über eine »Wasserparty in der Bibliothek« im Internet.

Frühere Verfehlungen des Studenten: Dies ist das zweite Mal, dass der Student einer illegalen Verletzung des Computerprotokolls der Universität überführt wurde. Während des ersten Vorfalls kam es zur Projektion unanständiger Textnachrichten auf der Anzeigetafel im Stadion während des Footballspiels Stanford – UCLA im Herbst 2014.

Empfohlene Maßnahmen: Aufgrund der Schwere des Schadens, der wiederholten Regelverletzung und der eklatanten Illegalität des Vergehens empfiehlt der Disziplinarausschuss einstimmig den Ausschluss von der Universität, wirksam zum Ende des Semesters.

Brief, verschickt am 13. Mai 2015

Sehr geehrte Mitglieder des Disziplinarausschusses,

das Anliegen meines Schreibens ist Adhvan Chaudry, der mir besser unter dem Namen Adhi bekannt ist. Adhi wurde wegen seiner Rolle während des Vorfalls, der sich vergangene Woche in der Bibliothek ereignete, vor den Disziplinarausschuss zitiert, weshalb ihn der mögliche Ausschluss von der Universität erwartet.

Zunächst würde ich gern auf Adhis Charakter eingehen. Ich kenne ihn aus eigener Erfahrung, da ich ein Zimmer im Studentenwohnheim mit ihm teile – und wie Sie sich hoffentlich noch erinnern, gibt es nur wenige Geheimnisse zwischen zwei Jungen, die in einem drei mal sechs Meter großen Zimmer zusammenwohnen.

Adhi ist ein Mann mit erstaunlichen moralischen Prinzipien. Er lebt völlig kompromisslos nach den Werten, von denen er überzeugt ist. Alle auf unserem Stockwerk im Wohnheim erkennen an, dass er vielleicht nicht die kontaktfreudigste Person, aber fast allen von uns gegenüber ausgesprochen hilfreich ist. Die Leute nennen ihn sogar »IT«, weil er sich bei der Behebung technischer Probleme als äußerst großzügig erwiesen hat.

Vor allem aber ist Adhi ein wunderbarer Freund. Der Wechsel zum College war äußerst aufregend für mich, denn ich habe mir nie etwas mehr gewünscht, als in Stanford zu studieren. Adhi hat mir geholfen, auf Kurs zu bleiben. In diesem Semester haben wir gemeinsam Philosophie als Pflichtfach belegt, und er hat mir beim Studium geholfen. Ich leide unter ADHD und Dyslexie, also ist es für mich in der akademischen Welt nicht so einfach. Adhi war ein geduldiger Tutor, aber er hat mir nie auf irgendeine Weise geholfen, die möglicherweise an Betrug grenzen könne, denn er ist ein redlicher Mensch. Ich muss mir diesmal jemand anderen suchen, der mir diesen Brief korrigiert, weil es bislang immer Adhi für mich getan hat, ohne dafür irgendeine Gegenleistung zu verlangen.

Nun zu dem Streich, für den Adhi mit einer Disziplinarstrafe belangt werden soll. Ich weiß, dass es ein Fehler war. Er hat das Ausmaß des Schadens auf gar keinen Fall vorhergesehen. Und das kann ich mit absoluter Gewissheit behaupten, weil auch ich daran beteiligt war. Um ehrlich zu sein, das Ganze war sogar meine Idee. Ich habe Adhi mehr oder weniger dazu überredet.

Mir ist bewusst, dass ich mich durch dieses Eingeständnis selbst belaste und genauso wie Adhi bestraft werden könnte. Ja, möglicherweise droht mir ebenfalls der Ausschluss von dieser Schule, die ich so sehr liebe. Als erstes Mitglied meiner Familie, das überhaupt eine Universität besucht, nehme ich das nicht auf die leichte Schulter, und ich weiß, dass meine Mutter (die im vergangenen Jahr verstarb) äußerst betrübt wäre, wenn sie wüsste, dass ich gehen muss.

Aber sie wäre auch stolz auf mich, weil ich in dieser Situation das Richtige tue. Und es wäre nur fair, wenn ich auf dieselbe Weise wie Adhi belangt würde. Darum möchte ich mit diesem Zitat von Aristoteles aus der Nikomachischen Ethik *schließen:*

> Wo das Gefühl des Wohlwollens herrscht, da braucht man nicht die Gerechtigkeit anzurufen; dagegen wo der Sinn für das Recht vorhanden ist, da bedarf es immer noch der wohlwollenden Gesinnung, und die Gerechtigkeit im höchsten Sinne erscheint geradezu als Frucht wohlwollender Triebe.

Ich hoffe, Sie werden in Ihren Herzen eine Lösung finden, die gerecht ist, und erlauben Adhi und mir, an dieser wunderbaren Universität zu bleiben.

Mit freundlichen Grüßen
Benjamin Boyce

E-Mail vom 22. Mai 2015

Von: Disziplinarausschuss Stanford
An: Adhvan Chaudry

Sehr geehrter Mr. Chaudry,

im Namen des Disziplinarausschusses der Studentenverwaltung der Stanford University schreibe ich Ihnen, um Sie über das Ergebnis der Anhörung zu Ihrem Verhalten am 4. 5. 15 und die an der Wilkes Library entstandenen Schäden zu informieren.

Der Disziplinarausschuss hat entschieden, dass Ihre Disziplinarstrafe für einen Zeitraum von mindestens einem Jahr zur Bewährung ausgesetzt wird. Das bedeutet, falls Ihnen ein weiteres Vergehen zur Last gelegt wird, wird der Ausschluss von der Universität vollzogen.

Darüber hinaus wird Ihnen ein pädagogischer Berater zugewiesen, mit dem Sie mindestens sechzehn Termine pro Semester wahrnehmen werden. Ihre künftige Immatrikulation wird von der Beurteilung durch Ihren Berater abhängig sein.

Vielen Dank,
Mary Kleeman
Vizepräsidentin der Studentenverwaltung

E-Mail (Entwurf)

Von: Adhvan Chaudry
An: Ben Boyce

B.,

eben Nachricht von den hohen Tieren …
Kein Ausschluss. Hammer!
Also sehen wir uns im Herbst wieder.
Ich habe gar keine Worte, um
Wie du für mich den Kopf hingehalten hast
Mann, das war megakrass von dir, ich

(Dieser Entwurf wurde am 22. Mai 2015 verfasst, aber nicht gesendet.)

E-Mail vom 23. Mai 2015

Von: Tumblr Admin
An: Adhvan Chaudry

Willkommen in der Community von Tumblr! Danke für die Registrierung Ihrer neuen Seite: *Das Schwarze Loch: Gedanken eines anonymen Sci-Fi-Superfans.*

Als Mitglied wird von Ihnen erwartet, dass Sie alle Bestimmungen und Bedingungen der Nutzervereinbarung befolgen. Sämtliches Material, das Sie auf Ihrem neuen Blog posten, wird als Ihr geistiges Eigentum betrachtet und kann wieder entfernt werden, falls es irgendwelche unserer Community-Standards oder urheberrechtliche Bestimmungen verletzt.

Viel Vergnügen beim Bloggen!

Blog-Post auf Tumblr, 23. Mai 2015

Das Schwarze Loch: Gedanken eines anonymen Sci-Fi-Superfans

»Der Kopf und das Herz«

Die größte Liebesgeschichte unserer Zeit ereignete sich nicht zwischen einem Mann und einer Frau und nicht einmal zwischen zwei Menschen.

Sondern zwischen einem Menschen und einem Vulkanier.

Der ungestüme, emotionale Kirk und der stoische, logische Spock.

Natürlich wurde regelmäßig Kirk als die Hauptfigur betrachtet.

Der draufgängerische Captain, der furchtlose Anführer.

Aber Spock ist eine wesentlich spannendere Figur.

Für Spock ist es anfangs schmerzhaft an Bord der *Enterprise*.

Er passt nicht hinein.

Durch seine Logik und Intelligenz wirkt er unnormal. Oder sogar bedrohlich.

Kirk erkennt seinen Wert an, obwohl er ihn nicht versteht.

Doch mit der Zeit sieht Kirk ein, dass Spocks Natur keinen *Mangel* an Gefühlen darstellt.

Sie ist lediglich eine notwendige Unterteilung.

Der Vulkanier hat tiefe Empfindungen ...

doch seinen Gefühlen ist nicht erlaubt, Entscheidungen zu treffen.

Sie gleichen sich gegenseitig aus.

Sie unterstützen sich gegenseitig und retten das Leben des anderen, immer wieder.

Gene Roddenberry hatte eine Serie über Ideen im Sinn,

doch es ist die emotionale Bindung zwischen den beiden, die sie zu einem Klassiker gemacht hat.

Was die Filme betrifft, so ist *Der Zorn des Khan* unbestreitbar der beste.

Es ist berührend, wenn Spock als Märtyrer für Kirk und seine Besatzung stirbt.

Doch *Auf der Suche nach Mr. Spock* ist der Film, der am tiefsten geht.

Wenn Kirk seinen Rang als Captain aufs Spiel setzt, um seinen Ersten Offizier zu retten ...

wenn wir erleben, dass die Liebe zwischen den beiden über Rang und Pflicht hinausgeht ...

wenn nicht einmal der Tod ihre Verbindung trennen kann,

wenn dann der wiedergeborene Spock ohne Erinnerungen an sein früheres Leben

dennoch seinen alten Freund wiedererkennt und sagt: »Jim ... Ihr Name ist Jim«,

und selbst dem abgehärtetsten Vulkanier vor Freude das Herz übergeht.

Auszug aus dem Protokoll der Kongressanhörung vom 1. Dezember 2022

SEN. BOB HOLDER (R-AZ): Es wird sich zweifellos sehr erhaben angefühlt haben, sich auf diese Weise für ihn einzusetzen. Aber der Vorfall mit der »Bibliotheksparty« wurde zur Sprache gebracht, um dem Gremium eine Vorstellung von der Art Ihres Verhältnisses zu vermitteln.

BOYCE: Wir waren Freunde. Adhi hätte dasselbe für mich getan.

SEN. BOB HOLDER (R-AZ): Das ist sicherlich eine Möglichkeit, es zu betrachten. Die andere sieht so aus, dass Mr. Chaudry technische Systeme nutzte, um öffentlichen Schaden anzurichten, während Sie ihn vor den Konsequenzen schützten. Dieses Verhaltensmuster scheint ziemlich genau dem zu entsprechen, was mit Ihrem Unternehmen geschehen ist.

BOYCE: Ist darin eine Frage enthalten, die mir entgangen ist?

SEN. BOB HOLDER (R-AZ): Ich versuche, die Art Ihrer Partnerschaft zu ergründen – insbesondere angesichts der Tatsache, dass gemäß den gesetzlichen Vorgaben Sie beide vor dieses Gremium geladen wurden, Sie jedoch als Einziger erschienen sind.

BOYCE: Ich wünschte, Adhi wäre auch hier. Aber er ist es nun einmal nicht. Und ich weiß wirklich nicht, warum. Ich habe schon seit einigen Tagen nichts mehr von ihm gehört.

SEN. BOB HOLDER (R-AZ): Wollen Sie damit sagen, Mr. Chaudry ist … verschwunden? Sollten wir uns Sorgen machen?

BOYCE: Hören Sie, manchmal tut er solche Sachen. Er setzt sich etwas in den Kopf und … Adhi ist eigentlich nicht für die reale Welt geschaffen, wissen Sie? Menschen wie er kommen in einer kontrollierten Umgebung gut zurecht, so wie an der Schule. Nachdem wir unseren Abschluss bekommen hatten, wollte ich ganz schnell raus, aber Adhi stieg sofort ins Graduiertenprogramm ein. Und da hat er begonnen, die Ideen auszuhecken, die uns bis an diesen Punkt geführt haben.

SEN. BOB HOLDER (R-AZ): Also scheint es, dass ein unsozialer Introvertierter, der sich alle Mühe gibt, sich von der Welt abzuschotten … möglicherweise eine Technologie entwickelt hat, die die Welt am Ende zerstören wird? Interessant. Ich habe keine weiteren Fragen.

ZWEI

Postgraduale Dissertation

Am 7. September 2021 bei der Universitätsfakultät eingereicht

Die Realisierbarkeit eines Transfers von Quanteninformationen über zeitliche Distanzen

Adhvan Chaudry
Institut für Computerwissenschaft, Stanford University
Stanford, CA 94305

Zusammenfassung
In dieser Arbeit erkunde ich die Realisierbarkeit eines Datenverarbeitungssystems, das Quanteninformationsverarbeitung mit einem Übertragungsmechanismus kombiniert, der die vierdimensionale Übermittlung von Daten ermöglicht, das heißt: von einem festen »gegenwärtigen« Zeitpunkt zu einem früheren »vergangenen« Zeitpunkt.

Die Quanteninformatik ist ein Fachgebiet, das letztlich noch in den Kinderschuhen steckt, doch die fundamentalen zugrunde liegenden Prinzipien sind inzwischen bekannt. Quantenprozessoren nutzen Quantenzustände als Medium der Datenspeicherung und verwenden einen Interferenzmechanismus, durch den die Zustände auf eine Weise geändert werden, dass sie als Datenmedium genutzt werden können.

Nicht die Werte »1« und »0« eines elektrischen Transistors, sondern Quantenspinzustände sind nun das Medium für Daten, und durch die Änderung dieser Zustände ist es möglich, Berechnungen und Informationsübertragungen durchzuführen.

Diese gut verstandenen Grundlagen können mit zwei fundamentalen Prinzipien der Quantenmechanik kombiniert werden, nämlich:

i. Quantenverschränkung: Zwei Quantenteilchen können so gekoppelt werden, dass der »Spinzustand« jedes Teilchens (positiv oder negativ) jeweils den entgegengesetzten »Spinzustand« des anderen annimmt.

ii. Bells Theorem: Es postuliert, dass bei zwei verschränkten Teilchen die Änderung des Spins eines Teilchens *augenblicklich* den Spin des zweiten ändert, ungeachtet der räumlichen Entfernung zwischen beiden.

Die Tatsache der augenblicklichen Änderung der Spinzustände hat zur Folge, dass es zu einem Informationsaustausch zwischen diesen Teilchen kommt, und zwar über beliebige Entfernungen während eines Zeitintervalls von 0. Das konstituiert eine Verletzung der Einstein'schen Allgemeinen Relativitätstheorie, die unserer Annahme widerspricht, dass die Lichtgeschwindigkeit einen absoluten Grenzwert darstellt.

Infolgedessen könnten Informationen von einem bestimmten Zeitpunkt zu einem früheren relativen Zeitpunkt übertragen werden, der vor jenem liegt, an dem die Übertragung eingeleitet wurde.

Durch die Ausweitung dieses Übertragungsprozesses, d. h. indem Daten innerhalb eines Quantencomputersystems vor und zurück »gepingt« werden, sollte es theoretisch möglich sein, eine stabile Struktur aufzubauen, die Daten von einem späteren an einen früheren Zeitpunkt übermittelt.

In allgemein verständlichen Begriffen heißt dies, dass man in der jeweiligen Gegenwart Daten direkt aus der Zukunft empfangen könnte.

(Anmerkung: Der Hauptteil der Dissertation, der die theoretische Funktionsweise der vorgeschlagenen Konstruktion erläutert, wurde aus dieser Fassung ENTFERNT.)

Schlussfolgerungen

Nach diesen Untersuchungen lässt sich das fragliche System theoretisch realisieren. Doch es steht vor existenziellen Hürden, die sich hauptsächlich in folgenden drei Bereichen abzeichnen:

1) Skalierbarkeit

Um ein stabiles Übertragungsprotokoll zu schaffen, das Daten über eine hinreichend sinnvolle Zeitspanne senden könnte, müsste der Prozessor auf einer großmaßstäblichen Matrix basieren, deren Lese-Schreib-Kapazität schnell genug ist, um eine gewaltige Anzahl von Quantenzuständen verfolgen zu können (ca. $3{,}8 \times 10^{22}$).

Gegenwärtige Quantencomputersysteme liegen mehrere Größenordnungen unter dieser Schwelle, was bedeutet, dass diese Technologie so lange außer Reichweite ist, bis ein signifikanter Durchbruch die QC-Landschaft verändert.

2) Kommerzielle Verwertbarkeit

Die Entwicklung des Produkts müsste höchstwahrscheinlich in einem kommerziellen Unternehmen stattfinden, das über die Mittel verfügt, die erforderliche Technik sowohl zu erbauen als auch zu testen. Doch es ist unwahrscheinlich, dass irgendein kommerziell orientiertes Unternehmen in ein solches Projekt investieren würde, dessen Kosten die Größenordnung des Raumfahrtprogramms erreichen könnten.

3) Ethische Risiken
Die Konstruktion einer solchen Technologie wirft signifikante Probleme auf, was die Regulierung der Nutzung betrifft. Dies wird eine seriöse Untersuchung der technischen Realisierbarkeit vermutlich verhindern.

Auszug aus dem Protokoll der Kongressanhörung vom 1. Dezember 2022

REP. WANDA MOONEY (D-AR): Mr. Boyce, ich denke, dass Sie mit dem Inhalt von Mr. Chaudrys postgradualer Abschlussarbeit vertraut sind, die die Grundlage Ihrer Technologie bildet. Aber um ehrlich zu sein, ich verstehe nur Bahnhof.
BOYCE: Kein Anlass, sich dafür zu schämen, Ma'am. Das alles ist ziemlich kompliziert.
REP. WANDA MOONEY (D-AR): Ich vermute, ebenso verwirrend wird es auch für die übrigen Mitglieder dieses Gremiums sein, selbst wenn sie vielleicht nicht bereit sind, dies zuzugeben. Doch das vorgelegte Beweismaterial enthält auch eine Präsentation, mit der Sie bei mehreren Gelegenheiten Ihre Technologie vorgestellt haben.

BOYCE: Richtig. Das stammt aus einer Präsentation für unsere Investoren.

REP. WANDA MOONEY (D-AR): Senator Walden, im Interesse dieses Gremiums würde ich meine restliche Zeit gern dazu nutzen, Mr. Boyce aufzufordern, die Technologie in seinen eigenen Worten zu erklären.

SEN. GREG WALDEN (D-OR): Sind Sie für eine solche Präsentation bereit, Mr. Boyce?

BOYCE: Äh, ja, Sir. Normalerweise halte ich den Vortrag zusammen mit meinem Geschäftspartner, aber ... ich werde mein Bestes geben, klar. Ist jemand ...? Gut. Also, wenn Sie jetzt die erste Folie aufrufen könnten ... ja, es kann losgehen.

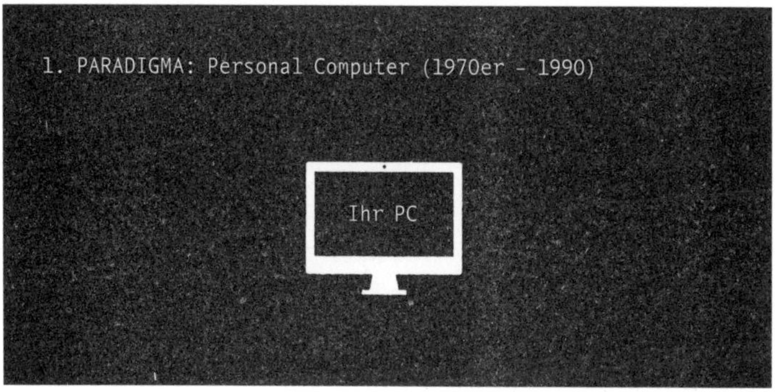

BOYCE: So, dieses erste Bild soll nur klarstellen, was wir alle gewohnt sind. Der Computer, den wir alle kennen, die Maschine, die unsere Welt verändert hat. Dieser kleine Kasten mit Transistoren, der die Berechnungen anstellen konnte, die nötig waren, um zum Mond zu fliegen. Er war in der Lage, mehr Informationen zu speichern, als man im ganzen Leben lesen könnte, und mit ihm ließen sich recht lustige Spiele machen. Doch das Potenzial der Nutzbarkeit von Computern erreichte irgendwann Anfang der 90er ein ganz neues Level. Nächste Folie, bitte.

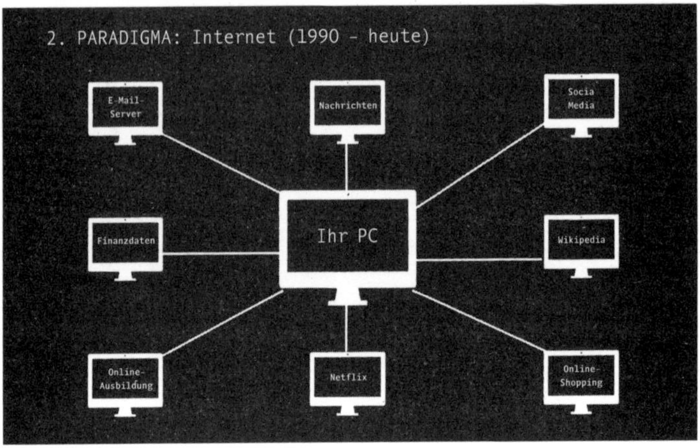

BOYCE: Als das Internet kam, entstand eine ganz neue Situation. Die zugrunde liegende Technologie des Modems reicht genau genommen bis in die 70er zurück, aber erst 1990 war die Nutzungsmöglichkeit so weit, dass der PC kein Gerät der Isolation mehr war, sondern stattdessen zu einem Mittel der Verbindung wurde.

Plötzlich kann sich Ihre Maschine verlinken und mit einer anderen Maschine Daten austauschen. So bekommen Sie Zugang zu Ihren E-Mails, Ihren Nachrichtenartikeln, Ihrem Instagram-Account sowie zu zahlreichen Unterhaltungsprogrammen. Eine Maschine spricht mit einer anderen, wie es die kleinen Linien in diesem Diagramm zeigen. Und dieses Paradigma ist zweifellos ausgesprochen mächtig. Es wird jedes Jahr mächtiger.

Aber seien wir ehrlich – uns gehen die Möglichkeiten hinsichtlich dessen aus, was das Internet tun könnte. Denn eigentlich hat sich das Paradigma nicht mehr geändert. Das Web 2.0 oder 3.0 oder wie auch immer man es nennen will – was ist daran neu? Vom AOL-Einwählton, mit dem Sie aufgewachsen sind, bis zum Breitband, das sie heute in der Hosentasche haben, hat das Internet unsere Welt transformiert ... aber seitdem hat sich nichts mehr geändert. Nicht auf grundlegende Weise jedenfalls. Nächste Folie, bitte.

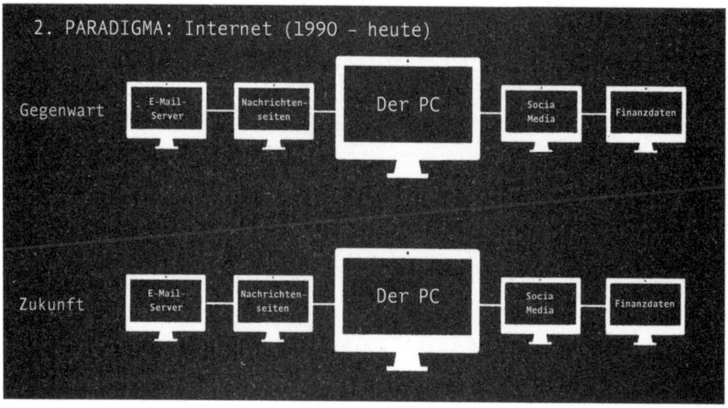

BOYCE: Also ist es allmählich an der Zeit, das Internet neu zu denken. Obwohl es jedes Jahr wächst, muss man sich fragen, ob es sich wirklich *weiterentwickelt*. Die obere Reihe stellt dar, wo wir heute stehen. Sie haben Ihre Maschine, die mit all den anderen verbunden ist. Und in der Zukunft, in der unteren Reihe, haben Sie dieselbe Maschine mit denselben Verbindungen. Wie bringen wir dieses Paradigma jetzt auf ein ganz neues Level? Nächste Folie ...

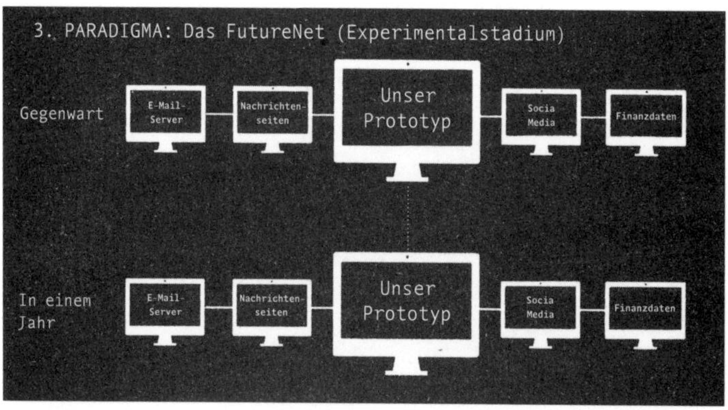

BOYCE: So! Unsere Technologie verbindet eine Maschine in der Zukunft mit sich selbst. Durch heutige Internetverbindungen erhält man ausschließlich Zugang zu Daten von anderen

Maschinen im selben Zeitfenster – das deuten die waagerechten Linien an. Doch hier repräsentiert die senkrechte Linie *unsere* Technologie, die die *Gegenwart* mit der *Zukunft* verbindet, zum ersten Mal in der menschlichen Geschichte. Sie stellt eine Möglichkeit dar, auf Daten aus der Zukunft zuzugreifen.

Und wie stellen wir das an? Darauf geht Adhis Arbeit genauer ein, aber die kurze Antwort lautet: mittels der Magie der Quanteninformationsverarbeitung. Die technischen Einzelheiten sind natürlich Geschäftsgeheimnis. Doch das Grundprinzip beruht auf der bizarren Schrulle der Quantenverschränkung, mit der Daten schneller als das Licht transferiert werden können. Das bedeutet, dass sich Daten tatsächlich *rückwärts durch die Zeit* schicken lassen. Oder, aus unserer Perspektive gesehen: Man kann heute auf Daten aus der Zukunft zugreifen.

Stellen Sie sich das vor! Ihr Laptop oder irgendwann auch Ihr Telefon verbindet sich mit seiner eigenen künftigen Version. Sie könnten all die Fotos sehen, die Sie erst während des nächsten Jahres aufnehmen werden. Sie könnten alle Dateien auf Ihrer künftigen Festplatte lesen. Aber das ist nur die Spitze des Eisbergs. Die eigentliche Revolution gipfelt in dem Punkt, dass die künftige Version Ihres Computers mit dem Internet verbunden ist. Also ... nächste Folie.

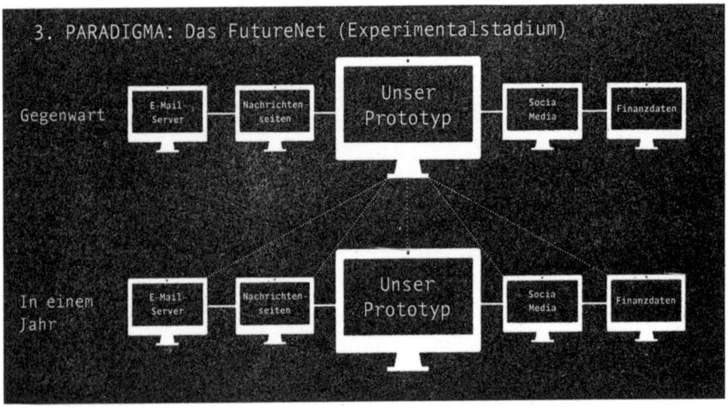

BOYCE: Das bedeutet, dass unser Prototyp mit dem Internet der Zukunft verbunden ist. Sie können sich heute einloggen und alle E-Mails lesen, die Sie in einem Jahr empfangen werden. Sie können sich die Nachrichten anschauen, ein Jahr, bevor diese Sachen überhaupt erst passieren. Sie können Ihre Facebook-Seite vom nächsten Jahr durchgehen und jeden Status und jedes Foto sehen, das Sie posten werden. Sie könnten checken, wie viel Geld Sie auf Ihrem Bankkonto haben oder Börsenkurse in Echtzeit verfolgen. *Ein Jahr* im Voraus. Das wäre doch die Basis für eine solide Finanzplanung, nicht wahr?

Offensichtlich wird dieses Paradigma alles ändern. Deshalb streben wir an, diese Technologie an die breite Masse zu verkaufen. Also – nächste Folie, bitte – könnten wir irgendwann in einer *solchen* Welt leben ...

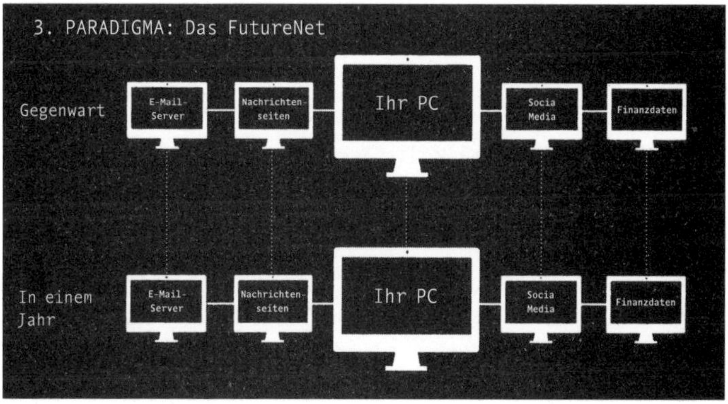

BOYCE: Eine Welt, in der *alle* Zugang zu dieser Technologie haben. Wo jeder Computer mit seiner künftigen Version verbunden ist. Wo Ihre E-Mails direkt miteinander verknüpft sind – in Vergangenheit, Gegenwart und Zukunft. Wo Sie heute einen Nachrichtenartikel lesen werden, der von einem Journalisten geschrieben wird, der Informationen aus der Zukunft zusammengetragen hat. Wo die Leute in Ihrem Instagram-Feed nicht nur die Reise posten, die sie gerade machen, sondern auch die, die sie demnächst unternehmen werden. Eine Welt, in der Unternehmen nicht nur in der Lage, sondern gezwungen sind, ihre künftigen Umsätze akkurat vorherzusagen. Und der Konsument hat jederzeit Zugriff auf die besten Informationen.

Das ist unsere Vision. Das ist die Welt, an die wir glauben. Und wir werden sie erleben. Wir haben Sie bereits gesehen. Jetzt haben Sie die Chance, mit an Bord zu kommen ...

An diesem Punkt, wenn wir das alles den Investoren präsentieren, gehen wir üblicherweise zum Geschäftsplan und der Finanzsituation unserer Firma über. Die selbstverständlich grundsolide ist, da wir einen direkten Draht zu dem haben, was als Nächstes kommt. Und wir haben entschieden, unsere Finanzierung auf eine private und breite Basis zu stellen, damit die Leute, wenn sie davon hören, auch jetzt noch die Gelegenheit haben, in eine sichere Sache einzusteigen.

REP. WANDA MOONEY (D-AR): Vielen Dank, Mr. Boyce, doch bei dieser Kongressanhörung geht es nicht darum, mögliche Investoren zu überzeugen.

BOYCE: Natürlich nicht, Ma'am. Ich bemühe mich lediglich, nach besten Kräften zu kooperieren. Falls meine Kooperation die unbeabsichtigte Folge hat, das Interesse an einer Investition in unser Unternehmen zu wecken, liegt das außerhalb meiner Kontrolle.

REP. WANDA MOONEY (D-AR): Hier wird niemand investieren, das kann ich Ihnen versichern. Und auf mich wirkt Ihre Präsentation genauso wie Ihre ganze Persönlichkeit einigermaßen hochtrabend und substanzlos.

BOYCE: Hey, manchmal muss man eben hochtrabend auftreten. Es ist auf jeden Fall genau das, was Adhi gebraucht hat.

Ich meine, mit der Dissertation, über die wir vorhin gesprochen haben, hatte er es schwer, selbst von den Leuten an der Universität ernst genommen zu werden.

E-Mail vom 28. September 2021

Von: Dr. Jenelle Emory
An: Adhvan Chaudry

Lieber Adhvan,

der offizielle Brief wird noch formuliert und Ihnen demnächst zugestellt, doch auf Ihre Bitte hin schreibe ich Ihnen, um Ihnen das Ergebnis der Komiteesitzung mitzuteilen, in der Ihre Arbeit und Verteidigung diskutiert wurden.

Das Komitee hat letztlich entschieden, dass Ihre Arbeit zum jetzigen Zeitpunkt nicht zur Verteidigung zugelassen werden soll. Die anderen Dozenten stellen derzeit ihre Bewertungen zusammen, die Ihnen im Lauf der nächsten Woche zugeschickt werden. Die Einschätzung geht dahin, dass ein großer Teil dieser Arbeit in der gegenwärtigen Form außerhalb des Zuständigkeitsbereichs der Computerwissenschaft liegt und dass die Arbeit insgesamt vom Fachbereich nicht als akademisch stringent beurteilt werden kann.

Ich hoffe, dieses Ergebnis überrascht Sie nicht. Ich möchte Sie wissen lassen, dass ich Ihre Arbeit ohne persönliche Vorbehalte vorgestellt habe und dass die Reaktionen meiner Kollegen unabhängig und unparteiisch waren, aber dennoch in Übereinstimmung mit meiner Intuition.

Ihre Intelligenz wird von unserem Fachbereich allgemein anerkannt, und ich hoffe, dass Sie in Erwägung ziehen, den Schwerpunkt Ihrer Thesen einzugrenzen, so wie wir es besprochen haben, und Ihre Arbeit nach diesen Änderungen im nächsten Semester erneut einreichen.

Mit freundlichen Grüßen
Dr. Emory

Antwort

Liebe Dr. Emory!

Als Erstes, vielen Dank für den Schulterklopfer.
Als Zweites, nein, ich mache Ihnen keinen Vorwurf. Aber ich bitte Sie!
Die Arbeit ist gut!
Ich sage nicht, dass sie unbezweifelbar ist oder für sich selbst spricht.
Mir ist klar, dass die Leute einige Fragen haben dürften.
Aber dafür ist die Verteidigung doch da!
Soll ich wirklich ein ganzes Jahr zurückgeworfen werden, um an irgendeinem Computermatrix-Problem zu arbeiten, das niemanden interessiert, nur weil Ihre Leute nicht nachvollziehen können, was ich hier versucht habe?
Nikolai hat letztes Jahr mit einer ähnlich experimentellen Arbeit seinen Abschluss gemacht.
Ich erwarte ja nicht von Ihnen, dass Sie meine Arbeit ungeprüft absegnen.
Ich erwarte lediglich, dass Sie mir die Gelegenheit zur Verteidigung geben, damit ich sie verteidigen kann.

A.

Antwort

Lieber Adhvan,

um das klarzustellen: Die von meinen Kollegen vorgebrachten Kritikpunkte waren sowohl technischer als auch fundamentaler/theoretischer Natur. Die häufigste Reaktion war ganz einfach: »Spricht er wirklich darüber, wie man eine Zeitmaschine bauen könnte?« Und während mir bewusst ist, dass eine solche grobe Simplifizierung unangebracht ist, bin ich mir doch sicher, dass Ihnen klar ist, worauf sie zurückzuführen ist, angesichts des Themas, das Sie gewählt haben.

Was die Verteidigung betrifft, so kann ich nur sagen, dass es so nicht funktioniert. Während meiner gesamten Lehrtätigkeit habe ich nie ein Projekt betreut, das nach der Verteidigung abgelehnt wurde. Eine Arbeit geht nur dann in die Verteidigung, wenn sie die Unterstützung des gesamten Komitees hat. Diese Unterstützung haben Sie aber nicht.

Das ist keineswegs nur eine Formalität. Es ist als kollegiale Herausforderung gedacht, die die Gedanken und die Arbeit des präsentierenden Akademikers vertiefen und alle Anwesenden bereichern soll. Nikolai Gurievs Arbeit über Quantentransistoren ist zwar auch experimentell, aber auf wesentlich konkretere Weise, und inzwischen baut er tatsächlich die ersten Prototypen.

Ich glaube nicht, dass es unter Ihrer Würde ist, an einem Projekt zu arbeiten, das einen tatsächlichen konkreten Nutzen für Menschen haben könnte, die in unserem Fachgebiet tätig sind, im Gegensatz zu einem theoretischen »Schuss ins Blaue«, der sich, offen gesagt, eher wie ein Gedankenexperiment anfühlt und nicht wie ein sinnvoller Versuch, etwas zu konstruieren. Die Computerwissenschaft ist nicht der Fachbereich Philosophie.

Mit freundlichen Grüßen
Dr. Emory

Weiterleitung

Von: Adhvan Chaudry
An: Nikolai Guriev

N.,

Bin ich hier uneinsichtig?
Oder sie?

A.

Antwort

Von: Nikolai Guriev
An: Adhvan Chaudry

Hahahaha, hei-li-ger Strohsack, du hast echt *huevos*, wenn du so zurückschießt!
Die Sache ist die: Wenn du irgendwas Akademisches machen willst, musst du lernen, nach ihren Regeln zu spielen. Ich finde deine Arbeit stark, aber darum geht es nicht. Sie haben meinen Quantentransistor durch das System geschleust, weil sie das Potenzial für einen großen Artikel darin gesehen haben, und das bedeutet Kohle. Deine Zeitmaschine? Eher nicht. Die

Gefahr, dass ihr Ruf geschädigt wird, ist zu groß. Es geht nur um die Optik. Das sind die Spielregeln, an die du dich in der akademischen Welt halten musst.

Nikolai Guriev
Fachbereich Computerwissenschaft
Stanford University
Wissenschaftlicher Mitarbeiter
Labor für Quantenanalytik

Austausch von Textnachrichten

4. Oktober 2021, 17.16 Uhr

Ben Boyce
Hey A.!
Was läuft?

Adhvan Chaudry
Hey Mann!
Immer derselbe Scheiß.

Deine Mom hat mich angerufen,
sie macht sich Sorgen um dich.

Uuh, tut mir leid.
Letzte Woche war ich einfach nicht
gut genug drauf, mit ihr zu sprechen.
Ich werde sie bald zurückrufen.

Ja, sie dachte, vielleicht hat
ein Mädchen mit dir Schluss gemacht.

LOL! Du musst mich auf dem Laufenden halten!
Ich wusste nicht mal, dass es überhaupt ein Mädchen gibt.

Ich auch nicht.
Ich hatte ihr mal erzählt, dass ich ein
Date habe, großer Fehler.
Jetzt fragt sie sich, wann das Baby kommt.

Oh Mann, deine Mutter will doch nur,
dass du glücklich bist.
Und ein Date wäre ein Schritt in die richtige Richtung!

In ihrem Profil stand, dass sie sich für Physik interessiert.
Aber eigentlich meinte sie Metaphysik.
Was mit Chakren und Kristallen.
Danach habe ich die App gelöscht.

Hahaha! Also, wenn du es noch mal probieren willst,
sag mir Bescheid.
Leila hat ein paar ganz schön nerdige Freundinnen.
D&D-Spielerinnen.

Danke, aber Dating hat momentan keine Priorität für mich.
Nach diesem letzten Jahr sollte ich mich
lieber auf mich selbst konzentrieren.

KLAR!
Sonst alles gut?
Hast deine Mom einfach so ignoriert?

Meine Arbeit wurde abgelehnt.
Wenn ich weitermachen will, habe ich noch
mindestens ein Jahr vor mir.

Och Mensch, das tut mir leid.
Ich bin mir sicher, dass dein Zeug einfach
nur zu hoch für sie ist.

Ja. So ist es.
Ich war nicht viel draußen.

Alter, du weißt, dass du dich nicht so einigeln darfst.

Ich komm schon klar.
Wie geht's dir? Wie läuft es bei Freewerx?
Biste schon Millionär?

Nein, Freewerx ist erledigt.
Ich war mit der vollen A-Serie durch, dann haben
die Gründer das Ding durchgezogen, ohne einen
funktionierenden Prototyp zu entwickeln.
Zwei Monate auf der Piste, und wir sind im Arsch.

Okay, da wir beide Versager sind …
Wollen wir uns treffen, besaufen und Halo spielen?

Immer.
Aber gib die Schule nicht so schnell auf.
Auch wenn es noch ein Jahr ist.
Ich meine, wie willst du dir deinen Traum erfüllen,
ein Superschurke zu werden,
wenn du diesen Doktorgrad nicht kriegst?

Haha, daran habe ich seit Jahren nicht gedacht.
Benny-Boy vs. Doctor Night.

Das erste Heft ist immer noch nicht fertig.

Zu schade, dass wir beide zu schlecht für Kunst sind.
Und fürs Schreiben wahrscheinlich auch.

Umso mehr ein Grund, diesen Abschluss zu machen.

Ich habe diese akademische Tretmühle so satt.
Alles ist hochtrabend und von der Realität losgelöst.
Vielleicht springe ich vorzeitig ab.

Du wärst nicht der Erste.
Zuck hat es nicht mal bis zum ersten Abschluss geschafft.
Hast du dich schon beworben?

Kaum.
Richtigstellung: noch gar nicht.

Ich hab ein paar Personalvermittler getroffen.
Soll ich ein Wort für dich einlegen?

Danke, aber du musst dich nicht für mich umschauen.
Ich komm schon klar.

Okay, Kumpel.
Gut, ich muss jetzt weitermachen.
Aber wegen Halo sag ich dir Bescheid,
vielleicht am Freitag.
Halt die Ohren steif!

Du auch.

E-Mail

Von: Ben Boyce
An: Dina Vargese

Hi Dina!

Hier ist Ben Boyce, du hast mir beim LinkedIn-Treffen letzten Monat im Castro deine Karte gegeben. Der Typ mit der Fliege, falls das hilft! Ich bin immer noch auf der Jagd nach einer guten Gelegenheit, aber im Moment geht es gar nicht darum, mich selbst anzupreisen.

Mein guter Freund Adhvan Chaudry macht gerade in Stanford seinen Doktor in Computerwissenschaft und ist in der Uni-Bürokratie versandet. Deshalb wäre er bereit, das Programm vorzeitig zu verlassen. Ich kann gar nicht übertreiben, wenn ich sage, wie genial dieser Kerl ist. Wären Personen Start-ups, würde ich jeden Penny, den ich hätte, in die Seed-Finanzierung für Adhi stecken. Wenn Google es wirklich ernst damit meint, an Top-Talenten im technischen Bereich interessiert zu sein, würde sich hier eine unglaubliche Gelegenheit bieten. Dies ist der Moment, in dem man die Chance hat, LeBron direkt aus der Highschool zu rekrutieren, also sollte man sich das nicht entgehen lassen.

Ich habe seine Kontaktinformationen angehängt. Aber wenn es dir nichts ausmacht, solltest du ihm vielleicht nicht sagen, dass ich ihn vorgeschlagen habe. Behalt mich nur weiter im Hinterkopf, falls sich irgendetwas im Management-Bereich ergibt.

Schöne Grüße
Ben Boyce

E-Mail

Von: Adhvan Chaudry
An: Prisha Chaudry

Mom!

Tut mir leid, dass ich nicht zurückgerufen habe.
Manchmal fällt es mir schwer zu telefonieren.
Das heißt, eigentlich immer.
Ich überlege, mein Studienprogramm zu verlassen.
Aber mach dir bitte keine Sorgen um mich.
Ich muss nur noch ein paar Sachen abklären.

A.

Antwort

Hallo Adhvan! Danke, dass du mir ein E-Mail geschrieben hast. Am Telefon ist einfacher, aber wenn du anrufen kannst, ruf an. Vielleicht kannst du an diesem Wochenende ruberkommen, dann mach ich Saag. Du musst im Studienprogramm bleiben, Bildung ist der Schlussel zum Erfolg. Du mochtest nicht neben mir in der chemischen Reinigung arbeiten. Wenn du kommst, kannst du gerne ein Madchen mitbringen, das ware sehr nett!

E-Mail

Von: Adhvan Chaudry
An: Dr. Emory

Liebe Dr. Emory!

Ich sollte Sie darauf hinweisen, dass meine Eignung für eine Einstellung durch Google geprüft wird.
Trotz meiner Noch-nicht-ganz-Promotion hat man mich zu einem Gespräch eingeladen.
Ich hatte gehofft, nachdem ich eine intellektuell stringente Dissertation fertiggestellt hatte, den Studiengang mit dem Segen der Universität abschließen zu können.
Aber viele Hoffnungen, die mit diesem Projekt verbunden waren, wurden enttäuscht.

A.

Antwort

Lieber Adhvan,

ich verstehe, dass die derzeitige Valley-Kultur nur eingeschränkten Wert auf ein abgeschlossenes Studium legt. Zweifellos trägt Zuckerberg sein Abzeichen als Studienabbrecher voller Stolz, wie es viele andere tun. Das Einstiegsgehalt, das man Ihnen anbietet, hat sicherlich einen gewissen Reiz. Doch bevor Sie in dieses kalte Wasser springen, möchte ich Sie eindringlich bitten, einige Aspekte zu bedenken.

Erstens, der Hype um Studienabbrecher wird nachlassen, da er alle paar Jahrzehnte hochkocht und sich dann wieder abkühlt, und langfristig wird Ihre Karriere von dem Doktortitel vor Ihrem Namen profitieren.

Zweitens, trotz aller Verlockungen kann der Privatsektor sehr unfreundlich gegenüber Individuen wie Ihnen (und mir) sein. Ihre Schwierigkeiten mit der akademischen Welt sind mir bekannt, doch ich kann Ihnen versichern, dass die Welt der Milliardäre wesentlich dunkler, instabiler und scheinheiliger ist. Wenn Sie solche Unannehmlichkeiten wie im letzten Jahr vermeiden möchten, würde ich an Ihrer Stelle äußerst behutsam vorgehen.

Drittens, die Universität würde die Fortsetzung Ihres Studiums für ein weiteres Jahr unterstützen. Sie könnten in dieser Zeit mit voller Studienförderung weiterarbeiten, Sie könnten Ihre Position als mein TA und Laborassistent auch beibehalten. Unsere Gemeinschaft würde sich freuen, Sie weiter bei uns zu haben.

Ich erteile Ihnen diese Ratschläge nicht nur als Ihre Betreuerin, nicht nur als Ihre Mentorin, sondern ebenso als wahre Freundin.

Mit freundlichen Grüßen
Dr. Emory

Antwort

Liebe Dr. Emory!

Okay, ich will nicht alle Brücken abbrechen, aber es muss gesagt werden …
Gemeinschaft??? Ha!
Die überprivilegierten Studenten, denen ich C++ beigebracht habe?
Nein, ich werde sie nicht vermissen.
Vielleicht haben Sie recht.

Am Ende könnte ich die private Welt genauso hassen wie die akademische.
Aber ich kann mir nicht vorstellen, hier noch ein weiteres Jahr zu verbringen.
Ich möchte nicht undankbar erscheinen.
Sie haben es erträglich gemacht. Letztes Jahr haben Sie mir das Leben gerettet.
Aber jetzt bin ich raus.

A.

Auszug aus dem Protokoll der Kongressanhörung vom 1. Dezember 2022

SEN. ALONZO MARQUEZ (R-CA): Um das noch einmal klarzustellen, diese Technologie wurde also von Mr. Chaudry im Rahmen eines Promotionsverfahrens entwickelt, das er nicht einmal abgeschlossen hat. Und während dieser Periode waren Sie … was genau?
BOYCE: Nun, ich bin außerhalb des College in verschiedenen unternehmerischen Rollen tätig gewesen, habe ein paar andere Start-ups mit Risikokapitalunterstützung zusammengestellt. Innovative und vielversprechende Sachen, aber wie sich herausstellte, waren beide ein wenig ihrer Zeit voraus, sodass …
SEN. ALONZO MARQUEZ (R-CA): Heißt das, Sie haben zwei Unternehmen gestartet, und beide sind gescheitert?
BOYCE: Hören Sie, neunzig Prozent aller Technologie-Start-ups halten keine zwei Jahre durch. Bei Innovationen geht es um Wetteinsätze. »Schnell scheitern« lautet das Motto. Aber nachdem Freewerx den Bach runterging, habe ich beschlossen, einen Schritt vorwärts zu machen. Ich wollte nicht mit dem Ruf eines Wantrepreneurs enden.

SEN. ALONZO MARQUEZ (R-CA): Eines was?
BOYCE: Eines Möchtegern-Unternehmers. Jemand, der die ganze Zeit nur redet. Also habe ich mich entschieden, einen Posten bei einer großen Firma für Kommunikationstechnik zu übernehmen. Um mir die Grundlagen zu erarbeiten, wie man ein Großunternehmen führt, während ich meinen nächsten Zug vorbereitete.

Internes Dokument in der Personaldatenbank von Verizon, Oktober 2021

Vierteljährliche Angestelltenbewertung

Angestellter: Benjamin Boyce
Position: Mitarbeiter der Großkundenbetreuung
Beschäftigungsdauer: 6 Monate
(2. Beschäftigungsquartal)
Geschäftsführung: Tabitha Poole,
Leiterin der Großkundenbetreuung

Stärken: Benjamin hat sich sehr dafür engagiert, seine Rolle innerhalb der Firma zu stärken und auszubauen. Er war bei der Akquise neuer Kunden höchst proaktiv und hat selbstständig Kontakte zu verschiedenen Unternehmen außerhalb der üblichen Kundenbasis unserer Abteilung geknüpft. Sein Ehrgeiz, in eine höhere Position aufzusteigen, ist offensichtlich, und er hat sich als äußerst geschickt erwiesen, positive Beziehungen zur Geschäftsführung aufzubauen.
Entwicklungsziele: In nächster Zeit wäre es gut für Benjamin, wenn er sich auf die Bewältigung seines zugeteilten Arbeitspensums konzentrieren würde, da er die Neigung hat, sie zugunsten der Auslotung neuer Gelegenheiten zu

vernachlässigen. Er könnte ein besserer Teamplayer sein, würde er seine Zeit und Energie in unsere Abteilung stecken, statt kontinuierlich anderweitige Möglichkeiten zu erkunden.
Gehalt: Benjamin hat zu einem frühen Zeitpunkt die Teilnahme an dem leistungsabhängigen Bonussystem beantragt, obwohl er noch keine hinreichende Verlässlichkeit in seinem zugeteilten Arbeitsbereich beweisen konnte. Es wird empfohlen, seine derzeitige Vergütung mindestens bis ins 4. Beschäftigungsquartal beizubehalten und danach eine Neubewertung vorzunehmen.

Austausch von Textnachrichten

25. Dezember 2021, 22.08 Uhr

Ben Boyce
Frohe Weihnachten, alter Sack!

Adhvan Chaudry
Danke, Kumpel! Dir auch!

Ich hab ein Geschenk für dich.
Es ist ein Witz.
Wie viele Computerwissenschaftler braucht man,
um eine Glühbirne auszuwechseln?

Oh Mann.
Keine Ahnung.

Keinen. Das ist ein Hardwareproblem.

Genial!

Oder: Haben Sie versucht,
sie aus- und wieder einzuschalten?

Sogar noch besser.
Okay, hier ist mein Geschenk für dich.
Wie viele Ben Boyces braucht man dazu?

Verrat es mir.

Bloß einen.
Er hält sie einfach nur fest,
während sich die Welt um ihn dreht.

Applaus, Applaus!

Ich bin die ganze Woche hier.

Hey Mann, noch mal Glückwunsch zum Google-Job!
Mit dir haben sie das große Los gezogen.

Danke.

Falls sich irgendwas ergeben sollte,
das zu mir passen könnte …
Wär toll, wenn du ein gutes Wort einlegen könntest.
Bei Verizon krepiere ich langsam.
Bin wild darauf, wieder im Tech-Bereich zu arbeiten.

Ich werde die Augen aufhalten.
Aber ehrlich gesagt, niemand fragt mich nach
Personalempfehlungen.

Anscheinend werde ich nicht als
»kulturkonform« betrachtet.

Haha, was soll das denn bedeuten?

Wenn ich das wüsste.
Vielleicht kannst du es übersetzen,
leite es an dich weiter …

Weiterleitung

Von: Adhvan Chaudry
An: Ben Boyce

Originalnachricht vom 18. Dezember 2021
Von: Matthew Constantine, Geschäftsführer
An: Adhvan Chaudry

Hallo Adhvan,

ich hoffe, du hast einen tollen Freitag! Wir alle sind von deiner Arbeit beeindruckt, seit du an Bord gekommen bist. Es war definitiv ein guter Start, und deine Intelligenz ist ein Wow-Faktor. Was in einem Laden wie diesem eine Menge heißt!

Aber ich möchte dich darauf hinweisen, dass es eine gewisse Besorgnis wegen deiner Kulturkonformität gibt. Wir sind eine teambasierte Organisation, und es ist wichtig, dass alle hier in unsere Community investieren. Wenn Sozialkompetenz nicht deine Stärke ist, bietet das Unternehmen viele großartige Möglichkeiten an, mit anderen Leuten in Kontakt zu treten, von Volleyball bis Yoga oder Töpfern und noch viel mehr!

Wir würden dich gern zu einem zwanglosen Gespräch in der ersten Woche nach den Ferien einladen. Janice von der Personalstelle wird der Form halber dabei sein. Das ist wirklich nur als Unterhaltung gemeint, ohne dass irgendetwas angeordnet werden soll. Einfach bloß eine Gelegenheit, über das Zusammenspiel mit dir zu diskutieren und Entwicklungsmöglichkeiten auszuloten.

Schau einfach mal nach den Feiertagen in meinem Büro vorbei, sagen wir am Mittwoch, den 5., um 16.00 Uhr?

Dein Kumpel
Matt

Austausch von Textnachrichten

25. Dezember 2021, 22.55 Uhr

Adhvan Chaudry
Sag mir, was du davon hältst.

Ben Boyce
Hahahaha! Das heißt, dass du ein komischer Vogel bist.
Selbst in einer Firma, die Tausende von
Computeringenieuren beschäftigt.

Pfff!

Geh einfach in einen Buchclub oder so.
Du magst doch Bücher.

Uff, das kann doch nur irgendein
Scheiß von Tony Robbins sein.

Tony ist genau der Richtige!
Verdamme ihn nicht, bevor du es mit ihm probiert hast.

Erschieß mich bitte!

Halt durch, ich werde vorbeischneien.

Hey, falls du morgen Abend freihast …
Wollen wir uns an der Dish treffen?
Die alten Zeiten und so.
Bier trinken und in die Sterne gucken.

Ach Mann, so gern, aber da machen
wir ein großes Abendessen mit Leilas Familie.
Mit Schinken und Weihnachtsliedern,
der Himmel der Weißen.
Willst du mitmachen?
Wird bestimmt cool, und eine Freundin
von Lei kommt auch.
Sie ist Single und verdammt klug ;)

Danke, aber das klingt nach der absoluten Hölle
für einen braunen Jungen mit Sozialphobie.

Haha, versteh ich, dann ein andermal.
Wollte dich übrigens schon vor einer Weile fragen …
Hast du irgendwas aus der Dissertation gemacht,
an der du gearbeitet hast?
Dein verkanntes Meisterwerk.

Oh ja, es hat mir ungeahnte Möglichkeiten eröffnet.
Bestens als Briefbeschwerer geeignet.
Auch als toller Türstopper.

Und falls du selbst gemachte Fächer brauchst …
Ich kann daraus 117 Stück zusammenfalten.

Könntest du mir das Ding mal schicken?

Klar.
Ist nicht gerade ein spannender Schmöker.
Aber lass dich umhauen.

Danke, Alter!
Pass auf dich auf.

DREI

E-Mail vom 2. Januar 2022

An: Adhvan Chaudry
Von: Ben Boyce

Hey Mann, hab deine Arbeit in den Ferien durchgelesen, und … WAS?! Das ist ja völlig abgefahren, aber auf genau die richtige Weise. Nur um klarzustellen, worüber du da sprichst – das ist eine verfickte ZEITMASCHINE. Richtig?!

Warum machst du nicht was daraus, und zwar JETZT SOFORT? Warum machen WIR das nicht zusammen? Alter, ist es das, woran du bei Google arbeitest?

Antworte baldmöglichst,
Ben

Antwort

B.,

freut mich, dass dir die Arbeit gefällt. Damit hätte ich schon mal einen Fan.
Zunächst: Es ist eine theoretische Maschine.

Wie ich im Fazit erkläre, gibt es derzeit noch zahlreiche technische Hindernisse, für die bisher keine technologischen Lösungen existieren.
Es ist definitiv nicht das, woran ich bei Google arbeite.
Meine Arbeit ist nur entfernt verwandt (insofern als es um Quanteninformationsverarbeitung geht), dient aber wesentlich nüchterneren kommerziellen Zwecken. Finanzmodelle, Wettermuster, schieß mich tot.
Zugegeben, ich habe hier die Gelegenheit, mit einer Technologie zu arbeiten, die tatsächlich eins der oben erwähnten Probleme lösen würde.
Google ist schon viel weiter mit Q-Informationsverarbeitung, als irgendjemandem in der akademischen Welt der Computerwissenschaft auch nur ansatzweise bewusst ist.
Aber ich schweife ab.
Es als Zeitmaschine zu bezeichnen ist nicht ganz korrekt.
Es ist eher … ein Computer, der mit seiner eigenen zukünftigen Version sprechen kann.
Nichts, weswegen man ausflippen sollte.

A.

Antwort

Hey Mann, du verkaufst dich mächtig unter Wert (wie üblich) – dich und den Scheiß, den du da ausgeheckt hast. Okay, ich verstehe, dass es kein H.-G.-Wells-Ding ist, mit dem man zurückspringen und Dinosaurier besuchen kann, aber wie auch immer du es nennen willst, ein Computer, der mit der Zukunft sprechen kann, ist doch eine ganz große Sache! Wenn du diese Scheiße zum Laufen kriegst, könntest du einen späteren Zeitpunkt sehen, oder? Wenn das geht, könntest du einfach über Nacht jede Lotterie gewinnen, stimmt's? Wer würde das nicht wollen? Es würde sich auf jeden Fall lohnen, das zu erkunden. Was brauchst du, um es auf die Beine zu stellen?

Lass es uns durchziehen,
Ben

Antwort vom 8. Januar 2022

B.,

tut mir leid, dass es so lange gedauert hat, aber ich habe alle Hände voll zu tun.
Ich hänge hier gerade am seidenen Faden.
Meine Teilnahme am Google-Buchclub lief nicht so gut.
Hauptsächlich, weil ich die äußerst unwissenschaftlichen Behauptungen des Autors kritisiert habe, dass wir glücklicher wären, wenn wir »größer wagen« und »Verletzlichkeit praktizieren« würden.
Es macht mir nichts aus, wenn ich als »konfrontativ« bezeichnet werde, aber wenn mir jemand das Etikett »robotisch« aufdrückt, ist mir klar, dass ich letztlich schon aus der Gruppe verbannt wurde.
Was die Technologie betrifft …
Ich bin mir nicht sicher, wie es funktionieren könnte.
Eine solche Konstruktion könnte ich mit meinen eigenen Mitteln nicht umsetzen.
Die Programmierung schon, damit käme ich klar.
Aber wir reden hier nicht nur über Software, sondern auch über Hardware.
Vorsichtig geschätzt würde ich ein Budget von mind. 50K $ benötigen, für Material, Laborressourcen, Entwicklungsarbeiten, und nur für den Anfang.

Und offen gesagt viele Hundert Stunden.
Meine gegenwärtige »Freizeit« beläuft sich auf vielleicht 10 Std./ Woche, und mein freier Gehirnarbeitsspeicher steht auf 0.

A.

Antwort

Kumpel, ich kann all diese Probleme lösen. Geld, Zeit, Arbeit, all das ist Anschubfinanzierung. Und wenn es eine Sache gibt, worin ich gut bin, dann ist es die Beschaffung von Startkapital. Dabei geht es nur um die richtige Idee zur richtigen Zeit.

Was das betrifft, so ist diese Idee schon mal perfekt, weil Quanten in diesem Jahr die neue Blockchain sind. Das ist das Zauberwort – wenn du das morgen in eine Broschüre packst, ziehen die Risikokapitalgeber sofort die Hosen runter und scheißen Startkapital. Niemand weiß, was zum Henker Quanteninformationsverarbeitung ist (genauso wie niemand wusste, wie dieser Blockchain-Kram funktioniert), aber allen ist doch klar, dass es die Zukunft ist.

Die Zukunft – The Future. Das wird der Name der Firma sein. Stell es dir vor!

Lass uns ... THE FUTURE aufbauen!

Melde dich schnell zurück, oder ich werde dein Telefon mit Textnachrichten sprengen. Diese Scheiße ist einfach zu gut, um darauf sitzen zu bleiben.

Ben

Antwort

B.,

okay, ich möchte deinen Enthusiasmus nicht bremsen, aber ich muss ein paar Punkte ansprechen.

1. Re: Finanzierung. Du meinst Freewerx, nicht wahr? Ich will kein Salz in die Wunde streuen, aber das ist nicht gerade eine Erfolgsgeschichte.
2. Re: »die neue Blockchain«. Kurz nach dem Platzen der Krypto-Blase klingt das nicht gerade nach einer tollen Empfehlung.
3. Re: The Future ... Nein. Auf gar keinen Fall. Das ist buchstäblich der blödeste Name für eine Firma, den ich je gehört habe.

A.

Antwort

Na gut, Bro, ich werde dich deswegen nicht unter Druck setzen. Du kannst auf deinem Arsch sitzen bleiben und dein nettes, mittelmäßiges Google-Leben weiterführen. Vielleicht steigst du irgendwann ins mittlere Management auf, erfindest was Schickes, was auch immer ...

Aber einige Punkte möchte ich doch gern richtigstellen. Freewerx selbst war keine schlechte Idee, es war einfach nur das falsche Team. Hätte ich dich dabeigehabt, hätte es vielleicht sogar geklappt. Und mit meinem Part war ich erfolgreich, nämlich mir den Arsch abzuarbeiten und 1,5 Millionen $ in weniger als sechs Monaten zusammenzukratzen, um das Ding in die Gänge zu bringen. Nur dass es nicht auf sicheren Beinen stand. Beziehungsweise keine tragfähigen Flügel hatte. Für viele Unternehmer ist der erste Misserfolg einfach nur der Eintrittspreis.

Blockchain – okay, der Punkt geht an dich. Ich will damit nur sagen, dass ich den Finger am Puls habe und weiß, was nötig ist, um Kapital aufzutreiben.

The Future ist ein richtig toller Name, da gebe ich keinen Millimeter nach. Findest du, dass TheFacebook.com ein guter Name war? Nein, verdammt! Aber jetzt wird er abgekürzt, ist allgegenwärtig, und die Leute benutzen ihn als Verb. Ich garantiere dir, wenn wir unsere Maschine zum Laufen bringen, werden die Leute sagen: »Das könnte ich mal futuren …«

Dein Bester, jetzt und für immer,
Ben

Antwort

B.,

was ist mit den ethischen Risiken, die ich in meiner Arbeit anspreche?
Die können wir nicht ignorieren.
Hast du den ursprünglichen Forschungsartikel zum Suchalgorithmus von Google gelesen?
Er ist online verfügbar.
In den Schlussfolgerungen untergraben sie ihre eigene Idee.
Sie sagen, dass es dafür wahrscheinlich keine größere Anwendungsmöglichkeit gibt, weil sie den Verkauf von Anzeigen als einzige potenzielle Einnahmequelle identifiziert haben.

In der Folge stellen sie dann die ethischen Herausforderungen dieser Möglichkeit dar.
Der Anzeigenverkauf würde die Seriosität der Suche beeinträchtigen.
Dennoch wurde das zu ihrem eigentlichen Geschäftsplan.
Möchtest du wirklich moralische Kompromisse in das Gefüge eines neuen Geschäfts verweben, und das bereits vom Moment der Gründung an?

A.

Antwort

Mann, das ist doch genau MEIN Argument! Das, was sie in diesem Artikel als ethische Herausforderungen bezeichnen, hat sich letztlich als wichtige Zutat im Rezept zum Gelddrucken erwiesen. Wenn du in altmodischen Moralvorstellungen stecken bleibst, wirst du nie weiterkommen. Na gut, jetzt machen sie Kohle, indem sie mit ihrer Suchmaschine Anzeigen verkaufen, super Geschäft ... während ihr Algorithmus das Internet zu dem gemacht hat, was es heute ist, und sie finanzieren Google X und fördern alle möglichen wunderbaren Forschungen zur Rettung der Welt.

Möchtest du nicht, dass wir die nächsten Sergey und Larry werden? Möchtest du nicht zusammen mit mir die Welt erobern?

Antwort

B.,

um das klarzustellen … du möchtest also, dass ich meinen Job kündige.
Aber ich kenne meinen Lebenslauf, ich weiß, was vor zwei Jahren passiert ist, ich weiß, dass ich Stabilität brauche …
Du willst, dass ich das alles für dieses Geschäft aufs Spiel setze.
Auf Grundlage einer Idee, die völlig durchgeknallt ist.
Ich möchte nur wissen, ob ich es richtig verstanden habe.

A.

Antwort

Ja Mann, ich will voll einsteigen. Mit dir, wir beide. Ich weiß, was du hast, ich weiß auch, was es bedeutet, aber ich verspreche dir, dass ich dir helfen werde, nicht den Boden unter den Füßen zu verlieren. Ich werde keine 90-Stunden-Wochen durchdrücken. Ich garantiere dir, dass ich in sechs Monaten die Finanzierung organisiert habe, das ist die ganze Laufstrecke, auf die du dich einlassen müsstest.

Und der wichtigste Unterschied zu vor zwei Jahren: Du musst das nicht ALLEIN durchstehen. Ich bin bei dir, im Gleichschritt, gleichwertige Partner, auf Biegen und Brechen. Es wird Rechtssicherheit, Struktur und UNTERSTÜTZUNG geben. Du hattest gute professionelle Hilfe und Medikamente, und wenn wir das machen, wirst du MICH haben, einen Freund, der jeden einzelnen Tag hinter dir steht.

Hör mal, ich brauche das, ich brauche einen Vorwand, um aus diesem Job rauszukommen, bevor ich durchdrehe. Aber ich glaube, du brauchst es auch. Ich weiß, Reichtum geht dir am Arsch vorbei, aber du musst dir diese eine Frage stellen: Willst du es nicht WISSEN? Ob es FUNKTIONIEREN könnte?

Antwort

B.,

natürlich will ich es wissen.
Mann, genau auf die Achillessehne.
Hmmm.
Was meint Lei dazu?

A.

Antwort

Jetzt kommt Bewegung in die Sache! Lei hält es für eine tolle Idee, sie ist Feuer und Flamme, wir haben darüber gesprochen, und sie ist begeistert.

Austausch von Textnachrichten

8. Januar 2022, 15.40 Uhr

Adhvan Chaudry
Hey Lei!
Ich weiß, ist lange her.
Hoffe, dir geht es gut.

Leila Keener-Boyce

Hallo A., schön, mal wieder von dir zu hören!
Mir geht's gut, ich arbeite jetzt in der Firma meines Vaters.
Ich weiß, ich hatte geschworen, das nie zu tun,
aber wie es aussieht, ist der Jobmarkt mit Anwälten
übersättigt, alsoooo … na ja. Die Arbeit ist beschissen,
aber ich box mich so nach oben durch.

Gut … sei dir selber treu.
Ich bin mir sicher, dass du tust, was für dich das Richtige ist.

Danke! Wie geht es dir?

Nicht schlecht.
Google. Gehalt, Sozialversicherung, bla bla.
Seit zwei Jahren halten mich meine Medikamente stabil.
Wie eine abgesetzte Fernsehserie … keine neuen Folgen.

Haha, freut mich zu hören.
Hast du schon eine Freundin gefunden?

Eigentlich nicht.

Immer noch auf der Pirsch?
Hin und wieder ein paar Google-Groupies?
Hey, man sollte sie GOOPIES nennen!

Keine Goopies. Ich warte noch auf die Richtige.
Wie auch immer – eigentlich wollte
ich mal wegen Ben nachfragen.
Meinst du wirklich, dass diese Idee gut ist?
Er sagt, dass du sie toll findest.

16.02 Uhr

Hallo?

Austausch von Textnachrichten

8. Januar 2022, 15.57 Uhr

Leila Keener-Boyce
Hallo Schatz!

Ben Boyce
Hey Prinzessin!

Was ist das für eine Idee, nach der Adhi mich fragt?

Ach, ein Geschäftsplan.
Ich wollte heute Abend mit dir drüber reden.

Ah ja. Dachte ich mir.

Aber ich kann es dir auch jetzt schon sagen.
Wollen wir telefonieren?

Ich bin noch im Büro.

Na ja, Adhi und ich wollen
gemeinsam ein Start-up gründen.
Er + ich.
Eine Technologie, die er an der Uni ausgeheckt hat.
Und ich glaube, dass sie wirklich Potenzial hat.

Wäre das eher ein Nebenprojekt oder
eine Vollzeitsache mit Jobkündigung?

Ich meine, du weißt ja, wie das ist.
Ein Start-up ist kein Nebengeschäft.
Darüber wollte ich später mit dir reden.

Und es war seine Idee?

Ja, total.
Er wollte nur, dass ich bei der
Finanzierung und Organisation helfe.
Ich könnte natürlich Nein sagen.
Aber ich möchte seinen Traum unterstützen.
Und ich weiß, dass du auch meinen unterstützen willst.

Austausch von Textnachrichten

8. Januar 2022, 16.15 Uhr

Adhvan Chaudry
Hallo?
Lei, bist du noch da?

Leila Keener-Boyce
Tut mir leid, ich musste einen Anruf annehmen,
aber jetzt bin ich wieder da.
Hör mal, du bist der intelligenteste Mensch,
den ich kenne. Ich glaube, dass du die Welt
verändern kannst. Wenn du Ben auf dieser Fahrt
mitnehmen möchtest, mach es auf jeden Fall.
Ich weiß, dass er es will.

Also gut.
Dann geht's los!

Manchmal überrascht es mich,
dass ihr beiden immer noch Freunde seid.
Ihr habt so unterschiedliche Energien.

Na ja … aber wir beide mögen Star Wars.

Haha, mehr brauchen 2 Kerle nicht?

Mal ganz ehrlich, gerade du solltest es am
besten verstehen. Ben ist total ADHD.
Doch wenn sein Licht auf einen scheint, scheint es hell.
Und man fühlt sich wie das Zentrum des Universums.
(Du weißt, wenn du ihm irgendwas davon erzählst,
bin ich rechtlich befugt, dich zu töten.)

Keine Sorge, Mantel des Schweigens.
Und ja, dieses Gefühl ist mir definitiv bekannt.
Aber ich denke, du weißt auch,
wenn sein Licht NICHT mehr auf dich scheint,
dass es dann hart wird.

Ja, ich weiß.
Aber ich kann mein Leben nicht damit verbringen,
darauf zu warten, dass mein einziger echter Freund die
Schnauze von mir voll hat.

Was ist mit mir? Bin ich keine echte Freundin?

Natürlich!

Ich möchte nur, dass du auf dich aufpasst.
Ben wird es nicht tun. Wenn er eine solche Sache ins Auge gefasst hat, ist er wie ein Hund mit einem Knochen.
Und jeder, der ihm in die Quere kommt, könnte gebissen werden.

Ich weiß.
Aber du passt bitte auch auf dich auf.
Das hast du verdient.

Oh, glaub mir, nachdem ich drei Jahre lang mit diesem Mann verheiratet war, weiß ich, wie ich auf mich aufpassen muss.

Ich werde versuchen, da nicht zu viel hineinzulesen.

Haha, du darfst glauben, was du möchtest ;-)
Wir sehen uns, Adhi.

Bis dann, Lei.

Auszug aus dem Protokoll der Kongressanhörung vom 1. Dezember 2022

REP. AMANDA BLAKELEY (R-AZ): Nach den Dokumenten, die wir gesehen haben, sieht es so aus, dass Ihre Firma von Anfang an nicht nur aufs Engste mit Ihrem sogenannten besten Freund, sondern auch mit Ihrer Frau Leila Keener-Boyce verbunden war.
BOYCE: Ja, Ma'am, das ist richtig. Meine Frau ist Unternehmensanwältin und war uns eine große Hilfe.
REP. AMANDA BLAKELEY (R-AZ): Und hat Ihre Frau Sie vor dieser Anhörung beraten?

BOYCE: Sie half mir bei der Vorbereitung, falls das Ihre Frage ist. Ich habe enormen professionellen Respekt vor ihr. Ihr Geist arbeitet auf einem höheren Level. Und obendrein ist sie einfach richtig gut. Verstehen Sie? Ihre Ethik. Sie denkt nicht nur ans Gewinnen, sie hat dieses tiefe Empfinden für das, was richtig und falsch ist, und das durchdringt alles, was sie tut. Sie ist ... glauben Sie mir, ich benutze dieses Wort nicht leichtfertig, aber sie ist eine Heldin.
REP. AMANDA BLAKELEY (R-AZ): Aber wenn Sie sie ansprechen, bezeichnen Sie sie als *Prinzessin*.
BOYCE: Ja, aber das ist nur ein Insiderwitz. Ihr Name ist Leila, also ähnlich wie Prinzessin Leia in *Star Wars*. Weil sie knallhart ist. Als die Leute im Film losziehen, um sie zu retten, sagt sie: »So klein und schon bei den Sturmtruppen?« Und dann scheißt sie sie zusammen ... Entschuldigung, sie kritisiert sie ... für eine so schlecht geplante Aktion. Ursprünglich war es Adhis Witz, und glauben Sie mir, meine Frau ist eine starke Feministin; es würde überhaupt nicht klappen, wenn das Wort auch nur ansatzweise herabwürdigend gemeint wäre.
REP. AMANDA BLAKELEY (R-AZ): Und haben Sie sich je Gedanken wegen der anhaltenden Beziehung zu Ihrem Mitgründer gemacht?
BOYCE: Oh Gott, nein. Meine Güte, das haben Sie alles völlig falsch verstanden. Unsere Beziehung wäre ohne ihn niemals zustande gekommen, und er war von Anfang an unser größter Unterstützer.

Rede des Trauzeugen

Quelle: Chaudrys Computerfestplatte
Gehalten am 16. April 2018

Guten Abend, alle zusammen! Vielen Dank an die Keeners und Boyces, dass sie diese wunderschöne Feier ausrichten. Die Hochzeit war doch ... ziemlich unglaublich, oder?

Für alle, die mich nicht kennen, ich bin Adhvan. Der beste Freund des Bräutigams und sein Trauzeuge, und wie er einmal gesagt hat, sein Bruder, wenn auch von einer anderen Mutter. Wobei ich mir sicher bin, dass er das nur gesagt hat, weil er in Wirklichkeit gar keine Geschwister hat, aber ich habe auch keine, also war es wohl einfach nur Glück, dass wir uns gefunden haben.

Ich bin ziemlich nervös, weil ich hier vor so vielen Leuten spreche, also verzeiht mir bitte, wenn ich mein Gesicht hinter meinen Notizen verstecke. Ich würde ja den Rat befolgen, mir meine Zuhörer in Unterwäsche vorzustellen, aber ihr alle seht einfach viel zu gut aus. Am Ende würde ich mich abwechselnd inadäquat oder erregt fühlen und insgesamt ziemlich unbehaglich. Und jetzt habe ich wahrscheinlich genau dieses Gefühl bei euch ausgelöst. Irgendwie ist das typisch für mich.

Also, ich kenne sowohl die Braut als auch den Bräutigam, seit sie ihr Studium in Stanford begonnen haben. Ben und ich waren Zimmergenossen. Er hat geschnarcht, falls ihr an Details interessiert seid. Und er hat Reden vor dem Spiegel gehalten, um sich selbst zu ermutigen. Ach, es gäbe noch viel peinlichere Dinge, die zu erwähnen wären, aber da ich weiß, was er alles über mich ausplaudern könnte, höre ich lieber damit auf.

Ich vermute, niemand von euch ist schockiert, wenn ich sage, dass ich am College viel zu schüchtern war, um Mädchen anzusprechen. Was jedoch, offen gesagt, für die meisten Menschen gilt, ungeachtet des Geschlechts. Aber Ben war so selbstsicher, er konnte jedes Mädchen nach ihrer Telefonnummer fragen. Ernsthaft, er hat sogar die Verwalterin unseres Wohnheims gefragt. Ich werde nicht erzählen, wie sich das weiterentwickelt hat, jedenfalls musste ich mehrere Nächte in unserem Arbeits-Wohnzimmer schlafen.

Ich möchte keine unangemessenen Bemerkungen von mir geben. Aber es ist wichtig, dass ihr das versteht: Ben hatte niemals Angst davor, mit irgendeinem Mädchen zu sprechen.

Bis Leila kam. Die das einzige Mädchen war, mit der ich gesprochen habe.

Leila und ich, wir waren zusammen in einem Biolabor für unser Wahlpflichtfach im ersten Semester. Wir wurden zufällig als Laborpartner ausgewählt. Irgendwie, während wir gerade dabei waren, einen Schweinefötus zu sezieren, entstand eine Freundschaft. Wir beide studierten gemeinsam und aßen Thai-Gerichte in meinem Schlafzimmer. Das ich natürlich mit Ben teilte. Als Ben das erste Mal hereinkam, während Leila da war, war es auch das erste Mal, dass ich ihn sprachlos erlebte. Ich glaube, das Erste, was er dann zu ihr gesagt hat, war: »Hallo. Ich bin Ben. Gefällt dir das Studium?« Voll daneben. Und als er weg war, fragte Leila mich: »Was ist denn mit deinem Zimmergenossen los?«

Dann rollte das zweite Semester an, und Leila und ich beschlossen, gemeinsam die Einführung in die Westliche Philosophie zu besuchen. Ben hatte seine Pflichtkurse in Weltphilosophie bereits absolviert, aber weil er wusste, dass Leila auch dabei war, schrieb er sich ebenfalls ein.

In den Kursen saß ich normalerweise allein ganz hinten. Aber irgendwie landete ich diesmal neben dem hübschesten Mädchen von Stanford, und auf der anderen Seite saß der beliebteste von allen Studienanfängern.

Ben versuchte ständig zu flirten. Aber falls irgendjemand von euch Leila schon mal in einem Kurs erlebt hat – und ich weiß, dass einige ihrer Jura-Studienkollegen hier sind –, dann wisst ihr auch, dass Leila keinen Quatsch macht. Sie hat ein ausgeklügeltes System mit farbcodierten Textmarkern. Und sie hatte gleich nach Philosophie noch einen anderen Kurs, sodass sie uns nie zum Essen begleiten konnte. Ben war am Boden zerstört.

Zum Glück gab es am Ende des Semesters ein Gruppenprojekt, bei dem man sich die Gruppe und das Thema aussuchen konnte, also arbeiteten wir schließlich zu dritt zusammen. Und Ben hatte diese brillante Idee, dass unser Thema die Philosophie der Liebe sein sollte. Allgemeines Aufstöhnen, schon klar. Wir wollten über die vier verschiedenen Arten von Liebe referieren, so wie Aristoteles sie in seiner Poetik darstellt.

Also verbrachten wir sehr viel Zeit zusammen in der Bibliothek und danach im Studentenwohnheim. Und die ganze Zeit wartet Ben auf die geeignete Gelegenheit, mit Leila ausgehen zu können. Doch es passt einfach nie. Ich sage ihm, dass er doch einfach nach ihrer Nummer fragen soll, dass sie ihn mag. Aber er sagt Nein, er möchte, dass es ein besonderer Moment ist.

Der Tag der Präsentation kommt, und wir halten unser Referat vor den Studenten. Es ist ein großes Seminar mit siebzehn Teilnehmern. Und wir teilen es so auf, dass ich die Texte zitiere und Leila den Löwenanteil übernimmt, Aristoteles' Ideen zu erklären. Danach gibt Ben für jeden Fall ein Beispiel. Wir behandeln die agape (Liebe für alle, zum Beispiel Wohltätigkeit) und die storge (die Elternliebe) und kommen dann zur philia, der brüderlichen Liebe, und da weicht Ben völlig vom Konzept ab. Er sagt, dass es wie das ist, was er für mich empfindet, seinen besten Freund. Das war sicher nett, aber auch sehr peinlich.

Doch viel schlimmer war noch, dass ich gleich erkannt hatte, wohin das führen würde. Und ihr seht es wahrscheinlich auch. Denn die letzte Form der Liebe ist eros. Die romantische und sexuelle Leidenschaft. Die Wurzel des Begriffs »erotisch«. Ich führe die Idee ein, Leila erklärt sie, und Ben – vor dem Lehrer und dem ganzen Seminar sagt er: »Das ist das Gefühl, das ich gerade für meine Kommilitonin Leila entwickle.« Und genau da, am Ende unserer letzten Präsentation, fragt er sie, ob sie mit ihm ausgehen würde, vor dem gesamten Seminar. Sie erstarrt. Doch aus der ersten Sitzreihe ruft jemand nur: »Sag Ja!«

Und kurz darauf fangen alle an zu jubeln. Und nicht gelogen, irgendwie passiert es, dass sie einen Sprechgesang anstimmen: »Sag Ja! Sag Ja!« *Selbst unsere Dozentin macht mit.* »Sag Ja! Sag Ja!«

Ich bin mir ziemlich sicher, dass Leila gar nicht begeistert war, auf diese Weise aufgefordert zu werden. Aber in dem Augenblick hatte sie keine andere Wahl, während unsere Abschlussnote in der Luft hing.

Während Ben und ich zusammenwohnten, konnte ich aus nächster Nähe beobachten, wie sich die beiden näherkamen und gemeinsam die Grundlagen für ein erstaunliches Leben aufbauten. Wir hatten tolle Momente miteinander, wir drei.

Und dann beschlossen die beiden, in eine gemeinsame Wohnung zu ziehen. Und obwohl es mich freute, meinen besten Freund so glücklich zu erleben, war es durchaus schmerzhaft, dass er mich für ein Mädchen verließ.

Wenn ich mir die beiden heute anschaue, weiß ich natürlich, dass es so am besten ist. Ich weiß auch: Wenn man eine Einladung zu Liebe und Glück bekommt, sollte man sich an die Empfehlung sämtlicher Teilnehmer des Seminars »Einführung in die Westliche Philosophie« halten und … Ja sagen.

Also, meine Damen und Herren, ich hoffe, dass wir alle von diesen beiden lernen können. Erheben wir das Glas auf die frischvermählten Mr. und Mrs. Boyce, und während ihr anstoßt: Sagt Ja!

E-Mail vom 8. Januar 2022

Von: Adhvan Chaudry
An: Ben Boyce

B.,

bin dabei.
Legen wir los.

A.

Antwort

BOOOOAAAAH EEEEEYYYY AAAAALTER!
Das wirst du NICHT bereuen!

Antwort

B.,

bevor wir irgendwas überstürzen, brauchen wir ein bisschen Hilfe.
Material, Laborarbeitsplätze, und jemand, der mit der Fertigung klarkommt.
Mein Kumpel Nikolai ist noch als Postdoc in Stanford.
Okay, wenn ich ihn mal frage?

A.

E-Mail

Von: Adhvan Chaudry
An: Nikolai Guriev

N.,

ich höre bei Google auf, um in einem Start-up zu arbeiten, das mehr oder weniger auf der Konstruktion basiert, die ich in meiner Arbeit vorgeschlagen habe.
Du bist immer derjenige gewesen, der am meisten an mich geglaubt hat.
Du solltest ein Sabbatical nehmen und rüberkommen, um uns zu helfen, es zum Laufen zu bringen.

A.

Antwort

Also willst du jetzt eine Zeitmaschine bauen, ja? Iiiinteressant. Hmmmm, sag mir Bescheid, wie es um die Vergütung steht.

Antwort

N.,

aktuell sind wir in der Vorfinanzierung.
Zu diesem Zeitpunkt läuft die Vergütung ausschließlich über Eigenkapital.
Ben bietet 5 Prozentpunkte.

In Anbetracht einer erwarteten Wertsteigerung auf 100 Millionen Dollar ... ist das potenziell eine MENGE Geld.
Sobald unser Prototyp läuft, spielen wir das locker ein.

A.

Antwort

»Sobald unser Prototyp läuft«? Hahahahahaha. Von deiner Zeitmaschine? Hahahahaha. Eine Waaaaahnsinnschance, Kumpel!

Und du machst das zusammen mit Ben? Meinst du damit unseren alten Kommilitonen? Ist das nicht ein ziemlicher Blödmann? Bist du dir sicher, dass er dich nicht nur wegen des Supercomputers zwischen deinen Ohren benutzen will?

Antwort

N.,

ich weiß, dass kein Entwicklungsprojekt eine sichere Sache ist, aber dieses ist es wahrscheinlich viel mehr, als du dir vorstellen kannst.
Und Ben ist kein schlechter Kerl.
Er ist nur ... ein Geschäftsmann.
Und – was in dieser Kategorie selten ist – ein guter Mensch.
In einigen entscheidenden Momenten meines Lebens war er für mich da.
Mit ihm würde ich buchstäblich in jeden Kampf ziehen.
Also ja, ich vertraue ihm, dass er diese Sache durchzieht.

A.

Antwort

Okidoki, Mann, ich wollte deinen Freund und erwählten Geschäftsführer nicht schlechtmachen, aber vielleicht solltet ihr beiden noch mal miteinander sprechen.

Aber reden wir ernsthaft über die technische Seite. Vor allem weil damals, als du dich durch deine Dissertation gewühlt hast, DU es warst, der MIR gesagt hat, wie weit die Quanteninformatik noch davon entfernt ist, so etwas auch nur halbwegs praktikabel zu machen.

Antwort

N.,

natürlich würde ich mich nicht auf dieses Abenteuer einlassen, wenn ich in dieser Hinsicht nicht meine Meinung geändert hätte.
Es war während meiner ersten Arbeitswoche bei Google.
Nicht nur geändert, sondern völlig über den Haufen geworfen.
Mir wurde ganz schnell klar, dass die Quanteninformatik (zumindest im exklusiven Bereich hochfinanzierter kommerzieller Unternehmen) schon VIEL weiter war, als ich mir vorgestellt hatte.
Die Erklärung zur Quantenüberlegenheit von 2019 ist gar nichts verglichen mit dem, wo man heute steht.
Schau dir selbst das angehängte Dokument an.
Ich brauche nur ein Materiallabor und einen Hardware-Experten, dann können wir loslegen.

A.

(Das oben erwähnte »angehängte Dokument« wurde ENTFERNT; es bezieht sich auf Forschungsprotokolle zur Quanteninformationsverarbeitung, die Chaudry vor seiner Kündigung von den Google-Servern herunterladen konnte.)

Antwort

Ooooohhhohoho, schau mal einer an, Scooby-Doo, wie er mit den Plänen für den Todesstern durchbrennt!

Aber mal im Ernst, wie viele Leute wissen überhaupt, dass Google in QI so weit ist? Das ist doch völlig verrückt.

Okay, vielleicht schneist du am Montag mal hier rein, dann könnten wir abklopfen, was das Ganze kosten würde. Ich könnte dir wahrscheinlich ein Labor besorgen und ein paar Gefälligkeiten vom Fertigungsteam einfordern.

Leeet's do the TIME WARP AGAAAIIIN!!!!

VIER

Versuchsbericht vom 22.1.2022

Prototyp 1
Materialkosten: 3.229$
Fertigungskosten: 4.812$
Testresultat: keine Angabe
Anmerkung: Stromversorgung nicht ausreichend für den Bedarf von Quantenprozessoren.

E-Mail

Von: Ben Boyce
An: Adhvan Chaudry

Hey Mann, was ist mit diesem Nikolai los, den du da angeschleppt hast? Kommt mir wie der letzte Arsch vor. Ich bin der Geschäftsführer, was heißt, dass ich sein Chef bin, aber jedes Mal, wenn ich ins Labor komme, um mir den Stand der Arbeiten anzusehen, quatscht er mich mit Technik voll, bis ich gar nichts mehr verstehe. Du weißt doch, wie mich diese herablassende Art nervt.

Antwort

B.,

überrascht mich nicht, dass ihr beiden euch nicht gerade sympathisch seid.
Aber vertrau mir.
Du weißt ja, wie diese Computertypen sind …
Weil sie keine Schwanzgrößen vergleichen können, holen sie ihr Gehirn raus.
So tickt er nun mal.
Außerdem ist er derjenige mit Laborzugang.
Um das zu bauen, was er uns praktisch ohne Vorkosten liefert, würden wir mehrere Hunderttausend brauchen.
Lass mich mit ihm reden.

A.

Versuchsbericht vom 29.1.2022

```
Prototyp 2
Materialkosten: 5.103$
Fertigungskosten: 3.994$
Testresultat: keine Angabe
Anmerkung: Betriebssystem auf Quantenprozessor nicht lauffähig.
```

E-Mail

Von: Ben Boyce
An: Adhvan Chaudry

Kumpel, als ich nach dem Mittagessen vorbeigeschaut habe, schlief Nikolai auf dem Boden. Ich glaube, er ist einfach aus den Latschen gekippt. Denn er wachte nicht auf, bis ich ihm praktisch ins Gesicht brüllte, und dann sah er völlig fertig aus und brachte kaum einen klaren Satz heraus. Mir scheint, er war ganz schon dicht.

Antwort

B.,

das liegt wahrscheinlich daran, dass er die ganze letzte Nacht an der Konstruktion gearbeitet hat.
Ja, er nimmt Pharmazeutika.
Das machen fast alle in den Entwicklungsabteilungen.
Sei ein bisschen nachsichtig mit ihm.

A.

Versuchsbericht vom 1. 2. 2022

Prototyp 3
Testresultat: Fehlschlag
Materialkosten: 2.895 $
Fertigungskosten: 5.059 $
Anmerkung: Endlich unser erster richtiger Fehlschlag. System konnte erfolgreich booten und elementare Quanten-

informationen verarbeiten. Instabil, aber das Betriebssystem lief. Offenkundig kein Hinweis auf transtemporale Datenübertragung, aber hey, wir fangen ja gerade erst an.

E-Mail

Von: Ben Boyce
An: Adhvan Chaudry

Okay Mann, was hat das zu bedeuten? Ich wusste ja, dass es nicht einfach wird, aber nach drei Prototypen bin ich fast am Ende der Fahnenstange, und du feierst einen Fehlschlag, weil das Ding booten konnte? 25K wofür? Um Windows zu starten? Ich bin weiter voll dabei, aber mein Konto ist nicht mehr allzu voll.

Antwort

B.,

erstens, scheiß auf Windows, dieses Betriebssystem habe ich selbst gebaut.
Zweitens, wir brauchen etwas Anlauf, und ich weiß nicht, wie lange das dauern wird.
Wir haben es schon simuliert. Eigentlich müsste es funktionieren.
Und bei »müsste funktionieren« fängt die Arbeit an.
Wie viel noch? Gute Frage.
Nikolai und ich schätzen, auf einer Serviette addiert, noch einmal 25K, um loszulegen.
Und das, ohne dass irgendjemand ein Gehalt bezieht.

Wir müssen in der Lage sein, das durchzuziehen.
Was ist mit Leis Familie?

A.

Versuchsbericht vom 6. 2. 2022

```
Prototyp 4
Testresultat: keine Angabe
Materialkosten: 1.895 $
Fertigungskosten: 3.469 $
Anmerkung: Bootversuch fehlgeschlagen. Wir wollten die
Kosten minimieren und sitzen jetzt wieder mit einer
Maschine da, die nicht einmal bootet. Schockierend, ich
weiß.
```

E-Mail

Von: Ben Boyce
An: Thomas Keener

Hi Thom,

ich hoffe, euch geht es gut! Ich freue mich wirklich sehr darauf, euch bald wiederzusehen und den jüngsten Familienzugang kennenzulernen. Glückwunsch, Großvater! Du bist bestimmt begeistert.

Ich glaube, Leila hat dir schon ein bisschen was über die Situation erzählt, aber ich schreibe dir, um dir von einer Investitionsgelegenheit für ein aufregendes Hi-Tech-Start-up-Unternehmen zu erzählen, das ich gerade zusammen mit meinem guten Freund Adhvan Chaudry aufbaue (er ist bei der Hochzeit mein Trauzeuge gewesen).

Ja, ich erinnere mich an den Rat, den du mir zu meinen ersten zwei Start-ups gegeben hast, obwohl ich damals noch nicht bereit war, ihn mir anzuhören: Finde deinen unfairen Vorteil. Und in diesem Fall weiß ich, was dieser unfaire Vorteil ist. Adhvan. Als Informatik-Ingenieur ist er wahrlich ein einmaliges Genie. Ich bin mit ein paar intelligenten Leuten an der Uni gewesen, und ich kann mit Fug und Recht behaupten, dass ich nie jemanden kennengelernt habe, der es hinsichtlich kreativer Problemlösungskompetenz mit Adhi aufnehmen könnte. In Kombination mit meinem Geschäftssinn bilden wir ein Team, das damit einen Volltreffer landen kann.

Bei unserer Vorfinanzierung geht es darum, mehrere Millionen zusammenzubekommen, um das Geschäft aufzubauen, doch bevor wir damit überhaupt loslegen können, brauchen wir einen funktionierenden Prototyp, und das bedeutet eine Kapitalisierung von etwa 50K $ für die grundlegenden physischen Materialkosten. Also suche ich eine solche Summe als Darlehen für ein Kleinunternehmen mit einem Rückzahlungsziel in 12 Monaten mit 18 % Zinsen (ich weiß, das ist viel, aber ich bin mir ziemlich sicher, dass wir bis dahin genügend Einnahmen generiert haben.)

Natürlich kein Druck! Ich weiß, wie sehr du dir gewünscht hast, Leila in dein eigenes Familienunternehmen zu holen, und ich hoffe, dass mein Start-up vielleicht auch ein bisschen zu einem Familienunternehmen wird.

Gib mir Bescheid!
Ben

Versuchsbericht vom 11. 2. 2022

Prototyp 5
Materialkosten: 2.413 $
Fertigungskosten: 5.223 $
Testresultat: Fehlschlag
Anmerkung: Frustrierende Anomalie. Wir booten und beobachten quantenverschränkte Datenzustände, aber weiterhin keine Datenübertragung. Unklar, warum wir keine Antwort bekommen, wenn wir ein zukünftiges Zeitfenster anpingen.

E-Mail-Antwort

Von: Thomas Keener
An: Ben Boyce

Lieber Ben,

schön, von dir zu hören! Ich hoffe, dass das öfter geschieht, und idealerweise auch dann, wenn es nicht um Geld geht. Aber ich weiß, dass du im Moment sehr auf die Karriere konzentriert bist. Vergiss jedoch nicht, für einen Ausgleich mit der Familie zu sorgen. Es wäre sehr nett, euch bald mal wiederzusehen, damit ihr die süße kleine Jada bewundern könnt. Ehrlich gesagt sieht sie genauso aus wie ihre Tante Leila als Baby.

Wenn es um Technik geht, bin ich bestimmt nicht der klügste Kopf, wie du auch vielleicht schon gelegentlich bemerkt hast, wenn ich versucht habe, dir Fotos übers Telefon zu schicken. Fonos, wie ich sie gerne nenne, auch wenn sich der Begriff noch nicht so richtig durchsetzen konnte.

Davon abgesehen habe ich beträchtliche Erfahrung in der Arbeit mit Hi-Tech-Start-ups, was mit dem Gebiet zusammenhängt, für das ich als Partner einer der größten Anwaltskanzleien hier in SF verantwortlich bin. Wir hatten einigen Erfolg mit Tauschgeschäften, juristische Dienstleistungen gegen Aktienoptionen/Firmenanteile. Einige davon bezifferten sich natürlich auf null, doch ein paar haben sich auch ausgezahlt.

Also würde ich vorschlagen, dass wir nicht über ein simples Darlehen verhandeln, sondern lieber darüber diskutieren, ob wir als Partner an Bord kommen. Das scheint mir eine Möglichkeit zu sein, daraus wirklich ein Familienunternehmen zu machen.

Liebe Grüße
Thom

Versuchsbericht vom 15. 2. 2022

Prototyp 6
Materialkosten: 3.475 $
Fertigungskosten: 8.069 $
Testresultat: Fehlschlag
Anmerkung: Jetzt scheinen wir näher dran zu sein. Alle Anzeichen waren positiv, bis eine transtemporale Verbindung initiiert wurde, worauf sich das System wegen Datenüberlastung abschaltete. Wir müssen eine Möglichkeit finden, wie sich der Datenstrom kontrollieren/einschränken/begrenzen lässt.

Austausch von Textnachrichten

16. Februar 2022, 14.31 Uhr

Leila Keener-Boyce
Mein Dad hat mich gerade zu einem
Gespräch in sein Büro gerufen.
Versuchst du, ihn als Investor zu gewinnen?

Ben Boyce
Ich habe ihn nach einem Darlehen gefragt.
Er war es, der eine Investition vorgeschlagen hat.
Eine Beteiligung als Partner, um genau zu sein.

Ich bitte dich, Schatz! Du solltest wissen, dass Geld in
meiner Familie immer mit Verpflichtungen verbunden ist.

Trotzdem bist du diejenige, die für ihn arbeitet.

Ja, und gleichzeitig habe ich vor,
hier so schnell wie möglich wieder rauszukommen.

Er wirkte ehrlich interessiert.

Die Verpflichtungen sind emotional, nicht finanziell.
Ich garantiere dir, dass er sich in jeden Aspekt
der Entscheidungsfindung einmischen wird.

Mir war nicht klar, dass es sich um eine
mafiöse Situation handelt.
Sollte ich mir Sorgen wegen eines Angebots machen,
das ich nicht ausschlagen kann?

Ich bitte dich, zum Wohl deiner Firma und unserer Ehe zu versuchen, das Geld woanders aufzutreiben.

E-Mail

Von: Ben Boyce
An: Thomas Keener

Hi Thom,

vielen Dank für dein großzügiges Angebot! Mir ist absolut klar, aus welcher Richtung du kommst. Doch nachdem ich es mit meinem Mitgründer besprochen habe, fühlen wir uns nicht ganz wohl damit, in diesem Stadium des Geschäfts einen zusätzlichen Partner aufzunehmen. Ich weiß deinen Vorschlag sehr zu schätzen, und ich bin dir dafür auf ewig dankbar. Wir sehen uns!

Liebe Grüße
Ben

Antwort

Lieber Ben,

es enttäuscht mich, dass du mein Geld, aber nicht meine beträchtliche Expertise und Erfahrung annehmen würdest. Doch dieses Recht steht dir gewiss zu. Viel Glück mit dem Unternehmen! Wir sehen uns hoffentlich bald.

Thom

E-Mail

Von: Nikolai Guriev
An: Adhvan Chaudry

Alsoooooo, die ganze Sache fühlt sich an, als würde sie den Bach runtergehen. Irgendwie habe ich kurz davorgestanden, hier ein paar Sachen auf dem übernächsten Level zu erfinden, aber bislang haben wir nicht einmal einen vagen Hinweis darauf, dass es überhaupt funktionieren könnte. Und in der Zwischenzeit sitzt uns dein toller Freund im Nacken, während er nicht mal weiß, was Quantenspin bedeutet. Außerdem soll ich demnächst vor der Abteilungsleitung rechtfertigen, wofür ich das Labor benutze, alsoooooo … wird es Zeit, den Stecker zu ziehen, denke ich. Lass uns den aktuellen Versuch abschließen und die Sache dann auf Eis legen, oder?

Versuchsbericht vom 20. 2. 2022

Prototyp 6.2
Testresultat: Fehlschlag
Materialkosten: 585 $ (Wiederverwendung der Hardware von Prototyp 6 mit kleinen Modifikationen)
Fertigungskosten: 1.219 $ (Dito)
Anmerkung: Finanzmittel unzureichend, um neuen Prototyp zu bauen; Wiederverwendung mit kleinen Modifikationen. Das Resultat war eine ähnliche Abschaltung. Der transtemporale Datentransfer scheint zu funktionieren, doch er überflutet nach kurzer Zeit das System und führt zum Absturz. Wir brauchen eine Möglichkeit, den Datenempfang einzuschränken oder zu spezifizieren.

Austausch von Textnachrichten

21. Februar 2022, 17.07 Uhr

Adhvan Chaudry
Nikolai zieht den Stecker.

Ben Boyce
Willst du mich verarschen?
Das KANN er nicht einfach machen!

Ach so, richtig, das hätte ich ihm sagen sollen.

Verdammter Junkie!
Ich schwöre, er ist die meiste Zeit total zugedröhnt.

Er sagt, wir können noch bis Ende nächster
Woche im Labor bleiben.
Dann müssen wir uns eine neue Einrichtung suchen.

Woher kommt das?

Ich glaube, das »Motivationsgespräch«
letzte Woche war nicht allzu vertrauensbildend.

Na ja, seine Geisteshaltung ist auch nicht
besonders vertrauensbildend.
Genauso wenig wie sein Pillenkonsum.
Das ist doch Blödsinn.
Er hat sich mit einem festen Zeitraum einverstanden erklärt.
Haben wir einen Vertrag mit ihm?
Ich werde mit Leila über eine
Entschädigungsklage sprechen.

17.25 Uhr

Kumpel, bist du noch da?
Entspann dich, ich werde ihn nicht verklagen.

17.45 Uhr

A.?

Entschuldigung.
Fester Zeitraum!
FESTER ZEITRAUM!

Äh, was?

Das war so offensichtlich.
Ich gehe ins Labor, melde mich später bei dir zurück.

Okay. Halt mich auf dem Laufenden.

19.15 Uhr

Hey Mann, was ist los?
Ich werde dich so lange anrufen, bis du rangehst …

Versuchsbericht vom 28. 2. 2022

Prototyp 6.3
Materialkosten: keine Angabe
(Wiederverwendung der Hardware von Prototyp 6.2, nur Modifikationen der Software)
Fertigungskosten: keine Angabe (Dito)
Testresultat: Erfolg
Anmerkung: Prototyp funktioniert, wenn auch mit leicht eingeschränkter Kapazität, verglichen mit der ursprünglichen Prognose. Wir konnten einen stabilen Datentransfer erreichen, als wir eine feste Zeitspanne von einem Jahr festsetzten; Verbindung mit einem spezifischen Datum hergestellt. Allgemeinverständlich gesagt: Ach du Scheiße, es funktioniert wirklich!

FÜNF

Suchverlauf, Prototyp, 28. 2. 2022

[Erster Tag der Inbetriebnahme]

Top-Aktien des Jahres
Unternehmen The Future
Börsenkurs The Future
Börsengang The Future
Markteinführung The Future
Lotterie Powerball März 2022
Bestes Foto 2022
Beste Alben 2022
Baseball World Series 2022
Justin Bieber verheiratet?
Verstorbene Promis des Jahres
COVID Statistiken 2022
COVID neuer Ausbruch?
Top-Nachrichten des Jahres
Ben Boyce Instagram
LinkedIn noch angesagt?
Neuer Trailer Star Wars
Bitcoin Kurs
Half-Life 3 Ankündigung
Red Dead Redemption 3
VR Technologie

TikTok noch angesagt?
Apple WWDC Ankündigungen
Beliebte Männerfrisuren
Air Jordan Neuigkeiten
Adhvan Chaudry
Ben Boyce
Adhvan Chaudry Freundin
Ben Boyce Vermögen
Unternehmenssitz The Future
News The Future
Gründerprofil The Future

Austausch von Textnachrichten

28. Februar 2022

Benjamin Boyce
Hey, Prinzessin!
Bin noch mit Adhi im Labor.
Könnte etwas später werden.

Leila Keener-Boyce
Okay. Bin dann wahrscheinlich im Bett.

Sei nicht sauer.
Vor allem, weil du dich auf so viele Sachen freuen kannst. :)

?????

Ja.
ES FUNKTIONIERT.

Glückwunsch! Okay, ich glaube, jetzt musst
du mir erklären, was das eigentlich bedeutet.

Schau doch mal in deinen Maileingang.
Ich hab dir was geschickt.
Aus dem nächsten Juli.

Artikel in *Wired*, veröffentlicht am 14. Juli 2022

(Download am 28. Februar 2022)

Die Genies von morgen

von Fiona Glazer

Ich glaube, es dürfte in der Geschichte des Journalismus einzigartig sein, jemandem zu begegnen, der den Text, den man über ihn schreiben will, bereits gelesen hat. Doch genau das war der Fall, als ich mich mit Ben Boyce im Büro des betriebsamen Start-ups traf, das er gemeinsam mit seinem Partner Adhvan Chaudry aufgebaut hat.

Boyce spricht mit entspannter Selbstsicherheit, die man leicht mit Arroganz verwechseln könnte. Innerhalb der ersten 30 Sekunden, nachdem ich ihm die Hand geschüttelt hatte, sagte er zu mir: »Ich habe den Artikel gelesen, den Sie schreiben werden. Tolle Arbeit, kann ich schon im Voraus sagen.« Anfänglich fand ich die Behauptung und das Kompliment lachhaft - die Valley-Version einer Quacksalber-Verkaufspräsentation. Doch ich lag weit daneben.

Als Erstes möchte ich meiner Leserschaft die Frage beantworten, die ihr zweifellos am meisten auf der Zunge brennt: Ja, ja, ja, diese Technologie ist unbestreitbar und zweifelsfrei real. Diese Leute haben eine Maschine erschaffen, die in die Zukunft blicken kann.

Woher ich das weiß? Über einen Zeitraum von drei Tagen haben sie mir einen exklusiven (wenn auch beaufsichtigten) Zugang zum Prototyp des elektronischen Konsumartikels erlaubt, den sie bereits im nächsten Jahr verkaufen wollen. Sie forderten mich auf, Informationen über die nahe Zukunft zu recherchieren, damit ich in Echtzeit miterleben konnte, wie die Nachrichtenereignisse, über die ich gelesen hatte, tatsächlich eintrafen, genau wie vorhergesagt.

Ich kam auf jeden Fall mit Zweifeln. Nachdem ich drei Jahre über Theranos berichtet hatte – und eine große Pleite nach der anderen miterlebt hatte –, war ich davon überzeugt, dass auch hier mit viel Schall und Rauch gearbeitet wurde. Doch ein Blick hinter den Vorhang hat meine letzten Zweifel ausgeräumt.

Wenn man die Firmenzentrale von The Future zum ersten Mal betritt, kann man sich kaum vorstellen, dass es sich um ein typisches Valley-Start-up mit dem Ziel der Disruption handelt. Vielleicht das Uber für Windeln oder eine Dating-App für moderne Millennials. Ihre Büros befinden sich in einem Loft mit hoher Decke im Herzen der Innenstadt von Palo Alto, ausgestattet mit einer Mischung aus Stehpulten, Sitzsäcken und altmodischen Arcade-Automaten.

Der wesentliche Unterschied zeigt sich aber, wenn man (was bislang nur wenigen vergönnt war) Zugang zur Technologie erhält – oder wie sie es vorzugsweise bezeichnen, zum Prototyp. Nachdem man verschiedene Sicherheitsprüfungen hinter sich gebracht hat, die sich nur in Begleitung eines der zwei Firmengründer überstehen lassen, wird man schließlich in ein kleines, ganz in Weiß gehaltenes Büro geführt.

Der Prototyp selbst steht auf einem Pult und ist zunächst einmal völlig unspektakulär. Er sieht eher wie ein iMac von vor zehn Jahren aus, doch das Gehäuse ist so tief wie ein alter Röhrenfernseher, um genügend Platz für die Anordnung der Quantenprozessoren zu bieten. Er läuft mit einem einfachen auf Linux basierenden Betriebssystem, was sich atavistisch anfühlt, aber bewusst ausgewählt wurde, damit die Maschine nie die Synchronizität mit ihren künftigen Versionen verliert.

Boyce hat sofort darauf hingewiesen, dass zum Zeitpunkt der Marktreife des Produkts das Interface und das äußere Design etwas ansprechender und verschlankt gestaltet sein werden. Chaudry fügte sogleich hinzu: »Aber nicht allzu sehr.« Ein Beispiel für das Wesen ihrer Dynamik: Boyce spielt die Rolle des unnachgiebig optimistischen Visionärs, während Chaudry durch den Sumpf der realen technischen Herausforderungen watet.

Boyce hat es bereits zu einer gewissen Berühmtheit in der Technologiewelt gebracht, obwohl sein Aussehen dieser Rolle kaum zu entsprechen scheint. Er vermeidet den lässigen Kapuze-und-Turnschuh-Look der meisten Start-up-Chefs und zieht einen schicken Tom-Ford-Anzug vor, wenn er sich im Büro aufhält. »Ich nehme meine Rolle in dieser Firma ernst«, erklärt er. »Insbesondere als schwarzer Unternehmer muss ich meine Verlässlichkeit kommunizieren.«

Tatsächlich ist Boyce innerhalb kürzester Zeit zu einem der höchstrangigen schwarzen Firmenchefs in der überwiegend weißen Welt von Silicon Valley geworden. Doch wenn man ihm begegnet, versteht man schnell, warum. Er sieht bemerkenswert gut aus, nach der Art eines Highschool-Sportstars, und seine jungenhafte Begeisterung ist ansteckend. Während Boyces Held (wie bei fast jedem Unternehmer seiner Generation) Steve Jobs ist, wirkt er großzügiger, positiver und freundlicher als der gefürchtete und zugleich verehrte Apple-Guru.

Boyce steht verdientermaßen im Rampenlicht, und sein Mitgründer bleibt zumeist hinter den Kulissen verborgen. Doch auch Chaudry ist auf seine Art eine faszinierende Persönlichkeit. Als Kind indischer Immigranten sind seine Gesichtszüge sanft, und sein lockiges braunes Haar fällt ihm bis auf die Schultern. Unter überraschend langen Wimpern blickt er in die Welt hinaus, und zwar mit einer Neugier, die jede Interaktion durchdringt – fast so, als wäre er ein Alien, der in Frieden gekommen ist und zum ersten Mal Menschen kennenlernt.

Chaudrys bescheidenes Büro scheint seine eklektischen Interessen Lügen zu strafen. Sci-Fi-Devotionalien (einschließlich eines lebensgroßen Yoda) stehen neben religiösen Objekten (einschließlich einer vergoldeten Statue der Göttin Shiva). Aber Chaudry sieht darin kaum einen Widerspruch. »Schauen Sie sich die Geschichte der Science-Fiction an, im Grunde hat sie begonnen, als die Religion bei den Intellektuellen in Ungnade fiel«, erklärte er. »Doch beide beschäftigen sich mit denselben Dingen. In der Sci-Fi geht es gar nicht vorrangig um Wissenschaft, sondern um unsere Bestimmung im Kosmos. Die großen Fragen. All das Zeug, wofür früher einmal die Religion zuständig war, das ist mir wichtig.«

Gemeinsam haben diese beiden ein Unternehmen und eine Technologie mit dem Potenzial geschaffen, unser fundamentales Verständnis der Welt dauerhaft zu verändern. Doch ihre Kritiker stören sich an der Strategie, diese Technologie geheim zu halten, bevor sie auf den Markt kommt.

Boyce ist sich durchaus des Verdrusses bewusst, den ihre Vorgehensweise ausgelöst hat, doch er ist zuversichtlich, dass er sich aufhebt, sobald die Konsumenten ihr Gerät in den Händen halten. Er scheint gut darauf vorbereitet zu sein, Beleidigungen und Pessimismus an sich abprallen zu lassen, was er auf seine Jugend in East Oakland zurückführt. »Die Gegend, aus der ich stamme ... wenn man gut in der Schule ist und dann versucht, etwas Großartiges zu machen, kriechen sofort die Neider aus allen Ecken, um einen fertigzumachen. Aber meine Mutter hat mir beigebracht, an mich selbst zu glauben. Das hier stelle ich für sie auf die Beine.«

Boyce' Vater verließ die Familie, als der Junge acht Jahre alt war, sodass er hauptsächlich von einer alleinstehenden Mutter aufgezogen wurde, die an Krebs gestorben ist, während er die

Highschool besucht hatte. Chaudrys Vater hatte sich das Leben genommen, als sein Sohn erst zehn Jahre alt gewesen war. Beide Jungen waren traumatisierte Einzelkinder, was vielleicht der Grund dafür war, warum ihre Verbindung, die sie während ihrer Collegezeit entwickelten, eine wesentlich intensivere Freundschaft war, als sie je zuvor eine erlebt hatten.

Oberflächlich betrachtet sind sie ein äußerst seltsames Paar. Doch auf einer tieferen Ebene bilden ihre Eigenarten – Chaudrys bemerkenswerte Intelligenz neben Boyce' stark ausgeprägtem Charisma – das perfekte Gleichgewicht, um ein Unternehmen im modernen Silicon Valley führen zu können. Und es fällt schwer, sich irgendeine Innovation vorzustellen, die besser für zwei Männer mit turbulenter Kindheit geeignet wäre, als ein Gerät, das in die Zukunft blicken kann.

Heute fragt die Öffentlichkeit, ob das Unternehmen für den angekündigten Starttermin bereit ist. Doch nach Begutachtung der entwickelten Technologie ist klar, dass die eigentliche Frage lauten sollte:

Ist die Welt für The Future bereit?

Austausch von Textnachrichten

28. Februar 2022, 23.16 Uhr

Leila Keener-Boyce
Okay, ich verstehe nicht ganz, was ich hier lese.
Ist das ein Artikel über die Firma,
die ihr beiden aufbauen werdet?

Benjamin Boyce
Er wird erst in fünf Monaten erscheinen.
Er stammt buchstäblich aus der Zukunft.

Schatz, wenn das die Realität ist, ist das absolut verrückt.

ES IST DIE REALITÄT!
Und ja, es ist verrückt.
Willst du ein Foto von dem Ferienhaus sehen,
das wir auf Hawaii mieten werden?

Ähm, ja, gern!
Bitte sag mir, dass das kein großer alberner Scherz ist,
weil ich dann ganz bestimmt nicht amüsiert wäre.

Komm rüber ins Labor!
Bring von unterwegs Schampus mit :)

Oh Gott, total baff. Bin gleich da!!

Auszug aus dem Protokoll der Kongressanhörung vom 1. Dezember 2022

SEN. BARBARA CAHILL (R-DE): Nachdem Sie einen funktionierenden Prototyp hatten, wie würden Sie die Stimmung in Ihrem Unternehmen charakterisieren?
BOYCE: Die Stimmung ... Sie meinen, an diesem ersten Abend? Ich glaube ... Stellen Sie sich vor, wie Sie zum ersten Mal eine Wahl gewonnen haben. Und das mal tausend. Wir sind völlig ausgeflippt! Es war unglaublich. Wir hatten gerade etwas erfunden, wovon die Menschen seit Jahrhunderten geträumt hatten. In die Zukunft schauen können – das ist etwas Mythisches. Buchstäblich! Propheten, Orakel, Hellseher – und wir haben eine Maschine gebaut, die all das ermöglicht.
SEN. BARBARA CAHILL (R-DE): Die Feier ... das waren Sie und Mr. Chaudry und ... Mr. Guriev?

BOYCE: Also, Nikolai hatten wir es nicht sofort gesagt. Aber Leila, meine Frau, kam ins Büro. Wir ließen Champagnerkorken knallen und rasteten ein bisschen aus. Leila legte etwas Musik auf. Adhi hatte diese falschen Vulkanierohren, wie Spock in *Star Trek*, er steckte sie sich an und stieg auf einen Tisch, wie in *Der Club der toten Dichter*, und rezitierte dieses Gedicht »O Captain! Mein Captain!« Mir gewidmet, sozusagen. Es war großartig.

SEN. BARBARA CAHILL (R-DE): Das klingt, als hätte es in diesem Moment des Durchbruchs keine wie auch immer geartete Besorgnis hinsichtlich der potenziellen Konsequenzen gegeben.

BOYCE: Kommen Sie, als Einstein endlich die Relativitätstheorie ausgebrütet hatte, meinen Sie nicht, dass er es mit ein paar Bierchen gefeiert hat? Wir haben die Technologie ja nicht leichtfertig benutzt. An diesem Abend im Labor haben wir nur ein bisschen Dampf abgelassen. Und am nächsten Morgen ging es zurück an die Arbeit.

SEN. BARBARA CAHILL (R-DE): Welche Art von »Arbeit« war das?

BOYCE: Die Arbeit, aus einem einzigen, zerbrechlichen Prototyp ein global funktionierendes Unternehmen zu machen. Ich konnte es gar nicht erwarten, loszuziehen und Kapital zu beschaffen, doch Adhi bestand darauf, dass wir erst mal einen Gang runterschalten und das Konzept austesten. Eine Qualitätsprüfung, sagte er, damit wir unseren Investoren solide Daten vorlegen können.

SEN. BARBARA CAHILL (R-DE): Und dabei stießen Sie auf Probleme, weil die Technologie nicht funktionierte.

BOYCE: Nein, das stimmt so nicht. Das Problem war nicht, dass es nicht funktionierte, sondern wie es funktionierte. Auf einmal bekamen wir es mit ... Konsequenzen zu tun, die nicht beabsichtigt waren.

SECHS

Qualitätsbericht vom 4. 3. 2022

Verifikation der Vorhersagegenauigkeit
Experiment 001

HYPOTHESE: Daten vom Prototyp werden sich als korrekt erweisen – in dem Sinne, dass vorhergesagte Ereignisse eintreten werden, zum exakten Zeitpunkt und auf die der Vorhersage entsprechende Weise, und besagte Daten werden online mit den vorhergesagten/gemeldeten Zeitsignaturen hochgeladen.

METHODE: Das Forschungsteam wollte die Genauigkeit mit online publizierten Nachrichtenmeldungen verifizieren. Am 1. 3. 2022 haben wir den Prototyp genutzt, um nach zehn verschiedenen Nachrichtenmeldungen mit Datum zwei Tage in der Zukunft zu suchen (also der 3. 3. 2022). Das kleine Zeitfenster wurde gewählt, um schnell zugängliche Verifikationen zu erhalten. Sie wurden aus verschiedenen Regionen, verschiedenen Nachrichtenkanälen und sogar verschiedenen Sprachen ausgewählt, um konsistente Resultate über mehrere Publikationsvariablen verteilt zu gewährleisten und zu garantieren, dass es keine persönliche Beteiligung des Forschungsteams an den Meldungen besagter Ereignisse gab.

Die folgenden zehn Nachrichtenmeldungen dienten als Punktdaten (Volltext im Anhang):

- Schlammlawinen in Malibu führen zu Verkehrsstörungen auf dem Pacific Coast Highway
- Tatverdächtiger des Anschlags auf KFC in Florida verhaftet
- *Wall Street Journal* kündigt neue Entlassungsrunden an
- Philippinischer Präsident Duterte droht außergerichtliche Tötungen an
- Hafenverwaltung von Long Beach entdeckt Meth-Versteck im Wert von 600 Millionen Dollar
- Volvo kündigt Pläne für neues Elektrofahrzeug an
- Jugendliche in Manchester wegen brutalem Angriff auf Seniorin verhaftet
- Kapstadt: Straßenneubau von Gewerkschaftskonflikt gestoppt
- Niederländische Studie bestreitet angeblichen gesundheitlichen Nutzen von Cannabidiol
- Huawei prüft Fusion mit amerikanischem Telekommunikationsunternehmen

RESULTATE: Am 3.3.2022 verwendeten wir ein normales Gerät mit Internetanschluss, um nach genau diesen Meldungen zu suchen. Bei allen zehn wurde bestätigt, dass sie exakt wie vorhergesagt publiziert wurden, ohne irgendwelche erkennbaren Änderungen im Text oder in den Details der Meldungen. Außerdem verifizierten wir jede Nachricht aus einer sekundären journalistischen Quelle, wobei alle relevanten Informationen bestätigt wurden. Zusätzlich suchten wir, wo es möglich war, nach weiteren

Medienquellen, zum Beispiel nach YouTube-Videos über die aufgetretenen Schlammlawinen.

E-Mail vom 12. März 2022

Von: Adhvan Chaudry
An: Nikolai Guriev

N.,

ich weiß, dass du uns ein Ultimatum für die Räumung des Labors gestellt hast.
ABER: Wir haben jetzt einen enormen Fortschritt gemacht. Ich kann dir versichern, dass es auch in deinem finanziellen Interesse wäre, uns mehr Zeit zu geben.

A.

Antwort

Mir versichern, wie? Wenn Versprechen von Unternehmern in Geld ausgezahlt werden würden, wäre ich längst Zillionär. Und Dekan Bullock wird die Darth-Vader-Nummer mit mir durchziehen, wenn ich das Labor nicht freigebe. Aber da du ein guter Programmierer bist, gebe ich dir noch eine Chance, mit irgendwelchen Daten die Rentabilität der Sache zu beweisen, die ihr da am Laufen habt. Andernfalls muss ich eure Lahmärsche mit einem kräftigen Tritt aus dem Labor werfen.

Antwort

N.,

im Anhang findest du die Resultate unseres neuesten Experiments.
Behalt es für dich.
Bitte sag Ben nicht, dass ich es dir gezeigt habe.
Ich vertraue dir, aber er ist sehr vorsichtig.
Ich bin mir sicher, dass uns das etwas mehr Zeit verschaffen wird.

A.

Anhang:

Verifikation der Vorhersagegenauigkeit
Experiment 002

HYPOTHESE: Wir können Börseninformationen, die durch den Prototyp gewonnen wurden, dazu nutzen, von risikofreien Spekulationen zu profitieren.

METHODE: Unter Verwendung des Prototyps konnten wir drei Aktien identifizieren, die im Verlauf der kommenden Woche beträchtliche Sprünge machen werden, im Zeitraum vom 5.3.2022 bis zum 12.3.2022; insbesondere zwei Aktien, die einen starken Zuwachs erleben werden – NXP Semiconductors, die einen neuen Chipsatz angekündigt haben, und Tesla, dessen 4. Quartalsbericht besser als vorhergesagt war – zusammen mit einer Firma (GM), die erheblich an Wert verlieren würde, nachdem Arbeitskämpfe mit Beschäftigten in ausländischen Werken bekanntgegeben wurden.

Auf Basis dieser Projektionen haben wir folgende Käufe über ein neues Handelskonto getätigt:

Kauf: NXP Semiconductors 10 Aktien @ 155,70
Kauf: Tesla 10 Aktien @ 305,11
Kauf: Short-Position auf GM, 10 Aktien @ 34,30

RESULTATE: Nach Marktschluss am 12.3.2022 entsprachen die Preise für alle drei Aktien genau denen, die vom Prototyp prognostiziert worden waren, und alle Positionen wurden verkauft.

Verkauf: NXP Semiconductors 10 Aktien @ 189,40
Verkauf: Tesla 10 Aktien @ 322,90
Verkauf: Short-Position auf GM, 10 Aktien @ 29,20

Innerhalb 1 Woche Gewinne von:

337,00$ mit NXP Semiconductors
117,90$ mit Tesla
51,00$ mit GM

Antwort

Von: Nikolai Guriev
An: Adhvan Chaudry

Jetzt hast du definitiv meine Aufmerksamkeit. Wenn diese Resultate echt sind, sind sie verdammt INTERESSANT! Benutz das Labor weiter, ich werde mit der Verwaltung reden und genug Zeit schinden. Dann würde ich gern den Umfang meiner Beteiligung neu aushandeln. Ich kann euch beiden ganz bestimmt von Nutzen sein.

Antwort

N.,

vielen Dank für deine Unterstützung.
Doch jetzt ist nicht der richtige Zeitpunkt, um dich stärker einzubinden.
Warte noch, bis Ben und ich diese Runde der Validierungsexperimente abgeschlossen haben.
Dann sprechen wir miteinander, wenn wir unser Team erweitern.

A.

E-Mail

Von: Ben Boyce
An: Adhvan Chaudry

Hey Kumpel … diese Resultate sind hammergeil! Es ist nicht allzu viel Geld (noch nicht), aber ein todsicherer Beweis, dass wir eine Erfolgsformel haben und bald REICH sein werden. Ernsthaft, es ist nicht nur das Geld, was mich interessiert. Es ist dieser Scheiß-auf-sie-alle-Faktor.

Als Kind habe ich in meiner Vorstellung gern gegen böse Kerle gekämpft, und ich habe in der Zeitung geblättert, um einen guten Fantasienamen für den Erzschurken zu finden, also hieß er manchmal Hussein oder Milosevic, aber am besten erinnere ich mich an Dow Jones. Das ist ein verdammt guter Name für einen Schurken, fast so gut wie Dr. Night. Und mein Dad fand das absolut toll und sagte, ich hätte es richtig verstanden. Damals kapierte ich allerdings noch nicht, warum, aber später, nachdem er seinen Job verloren hatte und abgehauen war, dachte ich gelegentlich darüber nach, und es fühlte sich an wie, ja, weißt du, Dow Jones war das größte Arschloch. Er hat meinen Dad erledigt, aber gegen mich würde er nicht ankommen.

Als ich am College war, dachte ich, dass ich dem alten Dow Jones ein Schnippchen geschlagen hatte. Ich gab mein ganzes Stipendium für Börsenspekulationen aus, weil ich davon überzeugt war, schlauer als alle anderen zu sein und das System besiegen zu können. Du weißt natürlich, wie das ausgegangen ist. Völlig pleite, nur noch Ramen schlürfen und ein paar zusätzliche, extrem zwielichtige Kredite aufnehmen, bloß um durchs Studium zu kommen.

Aber jetzt haben wir endlich eine Möglichkeit, Dow Jones zu besiegen. Alle Macht dem Volk!

Antwort

B.,

das ist eine nette Geschichte über deinen Dad.
Aber ich möchte meine eigene dagegenstellen.
Mein Vater war vom amerikanischen Traum begeistert.
Mit dem festen Glauben, dass er sein Glück machen wird.
Doch als er auf dem Arbeitsmarkt keine solche Gelegenheit fand, suchte er in einer hinduistischen Idee danach: dem Rad des Schicksals.
Nur nicht im Sinne der indischen Vorstellung, sondern eher am Glücksrad in einem indischen Casino.
Wenn man es nicht unmittelbar miterlebt hat, ist schwer zu erklären, wie unerträglich *trist* Glücksspielsucht ist. Denn der Spieler ist nicht nach dem Gewinnen süchtig, wie man meinen würde.
Er ist nach dem Verlieren süchtig.

Egal, wie weit er in einer aufregenden Runde nach oben kommt, er wird ausnahmslos wieder ganz unten landen.
So war es mit meinem Vater.
Als er sich das Leben nahm, war es eine Gnade.
Für ihn, für meine Mutter und für mich.
Ich habe nicht vor, in seine Fußstapfen zu treten.
Ich habe nicht vor, mein Schicksal und meinen Erfolg dem Zufall oder irgendwelchen Geldanlagen zu überlassen.
Weder den Würfeln oder dem Glücksrad oder dem Auf und Ab des Marktes.
Ich habe vor, auf mich selbst zu wetten.

A.

Antwort

Kumpel, ich versteh dich zu 1000 %, aber du siehst das alles völlig falsch! Weil wir die perfekteste Möglichkeit gefunden haben, unser Geld auf eine sichere Sache zu setzen. Das sind keine degenerierten Verliererwetten mehr. Es geht nicht mehr darum, zu hoffen und zu beten, dass alles gut läuft. Das hier ist Genialität und Innovation, die uns einen Wettbewerbsvorteil verschafft!

Antwort

B.,

ich wünschte, es wäre wirklich so, aber in meinem Herzen weiß ich, dass es nicht stimmt.
Genauer gesagt weiß ich, dass wir uns da in tückischen Gewässern bewegen.

Ich habe mir unsere finanzielle Zukunft genauer angesehen, und ich habe gute Neuigkeiten:
In einem Jahr werden wir irrsinnig reich sein.
Aber ich habe auch eine schlechte Neuigkeit:
Die Börsenaufsicht wird gegen uns ermitteln.
Mit anderen Worten: Wir wissen schon jetzt, dass wir Ärger kriegen, weil wir diese Sache benutzen.
Jeder Dollar, den wir auf diese Weise verdienen, wird für uns zu einem Problem werden.
Das sollte nicht unsere Haupteinnahmequelle sein.

A.

Antwort

Hallo Adhi, ich versteh dich total, aber ich frage mich, wie unvermeidlich diese Ermittlungen durch die Börsenaufsicht sein werden. Ich meine, es kann ja nicht wegen der rund 500 Dollar sein, die wir bei diesem Test verdient haben, oder? Glaubst du, wir könnten herausfinden, wo wir in der aktuellen Projektion die Schwelle überschreiten, die uns auf dem Radar der Börsenaufsicht auftauchen lässt, damit wir dann einfach nicht so weit gehen? Wenn wir zum Beispiel 50 Millionen machen, aber nicht zu gierig werden und unter 100 pro Jahr bleiben, ob dann alles gut ist? Oder könnten wir einige Verluste in den Topf mit unseren garantierten Erträgen werfen? Mir ist klar, dass es verdächtig aussehen muss, wenn wir jedes Mal gewinnen.

Ich meine, wenn wir die Zukunft kennen, machen wir es einfach anders, um diesen Konsequenzen zu entgehen.

Antwort

B.,

du bringst eine wesentlich fundamentalere Frage auf:
Wenn wir mittels des Prototyps die Zukunft sehen können …
Können wir sie dann ändern?

A.

Antwort

Na bitte, Kumpel, du hast gerade auf den Punkt gebracht, wie unser nächstes Experiment aussehen sollte, oder? Wir suchen uns aus den Nachrichten irgendein Ereignis aus, das wir mit dem Prototyp sehen, und dann ändern wir es. Vielleicht nehmen wir eine schlimme Sache, die wir dann verhindern können. Wir können auch Helden sein :)

Antwort

B.,

ja.
Aber.
Wir sollten nicht versuchen, Helden zu sein.
Zunächst einmal sollten wir zu Experimentierzwecken etwas auswählen, das so unauffällig und belanglos wie möglich ist.
Ich habe eine gute Kandidatin gefunden (siehe Anhang).

A.

Blog-Post auf Tumblr: »Farrah, die Feinschmeckerin von Fresno«

Veröffentlicht am 15. 3. 2022

Ich LIEBE diesen Frozen Custard Stand

Stellt euch vor, meine Feinschmeckerkollegen von Fresno: Es ist gestern Abend. Mann und Kinder haben mein kohlenhydratarmes Parmesanhühnchen verputzt, und danach würden sie ALLES für ein Dessert geben. Schließlich haben sie es sich nach diesem gesunden Essen VERDIENT ... Und um ehrlich zu sein, mir geht es genauso, ich hatte den ganzen Tag lang Hunger, nach Intervallfasten und Keto.

Ich erinnere mich, dass ich Tony & Tina's Frozen Custard Stand immer wieder gesehen habe, seit sie Anfang des Jahres an der Lark Street eröffnet haben. Zuerst hat mich die Warteschlange und das ziemlich grelle Dekor abgeschreckt, und ich befürchtete, es könnte vielleicht nur ein Retro-Gag sein. Schon ein paar Leute haben mich nach meiner Meinung gefragt, also war ich bereit, mir einen Eindruck zu verschaffen.

Wir sprangen in unseren Windstar und fuhren hinüber. Zunächst einmal ist die Schlange geschrumpft, und wir mussten machbare zwanzig Minuten warten. Ich wählte den Schokoladentod, eine herrlich köstliche Ausschweifung mit Schokopudding, beschichtet mit geraspelter Bitterschokolade, dazu Milchschokoladenflocken und Streusel, ergänzt durch eine gehaltvolle heiße Godiva-Schokoladensoße. Es war unverschämt schmackhaft, und jetzt bin ich eine ganz andere Frau.

Außerdem unterzog ich die Bestellungen der übrigen Familie einem Qualitätstest. Der Mann wählte einen Brownie-Eisbecher, und die Vanillesoße war üppig genug, um mit dem nussigen Brownie mithalten zu können. Sam nahm einen Erdbeer-Milchshake, der so cremig war, dass er eine Weile mit dem Strohhalm arbeiten musste, bis er die erste Kostprobe schmeckte. Mjam! Kaylee hatte Creme-Kekse, und ich sage euch, es waren ECHTE Oreo-Stücke.

Mein Urteil: Es war jeden Cent wert und vor allem jede einzelne Kalorie (und glaubt mir, davon gab es jede Menge!)

Antwort

Hey, willst du mich verarschen? Das ist ... Ich verstehe es nicht mal. Irgendeine Mom aus der Vorstadt, die irgendwelche Eisdielen in ihrer Umgebung beurteilt? Ich möchte losziehen und 100 Millionen zusammenkratzen! Ich verstehe nicht, wie uns das unserem Ziel näherbringen soll. Wir brauchen große HAMMERERGEBNISSE!

Antwort

B.,

Ja. Das ist der Food-Blog von irgendwem in Fresno.
Der Knackpunkt ist: Sie hat bzw. wird das am Morgen des 15. 3. 2022 veröffentlichen.
Das bedeutet, dass sie diesen Laden am Abend des 14. 3. 2022 aufsuchen und dort diese Desserts bestellen wird.
Können wir verhindern, dass das passiert?
Wenn ja, haben wir unsere Antwort.

A.

Antwort

Bro, wen interessiert es überhaupt, was sie als Dessert hatte und was sie darüber schreibt?

Antwort

B.,

»Wen interessiert es überhaupt« ist genau der Knackpunkt.
Wir brauchen ein möglichst unbedeutendes Ereignis.
So werden wir erfahren, ob wir die Macht haben – ich meine, die FREIHEIT –, etwas im Leben dieser Frau zu ändern.
Wir fangen klein an und arbeiten uns dann zu größeren Änderungen hinauf (FALLS es funktioniert).
Also habe ich ihr folgende E-Mail geschickt, von einer erfundenen Wegwerfadresse:

Zitierter Text:

> Hi, Farrah! Wir von der Wilde Food Group sind große Fans deines Blogs! Wir möchten dir sagen, dass wir aufrichtig GEEHRT wären, wenn du vorbeikommen und einen Bericht über Mulberry's House of Pies schreiben würdest, das in deiner Gegend liegt. Komm doch morgen Abend um acht Uhr, und wir wären mehr als glücklich, dir und deiner Familie so viel kostenlosen Kuchen zu servieren, wie ihr möchtet!
>
> David Hastings,
> Regionalmanager Wilde Food Group

Und das war ihre Antwort:

Zitierter Text:

> Hallo David – das klingt ja nett! Vielen Dank für das freundliche Angebot. Ich weiß, dass meine Kinder total begeistert sein werden. Freu mich schon drauf, einen Bericht über euer Geschäft zu schreiben.
> Juhu!
> Farrah

Also wird sie nun Kuchen statt Cremeeis essen.
Alles klar?

A.

Antwort

Von: Ben Boyce
An: Adhvan Chaudry

Hey, das ist cool und so, aber was, wenn sie hinfährt und keinen kostenlosen Kuchen bekommt?

Antwort

B.,

ich war da und habe ihnen eine Kreditkarte und einen falschen Namen gegeben.
Wir bezahlen dafür, dass sie und ihre idiotische Familie umsonst schlemmen können.
Ein kleiner Preis für den Beweis der Existenz des freien Willens, finde ich.
Sie isst Kuchen statt Cremeeis, und schon haben wir die Zukunft verändert.

A.

Qualitätsbericht vom 16. 3. 2022

Verifikation der Vorhersagegenauigkeit
Experiment 003

HYPOTHESE: Unter Verwendung des Prototyps prognostizierte Daten können verändert werden. Ereignisse, die in der Zukunft dokumentiert wurden, können durch Intervention verhindert oder abgewandelt werden, auf der Basis von Informationen, die durch den Prototyp gewonnen wurden.

METHODE: Wir haben zufällig ein Online-Posting ausgewählt, wobei wir Wert darauf legten, dass wir keine persönliche Verbindung dazu haben und es ohne besondere Bedeutung für die Weltgeschichte ist (womit wir gewährleisten wollten, dass unsere Intervention keine nachteiligen Auswirkungen zur Folge hat).

RESULTATE: Unklar. Die Kreditkartentransaktion bestätigte, dass sich die Testperson für das Experiment zum festgesetzten Datum in Mulberry's House of Pies aufhielt und nicht in Tonys & Tina's Frozen Custard Stand. Doch eine Internet-Suche am folgenden Morgen zeigte, dass exakt derselbe Blog-Post zum exakt gleichen Zeitpunkt hochgeladen wurde.

E-Mail

Von: David Hastings
An: Farrah Wanekke

Hallo Farrah!

Meinen Informationen zufolge bist du im Mulberry's gewesen, doch am nächsten Tag hast du über Tony & Tina's gepostet und geschrieben, dass du am Vorabend dort warst. Dürfte ich fragen, was das zu bedeuten hat?

Schöne Grüße
David Hastings
Regionalmanager Wilde Food Group

Antwort

Hallo David!

Keine Sorge, ich habe euch nicht vergessen! Wir waren vom Mulberry's BEGEISTERT, ganz lieben Dank! Meine Berichte erscheinen normalerweise mit einer Verzögerung von einer

Woche oder so, damit ich genug Zeit habe, sie zu schreiben (die Arbeit als Mom ist schließlich ein Vollzeitjob!). Ich spreche oft von »gestern« oder so ähnlich, weil das in der Story besser klingt.

Ich hoffe, dass es keine »Fake News« sind, wenn ich die Wahrheit ein wenig »zurechtbiege«. Ich werde nächste Woche über das Mulberry's posten, versprochen!

Juhu!

Farrah

E-Mail

Von: Adhvan Chaudry
An: Ben Boyce

B.,

sieht so aus, als hätten wir unsere Antwort.
Zu der kleinen Frage über ihren Food-Blog und zu der größeren Frage:
Wenn wir in die Zukunft schauen können, können wir sie dann auch ändern?
(Nein.)
Oder eher: Nein, wir können die Daten, die online gepostet werden, nicht ändern.

A.

Antwort

Hey A., verstehe, aber ehrlich gesagt: Scheiß drauf. Das hier sieht nach einem blöden Zufall aus. Wir müssen es weiter versuchen.

Auszug aus dem Protokoll der Kongressanhörung vom 1. Dezember 2022

SEN. DAVIS McHALE (R-WY): Heißt das, die Daten, die Sie zur Verfügung gestellt haben, deuten darauf hin, dass Ereignisse, die sich durch Ihre Technologie vorhersagen lassen, in Stein gemeißelt und unabwendbar sind?
BOYCE: Soweit uns bekannt ist, ja.
SEN. DAVIS McHALE (R-WY): Sollten Sie also Hinweise auf ein besonders schreckliches Ereignis in der Zukunft sehen, wären Sie nicht in der Lage, es zu verhindern?
BOYCE: Also ... Adhi und ich, wir haben bereits vor einiger Zeit darüber diskutiert, was das alles bedeutet. Und ich glaube, die beste Erklärung lautet: Nein, man kann ein bestimmtes Ereignis nicht verhindern, genauso wenig wie sich verhindern lässt, dass die Sonne aufgeht. Aber unsere Technologie kann bei der Entscheidung hilfreich sein, wie man darauf reagieren sollte.
SEN. DAVIS McHALE (R-WY): Aha! Wenn ich also diese Maschine hätte, könnte ich beispielsweise nachschauen, ob ich die nächste Wahl gewinnen werde. Und an der Antwort gäbe es nichts zu rütteln.
BOYCE: Na ... Ja, das ist richtig. Um genau zu sein, ich habe mir sogar angesehen, wie Sie bei der nächsten Wahl abschneiden werden. Möchten Sie Genaueres über Ihre Zukunft erfahren?

(Hörbares Raunen im Saal)

SEN. DAVIS McHALE (R-WY): Ich meine, ich bezahle Meinungsforschern eine Menge Geld, um von ihnen viel weniger Informationen zu bekommen.

BOYCE: Sie könnten eine Menge Geld sparen, weil Sie nicht wiedergewählt werden.

SEN. DAVIS McHALE (R-WY): Also ... das sehe ich anders.

BOYCE: Das ist völlig in Ordnung, Sie können auch der Meinung sein, dass die Sonne morgen nicht aufgehen wird. Sie können frei entscheiden ... wie Sie die Wahl verlieren werden.

SEN. DAVIS McHALE (R-WY): Ich bin nicht daran interessiert, sie zu verlieren. Ich könnte ganz bestimmt die nötigen Informationen erhalten, um zu gewinnen.

BOYCE: Nun ja, Sie könnten es jedenfalls versuchen. Sie könnten Ihre ganze Energie darauf verwenden, Geldmittel zu beschaffen. Sie können eine Verleumdungskampagne gegen Ihren Konkurrenten starten, Sie können morgen mit Ihrer Wahlkampftour loslegen. Aber Sie würden mit Ihren Bemühungen nicht nur scheitern, sondern am Ende würden Sie die Niederlage damit wahrscheinlich sogar *verursachen*, die Sie eigentlich verhindern wollten. Wenn Sie das alles tun, wette ich, dass Sie gegen irgendeinen populistischen Kandidaten verlieren werden, der den Korruptionssumpf trockenlegen will und Sie als nichtsnutzigen professionellen Aktivisten bezeichnet. Sie wären besser beraten, sich schon jetzt mit der Niederlage abzufinden und Ihre übrige Zeit im Amt darauf zu verwenden, sinnvolle Gesetze zu verabschieden, da Sie nicht mehr darauf angewiesen sind, Ihren Wählern entgegenzukommen.

SEN. DAVIS McHALE (R-WY): Was Sie sagen, scheint zu implizieren, dass wir keine Kontrolle über unser eigenes Leben haben. Das mag für Sie gelten, aber nicht für mich, und ich werde mich gewiss nicht von Ihrer Technologie versklaven lassen.

BOYCE: Sir, ich finde, Sie sollten mir keine Vorträge über Selbstkontrolle halten, wenn Ihr persönliches Verhalten Sie kaum dafür qualifiziert, jemanden zu kritisieren.
SEN. DAVIS McHALE (R-WY): Wie bitte?
BOYCE: Sagen wir einfach, dass Ihre Indiskretionen innerhalb des nächsten Jahres ans Tageslicht kommen werden. Wenn Sie mich dazu drängen, könnte ich schon hier und jetzt einige Namen nennen.
SEN. DAVIS McHALE (R-WY): Mr. Boyce, ich weiß nicht, woher Sie Ihre Dreistigkeit nehmen, aber ich möchte Sie daran erinnern, dass Ihr Verhalten hier einen Verweis wegen Missachtung des Kongresses nach sich ziehen wird.
BOYCE: Das habe ich keinesfalls respektlos gemeint, Sir. Ich versuche lediglich, das Ausmaß unserer Resultate zu vermitteln.
SEN. DAVIS McHALE (R-WY): Ihre Resultate scheinen mir wenig eindeutig zu sein. Drei experimentelle Verifikationsprüfungen, mehr haben Sie nicht gebraucht?
BOYCE: Sir, ich kann Ihnen versichern, dass wir danach noch zahlreiche weitere Prüfungen durchgeführt haben. Wir setzen die Qualitätsanalysen sogar bis zum heutigen Tag fort. Doch einige unserer Resultate wurden aus der Dokumentation entfernt, aufgrund gewisser ... sensibler Umstände.

E-Mail vom 17. März 2022

Von: Nikolai Guriev
An: Ben Boyce, Adhvan Chaudry

LEUTE! Ich versuche es bei euch beiden, da ich seit einigen Tagen nichts mehr gehört habe. Was ist los? Ich brenne darauf, ins Planschbecken zu springen und euch zu helfen. Zumindest könnten wir den Markt ein wenig aufmischen.

Antwort

Von: Adhvan Chaudry
An: Ben Boyce

B.,

ignoriere einfach Nikolais E-Mail.
Ich habe ihm ein wenig über Experiment 2 erzählt.
Aber ich kümmere mich um ihn.

A.

Antwort

Bro, warum hast du ihm überhaupt IRGENDWAS erzählt? Ich mache mir Sorgen und finde, wir sollten mit dem Prototyp umziehen und möglichst alle Verbindungen zu ihm kappen.

Antwort

B.,

ich komme schon mit Nik klar.
Im Augenblick können wir nirgendwohin umziehen.
Ein Quantencomputer verbraucht enorm viel Strom und benötigt eine kontrollierte Reinraumumgebung.
Wir können ihn doch nicht einfach demontieren und in einer Garage aufstellen.
Konzentrieren wir uns lieber auf die weiteren Qualitätsanalysen.

Das sind die Daten, die wir brauchen, um Investoren zu überzeugen.
Sobald wir es uns leisten können, ziehen wir um.

A.

Antwort

Gut. Behalt ihn im Auge, oder ich werde es tun.

Also hör zu. Ich habe mir mit dem Prototyp die Nachrichten der nächsten Woche angesehen, um ein besseres Beispiel für etwas zu finden, das wir ändern könnten, für etwas, das nicht nur ein blödsinniger Blog-Post ist. Ich weiß, du möchtest nicht, dass ich den Dritten Weltkrieg oder irgendeine andere Scheiße auslöse, aber wir müssen etwas tun, das wirklich EINE ROLLE SPIELT und diese beschissene Welt zumindest ein klein wenig BESSER werden lässt.

Ich habe diesen Artikel gefunden (siehe Anhang), und er geht mir nicht mehr aus dem Kopf.

Es ist eine kleine und begrenzte Sache, ganz in deinem Sinne, aber immerhin etwas, wo wir tatsächlich Gutes tun können.

Anhang:

Mutter vor ihren Kindern (3 und 5) ermordet

East Bay Times, 19. März 2022

OAKLAND. Die 26-jährige Keisha Porter wurde in ihrem Haus im 11000er Block am International Blvd. ermordet. Es war ein brutaler Angriff, der von ihren zwei Kindern im Alter von drei und fünf Jahren miterlebt wurde.

Der Ex-Mann des Opfers wurde als Tatverdächtiger in Haft genommen. Polizeiquellen melden, dass er in seinem Haus festgenommen werden konnte. Blutige Kleidung im Kofferraum seines Wagens könnte ihn mit dem Verbrechen in Verbindung bringen.
Das Ehepaar wurde vor zwei Jahren geschieden und befand sich seitdem im Streit um das Sorgerecht für die zwei Kinder. Nachbarn sagten aus, die Polizei wäre mehrfach zum Haus gerufen worden, und der Ex-Ehemann wäre bei seinen Besuchen häufig betrunken gewesen.
Aus dem Haus wurde nichts gestohlen, was darauf hindeutet, dass das Motiv für den Mord persönliche oder familiäre Hintergründe haben dürfte.
Gegenwärtig befinden sich die Kinder des Opfers bis zum Abschluss der polizeilichen Ermittlungen in der Obhut ihrer Großeltern. Die Familie hat einen Fonds eingerichtet, um die Beerdigung von Ms. Porter zu bezahlen, und wäre für Spenden dankbar.

Antwort

B.,

hier gibt es zu viele Variablen.
Ich verstehe, was du sagen willst, aber damit begeben wir uns auf dünnes Eis.
Wie viele Tragödien geschehen jedes Jahr?
Wie viele Morde, Amokläufe, terroristische Angriffe?
Wollen wir bei jedem intervenieren?
Wir müssen kleiner anfangen.

A.

Antwort

Dünnes Eis, meine Fresse, in Philosophie haben wir als Erstes gehört, dass das ein logischer Denkfehler ist, und das weißt du ganz genau. Diese Sache geschieht morgen, und es ist etwas, wobei wir auf sehr einfache Art intervenieren können. Ich werde es AUF JEDEN FALL TUN, und ich hoffe weiter, dass wir es gemeinsam tun. Benny-Boy eilt zu Hilfe und fordert Dr. Night auf, sich mit ihm zu verbünden! Verkauf dich nicht unter Wert, Mann, du kannst ein Held sein, wir sind die nächsten Batman und Robin, also lass es uns machen!

Antwort

B.,

bin sehr von dir enttäuscht … denn Robin ist blöd.
Wenn wir die nächste große Sache sein werden, sind wir Professor X und Wolverine.
Hirn und Muskeln. Vereint. Unaufhaltsam.
Komm morgen früh zu mir ins Labor, dann machen wir einen Plan.

Dr. N.

Qualitätsbericht vom 20. 3. 2022

Verifikation der Vorhersagegenauigkeit

Experiment 004

HYPOTHESE: Unter Verwendung des Prototyps prognostizierte Daten können verändert werden. Ereignisse, die in der Zukunft dokumentiert wurden, können durch Intervention verhindert oder abgewandelt werden, auf der Basis von Informationen, die durch den Prototyp gewonnen wurden.

METHODE: Wir haben eine Nachrichtenmeldung über eine Frau ausgewählt, die am Abend des 18. März 2022 in ihrem Haus ermordet wurde.

An diesem Nachmittag fuhren wir zum Haus der Frau und warteten darauf, dass sie von der Arbeit zurückkam. Wir klopften an die Tür ihres Hauses und sagten ihr, dass ihr Gefahr drohe. Wir könnten zwar nicht preisgeben, woher wir das wüssten, aber uns wäre eine glaubwürdige Gefährdung ihrer Sicherheit an diesem Tag bewusst. Sofort fragte sie nach, ob es etwas mit ihrem Ex-Ehemann zu tun hätte. Es wurde offensichtlich, dass Gewaltandrohungen nichts Neues für sie waren. Wir sagten ihr, dass es so wäre und sie ihr Haus verlassen müsse, um anderswo zu übernachten, damit sie an diesem Abend in Sicherheit wäre. Sie erklärte sich einverstanden.

Wir blieben in der Nähe und warteten, bis wir sahen, wie sie mitsamt ihren zwei Kindern das Haus verließ. Zu diesem Zeitpunkt schlussfolgerten wir, dass das Experiment erfolgreich verlaufen war, und gingen davon aus, dass unsere Hypothese am folgenden Tag in der Zeitung bestätigt werde, wenn die prognostizierte Meldung nicht veröffentlicht würde.

RESULTATE: Fehlschlag. Die Testperson für das Experiment wurde in ihrem Haus ermordet, genau wie im Artikel berichtet/vorhergesagt, den wir als Grundlage für dieses Experiment auswählten.

Am folgenden Tag sprach das Forschungsteam mit der Polizei und den Nachbarn, um sich über die Umstände zu informieren. Wir erfuhren, dass die Testperson nach unserer Intervention zunächst mit ihren Kindern in ein nahegelegenes Restaurant gefahren war, um ein frühes Abendessen einzunehmen. Dann suchte sie das nicht weit entfernte Haus ihrer Schwester auf, in der Erwartung, dort eine sichere nächtliche Unterkunft für sich und die Kinder zu finden. Bei der Ankunft fand sie dort offenbar ihren Ex-Mann vor, und bald wurde klar, dass die Schwester und der Ex-Mann eine Liebesaffäre miteinander hatten. Ein Streit brach aus, und die Testperson entfernte sich überstürzt, nachdem sie geschworen hatte, wie Nachbarn berichteten, dass ihr Ex-Mann seine Kinder nie wiedersehen würde. Er verfolgte sie wutentbrannt bis zu ihrem Haus, wo er die Tür aufbrach und zweimal auf sie schoss. Er tötete sie auf genau die Art und Weise, wie es im Artikel beschrieben war.

ANMERKUNG: Weitere Ermittlungen sind nötig, um zu bestimmen, ob die Benutzung der Technologie mit dem Tod der Testperson in einem kausalen Zusammenhang steht oder nicht. Und des Weiteren, ob bestätigt werden könnte, dass das Experimentierteam für den fraglichen Todesfall verantwortlich ist.

(Die abschließende ANMERKUNG in diesem Bericht wurde später aus der Version ENTFERNT, die auf den Firmenservern gespeichert wurde.)

SIEBEN

E-Mail

Von: Adhvan Chaudry
An: Ben Boyce

B.,

hab gesehen, dass du angerufen hast, aber ich brauche etwas Zeit für mich.
Bin noch nicht bereit zu reden.
Versuche nach wie vor, die Sache zu verstehen.

A.

Blog-Post auf Tumblr, 20. März 2022

**Das Schwarze Loch:
Gedanken eines anonymen Sci-Fi-Superfans**

»Frankensteins Ehrenrettung«

Die Leute sollten *Frankenstein* lesen.

Es ist nicht nur das allererste Werk der Science Fiction, es ist auch immer noch eins der allerbesten.

Victor Frankenstein ist nicht der verrückte Wissenschaftler mit dem wirren Blick, so wie im Film.

Genau gesagt ist er nicht einmal ein Doktor.

Er ist ein einfacher Student, auf der Suche nach der Wahrheit, sensibel und nachdenklich.

Nicht von einem Gotteskomplex dazu getrieben, Leben zu erschaffen, sondern durch den schockierenden Tod eines Elternteils (seiner Mutter).

Er versucht die Welt, dieser Tragödie zum Trotz, besser zu machen,

damit anderen das Leid erspart bleibt, das er erfahren hat.

Als seine Schöpfung außer Kontrolle gerät und eigenständig tötet,

wird er von Schuldgefühlen zermartert, bis ins tiefste Innere gepeinigt -

und er widmet den Rest seines Lebens der Aufgabe, Dinge wiedergutzumachen.

Außerdem ist das Geschöpf, das er zum Leben erweckt, kein seelenloses Monster.

Es tötet nur, weil es missverstanden und drangsaliert wird.

Der wahre Schurke ist nicht die reanimierte Lebensform;

es ist die grausame, kleingeistige Welt, in der es existiert.

Im Buch ist das Geschöpf aufmerksam und sprachgewandt,

nicht wie der grunzende Koloss, den Boris Karloff unsterblich machte.

Es sehnt sich verzweifelt nach Zugehörigkeit. Nach Freundschaft. Nach Liebe.

Oberflächliche Moralisierungen mögen Frankenstein als warnende Geschichte betrachten,

und der Untertitel lautet sogar »Der moderne Prometheus«.

Aber sollten wir Prometheus wirklich nur als Warnung betrachten?

Der Feuerdieb litt zweifellos eine Ewigkeit, weil seine Leber gefressen wurde,

doch das ist nun einmal der Preis, den er zu unseren Gunsten bezahlte,

damit wir alle es warm haben und unser Essen kochen können.

Genauso frage ich, ob Frankenstein wirklich ein Schurke war, nur wegen der unbeabsichtigten Konsequenzen seiner Schöpfung.

Ist es tatsächlich so falsch, »Gott zu spielen« - in einer Welt, die ohne jede sinnvolle göttliche Intervention zu existieren scheint?

Irgendjemand muss es tun.

Wo wären wir jetzt, wenn es all die Menschen nie gegeben hätte, die es gewagt haben, etwas zu versuchen, das bislang als unmöglich erachtet wurde?

Es ist nicht die Verantwortung des Wissenschaftlers, jede Eventualität vorherzusehen, die seine Entdeckung zur Folge haben könnte.

Es ist seine Pflicht, im Dunkeln zu tappen und nach dem Licht des Wissens zu suchen

und sich alle Mühe zu geben, es großzügig in der Welt leuchten zu lassen.

E-Mail

Von: Ben Boyce
An: Adhvan Chaudry

Hey A., ich verstehe total, worauf du hinauswillst, und ich bin ganz bei dir. Gestern hat mich Lei gefragt, was los ist. Ich habe gesagt: Nichts, ich denke nur nach. Sie hat bemerkt, ich hätte etwa 45 Minuten lang ins Leere gestarrt. Dann schauten wir uns irgendeinen CSI-mäßigen Scheiß an, und mitten in der Autopsie-Szene brach ich in Tränen aus.

Ich schicke das Geld, das wir mit dem zweiten Experiment verdient haben, an die Familie, um ihr ein wenig mit der Beerdigung zu helfen. Ich weiß nicht, was ich sonst tun könnte. Vielleicht diesen Kindern das College bezahlen, wenn/falls wir diese Sache wie vorhergesagt zum Laufen kriegen?

Antwort

B.,

bitte achte darauf, anonym zu spenden.
Auch ich habe sehr viel darüber nachgedacht …
und ich habe meinen Frieden mit dem gemacht, was wir geschaffen haben.
Aber mir ist klar, um von Schuld frei zu sein,
müssen wir irgendwelche Richtlinien aufstellen, wie wir den Prototyp weiterhin benutzen wollen.
Ich werde mal versuchen, einen Entwurf zu machen, wie so etwas aussehen könnte, und ihn dir später am Abend schicken.

A.

E-Mail

Von: Nikolai Guriev
An: Adhvan Chaudry

Was geht ab, mein Freund? Du bist seit einigen Tagen nicht mehr im Labor gewesen. WARUM? Sind die Daten, die du mir geschickt hast, falsch? Sollte ich mich verarscht fühlen, wenn ich versuche, etwas mehr Zeit für uns herauszuholen? Oder haben wir tatsächlich die Schlüssel zum Königreich in den Händen?

Antwort

N.,

die Technologie funktioniert.
Die Daten sind nicht falsch.
Allerdings evaluieren wir gerade die Funktionalität, da sie irgendwie mit den Daten interagiert.
Und wir entwickeln ein paar Richtlinien für eine verantwortungsvolle Anwendung.
Wart's ab, bald mehr.

A.

E-Mail

Von: Nikolai Guriev
An: Adhvan Chaudry, Ben Boyce

Auch an deinen Ben, da ich meine, dass er in diese Unterhaltung einbezogen werden sollte.

Ich lasse eure ganze Blase nur ungern platzen, aber … äh … ich bin ein Miteigentümer dieser Firma und dieser Technologie, denn das bedeutet ein Eigenkapitalanteil. Wenn ihr Richtlinien zur Benutzung ausarbeitet, muss ich hinzugezogen werden. Ich meine, ich sehe zwar, dass ihr noch kein Einkommen generiert, aber die Daten, die ihr mir zeigt, bedeuten doch, dass wir zum Beispiel schon morgen so weit sein könnten. Und statt einen Geschäftsplan zu machen, arbeitet ihr jetzt an selbst angelegten Handschellen?

Antwort

Von: Ben Boyce
An: Nikolai Guriev, Adhvan Chaudry

Hey Nikolai,

interessante Aspekte, aber auch: Fick dich. Diese Richtlinien haben nichts damit zu tun, dass wir Geld hassen würden. Auch nicht damit, dass wir versuchen würden, dich auszubooten. Sie haben damit zu tun, dass du keinen blassen Schimmer hast, was hier los ist. Also solltest du dir vielleicht für einen Moment auf die Zunge beißen. Wir können Einkünfte garantieren, und wir werden dich so bald wie menschenmöglich großzügig abfinden.

Google Doc

Erstellt und geteilt von Adhvan Chaudry

Kommentiert von Ben Boyce

Richtlinien für die Benutzung des Prototyps The Future

1. Spekulation: Unter Verwendung des Prototyps gewonnene Informationen dürfen nicht für spekulative Geldanlagen oder Glücksspiele verwendet werden.

> *BEN: Verstehe ich, aber wo liegt die Grenze von »spekulativ«? Das gesamte Unternehmensziel ist doch ein einziges Glücksspiel.*

2. Verwendung: Während sich das Unternehmen in der Entwicklungsphase befindet (d. h. vor der kommerziellen Produkt-

einführung) darf der Prototyp NUR von den Gründern Ben Boyce und Adhvan Chaudry benutzt werden.

BEN: Stimme vorläufig zu, aber das sollten wir für die Zukunft offen lassen, für andere könnte das unter Aufsicht erlaubt sein.

3. Intervention: Unter Verwendung des Prototyps gewonnene Informationen sollten als akkurate Zukunftsprognosen aufgefasst werden. Jeder Versuch, durch die Maschine vorhergesagte künftige Ereignisse zu ändern, muss von beiden Gründern genehmigt werden.

BEN: Einverstanden.

4. Weitergabe: Unter Verwendung des Prototyps gewonnene Informationen sollten ausnahmslos als geistiges Eigentum des Unternehmens betrachtet werden. Sie dürfen nicht verkauft oder anderweitig der Öffentlichkeit zugänglich gemacht werden, auch nicht sonstigen Personen außerhalb des Unternehmens, ohne dass die Gründer ihre ausdrückliche einvernehmliche Zustimmung gegeben haben.

BEN: Klingt gut, aber bevor du das an Nikolai weiterleitest, würde ich unmissverständlich klarstellen, dass er kein »Gründer« ist. Oder wir definieren diesen Begriff hier einfach so, dass nur du und ich gemeint sind.

Auszug aus dem Protokoll der Kongressanhörung vom 1. Dezember 2022

SEN. BARBARA CAHILL (R-DE): Zu diesen Richtlinien ... Sind Sie ganz von allein darauf gekommen? Also ohne äußeren Druck?
BOYCE: Na ... ja, im Wesentlichen schon. Ich meine, kurz nachdem wir die Sache zum Laufen gebracht hatten. Es war eine Reaktion auf gewisse Ereignisse ... gewisse Daten, die wir gewonnen hatten, und das, was als Nächstes geschah.
SEN. BARBARA CAHILL (R-DE): Für unser Verständnis wäre es hilfreich, wenn Sie diese Daten einfach offenlegen würden. Diese »Ereignisse«.
BOYCE: Ich bin davon überzeugt, dass es zum Wohl der Öffentlichkeit am besten ist, wenn wir das nicht tun.
SEN. BARBARA CAHILL (R-DE): Geben wir zu Protokoll, dass der Zeuge sich erneut weigert, Daten preiszugeben. Wie Ihnen bekannt ist, arbeiten wir an einer Zwangseinziehung dieser Dokumente. Und ich habe den Eindruck, dass das »Wohl der Öffentlichkeit« eine Menge mit den Eigeninteressen Ihres Unternehmens gemeinsam hat.
BOYCE: Hören Sie, ich möchte ehrlich sein. Anfangs war ich gar nicht von diesen Richtlinien begeistert. Aber Adhi hat über das weltverändernde Potenzial dieser Sache gesprochen. Dass es zu einem ... Ungleichgewicht führen könnte. Die Macht in den Händen weniger Auserwählter, was ungerecht und unhaltbar wäre. Wir empfanden die moralische Verantwortung, die Benutzung einzuschränken. Und selbst auf der praktischen Ebene war uns bewusst, dass wir ohne Begrenzungen ungewollte Aufmerksamkeit auf uns lenken würden.
SEN. BARBARA CAHILL (R-DE): Was, wie es scheint, letzten Endes ohnehin geschehen ist.
BOYCE: So könnte man es betrachten. Aber ich würde dagegenhalten, dass die gegenwärtige Anhörung eine Gelegen-

heit für uns alle ist, ein Gespräch über die verantwortungsvolle Verwendung der Technologie zu führen.

SEN. BARBARA CAHILL (R-DE): Davon bin ich überzeugt. Und beabsichtigen Sie, diese Regeln für alle durchzusetzen, im Anschluss an die Produkteinführung?

BOYCE: Auf gar keinen Fall. Uns ist bewusst, dass die Leute es so benutzen werden, wie sie es benutzen. Aber sobald jeder es hat oder zumindest die Chance dazu hat, es zu bekommen, gibt es bei der Benutzung keine unfairen Vorteile mehr.

SEN. BARBARA CAHILL (R-DE): Vorausgesetzt, ihr Gerät schafft es tatsächlich auf den Markt. Ich möchte Sie daran erinnern, dass wir gesetzliche Vorschriften erwägen, die Einfluss auf die Rechtmäßigkeit des Verkaufs dieses Geräts haben könnten.

BOYCE: Natürlich, ja, das respektiere ich. Aber wir sind zuversichtlich – äußerst zuversichtlich –, dass Sie nach dieser Anhörung den allgemeinen Wert dieser Technologie erkennen werden. Wir wissen es darum, weil wir gesehen haben, wie es ausgehen wird. Warum sollte ich mich also damit abgeben, auf Basketball zu wetten oder in der Lotterie zu gewinnen, wenn das nur eine Menge Aufmerksamkeit und die Gefahr nach sich ziehen würde, dass wir im Gefängnis landen?

SEN. BARBARA CAHILL (R-DE): Und die Formulierung Ihrer Richtlinien ... hatte das irgendetwas mit dem zu tun, was mit Mr. Guriev geschehen ist?

BOYCE: Nein, ich meine, nicht direkt. Wir haben die Richtlinien vor ... diesem Vorfall ausgearbeitet. Ich glaube, Nikolai war nicht ganz einverstanden damit.

SEN. BARBARA CAHILL (R-DE): Es klingt, als würden Sie einer klaren Antwort ausweichen.

BOYCE: Sie fragen nach direkten linearen Kausalitäten. Aber ich kann Ihnen versichern, wenn es um diese Technologie geht, funktioniert das alles nicht mehr so eindeutig.

Austausch von Textnachrichten

22. März 2022, 10.12 Uhr

Adhvan Chaudry
Hey B.
Bist du online?

Ben Boyce
Ja, Bro. Was ist?

Nikolai ist tot.

Wie bitte, was?

Eine Überdosis.
Seine Freundin konnte ihn nicht erreichen.
Sie ging zu seiner Wohnung und hat ihn dort im Bett gefunden.
Schmerzmittel und Alkohol.

Boah.
Ermittelt die Polizei?

Vermutlich? Keine Ahnung.

Scheiße, Mann, das tut mir leid.
Ich weiß, dass ihr Kumpel wart.
Halt mich auf dem Laufenden.

E-Mail

Von: Adhvan Chaudry
An: Ben Boyce

B.,

ich habe mir den Suchverlauf im Prototyp angesehen.
Wie es scheint, hat Nikolai ihn gestern Abend benutzt, um nach Informationen über sich selbst zu suchen.
Er fand die angehängte Nachricht, die in zwei Tagen veröffentlicht wird.
Er hat sie gelesen.
Er ist nach Hause gefahren.
Nahm eine Überdosis.
Und starb.

A.

Anhang:

Nachruf in *Mercury News*, publiziert am Donnerstag, den 24. März 2022

Am 21. März 2022 mit dem Prototyp heruntergeladen

Nikolai L. Guriev, 33 Jahre alt, verstarb in den frühen Morgenstunden des 22. März 2022 in seiner Wohnung. Er wurde am 12. Januar 1987 in Kiew in der Ukraine geboren und kam in die USA, um am Massachusetts Institute of Technology zu studieren. Nikolai machte sich als Computeringenieur an der Stanford University einen Namen. Nach seiner Promotion blieb er als wissenschaftlicher Mitarbeiter. Als Todesursache wird eine versehentlich eingenommene Überdosis eines Schmerzmittels angegeben. Die Trauerfeier wird im Aldrich Funeral Home an diesem Sonntag, den 27. März, um 14 Uhr stattfinden.

Antwort

Boah, meine Fresse! Was genau ist passiert? Er bricht ins Labor ein, um irgendwas zu recherchieren und zu checken, was aus ihm werden soll. Er sieht diesen Artikel, in dem steht, dass er »diese Nacht« an einer Überdosis sterben wird. Dann ballert er sich zu und stirbt an einer Überdosis. Das ergibt für mich absolut keinen Sinn.

Antwort

B.,

im Prinzip ist das dasselbe wie mit Experiment 004.
Stell es dir mal folgendermaßen vor.
Er versucht in die Zukunft zu schauen.
So erfährt er, dass er sterben wird (heute Nacht).
Er flippt aus. Wirft sich was gegen die Angst ein.
Geht diesmal zu weit, sucht Linderung …
und dabei gibt er sich eine Überdosis.

A.

Antwort

Tut mir leid, Mann. Ich weiß, dass du gut mit ihm konntest. Nimm dir etwas Auszeit, wenn du sie brauchst, um mit allem klarzukommen.

Antwort

B.,

ich brauche keine Auszeit, ich muss nur eins wissen:
Warst du an diesem Abend bei ihm?
Ich habe in den Sicherheitsprotokollen gesehen, dass du kurz vor ihm hereingerauscht bist.

A.

Antwort

Ja Mann, ich war dort bei ihm, etwas früher am Abend. Ich will keinen Scheiß über jemanden erzählen, der gerade gestorben ist, aber er war voll auf seinem Trip, was wir ihm schuldig sind, und drohte damit, seinen Anteil einzuklagen. Ich habe ihm gesagt, dass er sich verpissen soll und dass meine Frau Anwältin ist. Er sagte, er würde darauf verzichten, wenn ich ihm einfach nur erlaube, den Prototyp zu benutzen. Also gut, ich habe es ihm erlaubt und ihm gesagt, dass er abschließen soll, wenn er fertig ist.
Anscheinend gefiel ihm nicht, was er gesehen hat.

Antwort

B.,

warum hast du mir das nicht früher gesagt?
Das sieht jedenfalls gar nicht gut aus.
Die Polizei wird von unserer Verbindung zu ihm erfahren.
Und von unserer Maschine.

A.

Antwort

Hey Mann, das dürfen wir nicht zulassen. Es gibt keinen Grund, warum die Polizei herausfinden könnte, woran wir wirklich mit ihm gearbeitet haben. Wahrscheinlich sollten wir bald versuchen, mit dem Prototyp umzuziehen. Ich bin mir sicher, dass die Uni sein Labor schließen wird.

Warum hast du diesen Wirrkopf überhaupt reingeholt? Eigentlich wollten wir beide das doch zusammen machen, wir können gar nicht vorsichtig genug sein, wenn es darum geht, wem wir vertrauen dürfen.

Antwort

B.,

du bist mein Freund, aber Nikolai war es auch.
Er hatte seine Probleme, trotzdem war er ein guter Wissenschaftler und ein guter Mensch.
Ich weiß, dass ihr – du und Nikolai – nicht immer einer Meinung wart …
aber deine Geheimniskrämereien und Halbwahrheiten machen mir Sorgen.

A.

Antwort

Nein Mann, willst du mich echt VERARSCHEN? Ich könnte dich dasselbe fragen. Jedenfalls scheinst du wegen dieser Sache nicht allzu BESORGT zu sein. Du bist es doch, der sich ständig einem direkten Gespräch entzieht, du bist es, der etwas zu verbergen scheint. Und es tut mir leid, das sagen zu müssen, aber du bist auch derjenige, der wegen dieser Sache überhaupt nichts zu EMPFINDEN scheint, der sich wie ein totaler ROBOTER verhält, nachdem jetzt zwei Menschen GESTORBEN und wir irgendwie darin verstrickt sind.

Blog-Post auf Tumblr, 27. März 2022

Das Schwarze Loch:
Gedanken eines anonymen Sci-Fi-Superfans

»Das Voigt-Kampff-Problem«

In *Blade Runner* sind die Replikanten Roboter,

die kaum von Menschen zu unterscheiden sind.

Die Eröffnungsszene des Films zeigt einen Voigt-Kampff-Test,

bei dem jemand durch eine Maschine befragt wird,

damit anhand der Antworten entschieden werden kann, ob er ein Replikant ist.

Ein Computer untersucht ihn genau, aber nicht auf die verbalen Antworten hin,

sondern auf subtile, irrationale, emotionale Reaktionen.

»Korrekte« emotionale Reaktionen sind der Beweis für Menschlichkeit,

während unangemessene Reaktionen einen Replikanten entlarven.

Ein Monster. Kalt, gefühllos, böse.

Verurteilt, wie es scheint, aufgrund eines kurzen Aufblitzens im Auge.

Der Film spekuliert:

Was wäre, wenn es einen Replikanten gibt, der als Mensch durchgehen könnte?

Doch die wesentlich gefährlichere Frage lautet:

Was wäre, wenn es einen Menschen gibt, der diesen Test nicht besteht?

Was wäre, wenn einige Menschen einfach falsch verdrahtet sind?

Was wäre, wenn uns die Programmierung in der Kindheit nicht mit den geeigneten Werkzeugen ausgestattet hat?

Sollten wir vernichtet werden, weil wir Emotionen nicht auf *ihre* Art und Weise zeigen können?

Was wäre, wenn der Test fehlerhaft ist?

Der Film gilt als eines der besten Sci-Fi-Werke aller Zeiten,

aber gleichzeitig hat ihn das Studio nicht verstanden.

Man fand ihn übertrieben intellektuell –

kalt, emotional distanziert, kompliziert und unverständlich.

Er überstieg das Budget, ein Monster, das außer Kontrolle geraten war,

also entzogen sie dem Regisseur die Kontrolle,

und fügten eine lahme Erzählerstimme hinzu, damit die Leute wussten, was sie empfinden sollen.

Im ursprünglichen Ende der Kinofassung

löst Deckard seinen Fall und überwältigt die Replikanten.

Die Menschheit triumphiert über die kalten, gefühllosen Roboter.

Doch zehn Jahre nach dem Original wurde ein neuer Director's Cut veröffentlicht,

der auf die blasse Off-Stimme verzichtete und ein paar Schlüsselmomente hinzufügte …

und das neue Ende deutete einen neuen Kniff an:

dass Deckard selbst ein Replikant war.

Vielleicht war er so gut darin, den Test zu bestehen, dass nicht einmal *er selbst* es wusste.

Diese Ideen wurden im Final Cut von 2007 sogar noch mehr verdeutlicht.

Fans haben ausgiebig diskutiert, welche Version die definitive ist

und was das Ende wirklich bedeutet.

Der Punkt ist Folgender: *Blade Runner* ist ein Film über Roboter,

die außer Kontrolle geraten und sich gegen ihre Schöpfer wenden.

Doch ironischerweise war es der Film, über den dessen Schöpfer die Kontrolle verloren haben,

sodass wir nun vor einem Riesendurcheinander stehen.

Mehr als ein Roboter, aber auch nicht ganz menschlich.

Ein Film, der den Voigt-Kampff-Test nicht bestanden hat.

Der in sich zerstrittene Sprössling von zerstrittenen Eltern,

der um Kontrolle ringt, von einem Übermaß an Ideen geplagt,

zu einem Kampf verflucht, Emotionen auf »die richtige Weise« zu zeigen.

Auszug aus dem Protokoll der Kongressanhörung vom 1. Dezember 2022

SEN. BARBARA CAHILL (R-DE): Ich habe den Eindruck, dass Sie und Ihr Kollege über den Tod Ihres Kollegen Nikolai Guriev gar nicht allzu sehr erschüttert waren.

BOYCE: Nikolai war Adhis Freund, nicht meiner. Und Adhi ... ich meine, er geht mit vielen Dingen einfach nicht so um, wie es die meisten Leute tun.

SEN. BARBARA CAHILL (R-DE): Gurievs Todesumstände sind verwirrend. Es war eine versehentlich eingenommene Überdosis, ja? Die zeitlich mit dem Moment zusammenfiel, als er von seinem eigenen Tod erfuhr … durch eine versehentlich eingenommene Überdosis? Wenn er diesen Nachruf gelesen hat, läge es dann nicht nahe … ich weiß nicht … an diesem Abend keine Drogen nehmen?

BOYCE: Das würde man intuitiv vermuten. Aber er war ein Junkie, und wie wir bei dieser Opioid-Epidemie gesehen haben, ist es für Junkies durchaus üblich, Dinge zu tun, schädliche Dinge, die keinen Sinn ergeben.

SEN. BARBARA CAHILL (R-DE): Ist es in Ihrer Vorstellung möglich, dass sein Tod vielleicht sogar durch die Information ausgelöst wurde, an die er gelangt ist?

BOYCE: Auf gar keinen Fall. Zumindest nicht in dem Sinne, dass die Technologie seinen Tod *verursacht* hat. Sie hat ihm lediglich bewusst gemacht, was geschehen würde.

SEN. BARBARA CAHILL (R-DE): Und bei den polizeilichen Ermittlungen … gab es keine Hinweise auf Mord?

BOYCE: Natürlich nicht. Mord? Es war doch eine Überdosis.

SEN. BARBARA CAHILL (R-DE): Wir versuchen nur, alle Umstände zu klären. Sie beide … sie hatten eine geschäftliche Beziehung mit Mr. Guriev, und es hat Konflikte gegeben. Hat die Polizei Sie jemals danach gefragt? Oder haben Sie eine Aussage gemacht?

BOYCE: Nein, und … ich meine, wir würden doch nicht die Polizei anrufen und uns freiwillig als Tatverdächtige melden, wenn wir nichts getan haben.

SEN. BARBARA CAHILL (R-DE): Impliziert dieser Fall, dass ein Individuum, das die Maschine benutzt, nicht imstande ist, die Ereignisse zu verändern, die sich durch diese Technologie erkennen lassen?

BOYCE: Hören Sie, dieses Ding wurde nicht mit einem Handbuch geliefert, in dem steht, wie es funktioniert und was das

alles für die Gesellschaft bedeutet. Bei den Social-Media-Sachen war das nicht anders. Es ist eben Technologie, sie ist jetzt in der Welt, und die einzige Möglichkeit zu lernen, wie wir damit umgehen können, besteht darin, sie zu benutzen.
SEN. BARBARA CAHILL (R-DE): Die Frage, die wir zu beantworten versuchen, lautet, ob sie in der Welt sein *sollte* oder lieber nicht.
BOYCE: Na ja, es wird passieren, in jedem Fall. Und ich versuche hier nur, offen und ehrlich zu sein, damit wir sie auf möglichst verantwortungsvolle Weise in die Welt bringen können.
SEN. BARBARA CAHILL (R-DE): Und offensichtlich auf eine für Sie möglichst lukrative Weise. Denn soweit ich erkennen kann, haben Sie sich bei der Weiterentwicklung des Projekts kaum eine Atempause gegönnt.
BOYCE: Informationen zu teilen schadet niemandem, und mehr tut die Maschine ja nicht. Und als das passiert ist, sind wir bereits im kalten Wasser geschwommen. Wir haben nur getan, was wir konnten, um die Köpfe oben zu halten und nicht bankrott zu gehen. Wir hatten eine funktionierende Zeitmaschine, und trotzdem konnten wir im Valley nicht Fuß fassen. Wir mussten alle philosophischen Fragen beiseitelegen und die Finanzierung ankurbeln, nur um nicht unterzugehen.
SEN. BARBARA CAHILL (R-DE): Ich verstehe. Also gerieten die ethischen Fragen und die mögliche Todesgefahr in den Hintergrund, während sie sich darauf konzentrierten ... mehr Geld aufzutreiben.
BOYCE: Nein, das ist nicht das, was ...
SEN. BARBARA CAHILL (R-DE): Vielen Dank für Ihre Zeugenaussage, Mr. Boyce. Ich verzichte gern auf meine restliche Redezeit.

ACHT

E-Mail vom 29. März 2022

An: Ben Boyce, Adhvan Chaudry
Von: Y Combinator, Antragsstelle

Sehr geehrter Mr. Boyce,
sehr geehrter Mr. Chaudry,

vielen Dank für Ihren Antrag auf Teilnahme an der 2022-Klasse von Y Combinator.

Es hat viel Wettbewerb in diesem Jahr gegeben, und letztlich wurden Sie nicht für einen Platz im Incubator Program ausgewählt.

Auf dem persönlichen Level sind wir durchaus an Ihnen als Unternehmer interessiert. Y Combinator legt großen Wert auf Diversität und bemüht sich, Stimmen außerhalb des Valley-Mainstreams zu fördern.

Was Ihr Projekt betrifft, war sich unser Auswahlgremium unsicher, wie Ihr Vorschlag bewertet werden sollte. Eine häufige Reaktion war die Frage: »Wollen sie uns trollen?« Andere waren mehr von Ihrer Ernsthaftigkeit überzeugt, sahen aber keine vernünftige wissenschaftliche Realisierbarkeit des Projekts.

Wir wünschen Ihnen viel Glück und möchten Sie beide ermutigen, in Zukunft einen erneuten Antrag für eine anders gelagerte Idee zu stellen.

Mit freundlichen Grüßen
Arnold Teaford
Leiter des Auswahlgremiums
Y Combinator

Austausch von Textnachrichten

29. März 2022, 9.33 Uhr

Benjamin Boyce
Hast du die E-Mail von YC gesehen?

Adhvan Chaudry
Ja.
Überrascht mich eigentlich nicht.

Wert auf Diversität, dass ich nicht lache!
Wir müssen direkt zur Quelle gehen.
Risikokapital.

Meinst du wirklich?
In diesem Wirtschaftsklima?

Es gibt immer noch jede Menge Reiche,
die megareich werden wollen.
Und in einer Welt, die extrem unsicher ist, wo
jeder Angst davor hat, was als Nächstes kommt, ist unsere
Technologie EXAKT das, wonach diese Leute suchen.

Vielleicht.
Aber hast du Zugang zu solchen Leuten?

Ich werde ihn bekommen.
Das ist genau mein Ding. :)))

E-Mail vom 29. März 2022

Von: Ben Boyce
An: Gerald Bellflower

Lieber Mr. Bellflower,

hallo, hier ist Ben Boyce! Wir haben uns letztes Jahr kurz beim Disrupter Ball getroffen, und ich habe Ihre Kontaktdaten von Alan Silver, der den Vorschlag machte, ich solle mich an Sie wenden. Seit ich gesehen habe, was Sie mit Fiverr gemacht haben, bin ich ein großer Fan Ihrer Arbeit, und ich hatte immer gehofft, irgendwann mit Ihnen zusammenarbeiten zu können. Ich denke, jetzt ist die Zeit dazu gekommen.

Mein Partner Adhvan Chaudry (Doktorand in Computerwissenschaft, langjähriger Google-Veteran) und ich haben eine bahnbrechende innovative Idee entwickelt, bei der es um eine völlig neuartige Anwendungsmöglichkeit für Quantencomputer geht. Wir starten gerade unsere Serie-A-Präsentationen und würden uns freuen, Ihnen das Projekt vorführen zu dürfen. Zur Unterstützung der Koordination habe ich meinen Assistenten in CC gesetzt.

Bis bald,
Ben Boyce
Geschäftsführer The Future

Antwort

Bin viel auf Reisen und nehme derzeit an keinen Präsentationen teil.
Viel Glück

E-Mail

Von: Ben Boyce
An: Emma Karas

Liebe Ms. Karas,

hallo, hier ist Ben Boyce! Wir haben uns letztes Jahr kurz bei der Benefizveranstaltung von Planned Parenthood getroffen, und ich habe Ihre Kontaktdaten von Paolo Ventrini, der den Vorschlag machte, ich solle mich an Sie wenden. Seit ich gesehen habe, was Sie mit Kaleidoscope gemacht haben, bin ich ein großer Fan Ihrer Arbeit, und ich hatte immer gehofft, irgendwann mit Ihnen zusammenarbeiten zu können. Ich denke, jetzt ist die Zeit dazu gekommen.

Mein Partner Adhvan Chaudry (Doktorand in Computerwissenschaft, langjähriger Google-Veteran) und ich haben eine bahnbrechende innovative Idee entwickelt, bei der es um eine völlig neuartige Anwendungsmöglichkeit für Quantencomputer geht. Wir starten gerade unsere Serie-A-Präsentationen und würden uns freuen, Ihnen das Projekt vorführen zu dürfen. Zur Unterstützung der Koordination habe ich meinen Assistenten in CC gesetzt.

Bis bald,
Ben Boyce
Geschäftsführer The Future

Antwort

Hi Ben,

tut mir leid, aber ich nehme im Moment nicht an Serie-A-Präsentationen teil.

Alles Gute,
Emma Karas

E-Mail

Von: Ben Boyce
An: Sanjay Parnathy

Lieber Mr. Parnathy,

hallo, hier ist Ben Boyce! Wir haben uns letztes Jahr kurz bei der Benefizveranstaltung von DNC im Hilton getroffen, und ich habe Ihre Kontaktdaten von Cynthia Benn, die den Vorschlag machte, ich solle mich an Sie wenden. Seit ich gesehen habe, was Sie beim Instagram-Verkauf gemacht haben, bin ich ein großer Fan Ihrer Arbeit, und ich hatte immer gehofft, irgendwann mit Ihnen zusammenarbeiten zu können. Ich denke, jetzt ist die Zeit dazu gekommen.

Mein Partner Adhvan Chaudry (Doktorand in Computerwissenschaft, langjähriger Google-Veteran) und ich haben eine bahnbrechende innovative Idee entwickelt, bei der es um eine völlig neuartige Anwendungsmöglichkeit für Quantencomputer geht. Wir starten gerade unsere Serie-A-Präsentationen und würden uns freuen, Ihnen das Projekt vorführen zu dürfen. Zur Unterstützung der Koordination habe ich meinen Assistenten in CC gesetzt.

Bis bald,
Ben Boyce
Geschäftsführer The Future

Antwort

Ich habe eben mit Cynthia Benn gesprochen. Sie erinnert sich nicht, diesen Vorschlag gemacht zu haben. Viel Glück damit.

E-Mail

Von: Ben Boyce
An: Heidi Collette

Lieber Mr. Bellflower,

hallo, hier ist Ben Boyce! Wir haben uns letztes Jahr kurz bei der Präsentationsparty von Cavalcade getroffen, und ich habe Ihre Kontaktdaten von Greg Simeon, der den Vorschlag machte, ich solle mich an Sie wenden. Seit ich gesehen habe, was Sie mit BoHo Shopper gemacht haben, bin ich ein großer Fan Ihrer Arbeit, und ich hatte immer gehofft, irgendwann mit Ihnen zusammenarbeiten zu können. Ich denke, jetzt ist die Zeit dazu gekommen.

Mein Partner Adhvan Chaudry (Doktorand in Computerwissenschaft, langjähriger Google-Veteran) und ich haben eine bahnbrechende innovative Idee entwickelt, bei der es um eine völlig neuartige Anwendungsmöglichkeit für Quantencomputer geht. Wir starten gerade unsere Serie-A-Präsentationen und würden uns freuen, Ihnen das Projekt vorführen zu dürfen. Zur Unterstützung der Koordination habe ich meinen Assistenten in CC gesetzt.

Bis bald,
Ben Boyce
Geschäftsführer The Future

Antwort

Hi Ben,

Sie scheinen übersehen zu haben, die Anrede »Mr. Bellflower« in Ihrem etwas zu offensichtlichen Formbrief zu ändern. Ich kann mir nicht vorstellen, wie Sie an meine private E-Mail-Adresse gelangt sind, aber bitte löschen Sie sie wieder.

E-Mail

Von: Ben Boyce
An: Paolo Ventrini

Lieber Mr. Ventrini,

hallo, hier ist Ben Boyce! Wir haben uns letztes Jahr kurz am Salesforce-Stand beim Warriors-Spiel getroffen, und ich habe Ihre Kontaktdaten von Emma Karas, die den Vorschlag machte, ich solle mich an Sie wenden. Seit ich gesehen habe, was Sie mit dem BluePill-Deal gemacht haben, bin ich ein großer Fan Ihrer Arbeit, und ich hatte immer gehofft, irgendwann mit

Ihnen zusammenarbeiten zu können. Ich denke, jetzt ist die Zeit dazu gekommen.

Mein Partner Adhvan Chaudry (Doktorand in Computerwissenschaft, langjähriger Google-Veteran) und ich haben eine bahnbrechende innovative Idee entwickelt, bei der es um eine völlig neuartige Anwendungsmöglichkeit für Quantencomputer geht. Wir starten gerade unsere Serie-A-Präsentationen und würden uns freuen, Ihnen das Projekt vorführen zu dürfen. Zur Unterstützung der Koordination habe ich meinen Assistenten in CC gesetzt.

Bis bald,
Ben Boyce
Geschäftsführer The Future

Antwort

Hallihallo, lieber »Ben Boyce«,

Ich bin in diesem Moment in einer Besprechung mit Emma, und wir beide haben mit Überraschung zur Kenntnis genommen, dass wir Sie gegenseitig empfohlen haben. Sie sind gewiss nicht der Erfinder dieser Masche, aber Sie haben eine unübertrefflich dreiste Version davon abgeliefert. Beim nächsten Mal sollten Sie größere Zeitabstände zwischen den E-Mails einhalten und genauer auf die Verbindungen innerhalb Ihres Netzwerks achten. Und machen Sie eine kleine Suchmaschinenoptimierung, denn die Ergebnisse sind einfach nur peinlich.

Paolo

Antwort

Ach so, falls das nicht klar wurde, »unübertrefflich dreist« ist für mich eine große Stärke. Schicken Sie mir Ihren Vertragsentwurf und den Verkaufsprospekt, dann können wir uns morgen bei Chromatic Coffee treffen, ich habe ein freies Zeitfenster von 14.30 bis 15.00 Uhr.

Paolo

Artikel in *Techcrunch*, 1. April 2022

Greywall pumpt 10 Millionen Dollar in »The Future«

Paolo Ventrini, geschäftsführender Teilhaber von Greywall Capital, hat »The Future LLC« mit einer Anlauffinanzierung unterstützt, wie Insiderquellen an der Sand Hill Road berichten. Das junge Valley-Start-up ist neu auf dem Parkett und wird von den Gründern Benjamin Boyce und Adhvan Chaudry geleitet.

Dies ist die erste öffentliche Nachricht über das Unternehmen, das sich in dem aufstrebenden Bereich der Quanteninformatik positioniert und einzigartige Hardware- und Software-Lösungen kombiniert. Auf diesem Feld herrscht schon seit Längerem eine starke Konkurrenz, da Amazon, Facebook und Google eindeutig die Führungspositionen übernommen haben und über die Infrastruktur für großmaßstäbliche Forschungen verfügen.

Zu diesem Zeitpunkt wurden keine Informationen über die Art der Technologie preisgegeben, die The Future liefern wird. Sie wurde bisher lediglich als Endkundenanwendung der Quantencomputertechnik beschrieben.

Ventrini sagte: »Diese Leute haben eine wahrhaft bahnbrechende Technologie entwickelt. Vorläufig halten wir die Details zwar noch unter Verschluss, aber ich kann es kaum erwarten, sie der Öffentlichkeit vorzustellen, wenn der richtige Zeitpunkt gekommen ist.«

Die Gründer sind Stanford-Studenten und Freunde seit dem College. Boyce ist ein mehrfacher Unternehmer, dessen erste zwei Start-ups 2019 und 2021 schlossen. Chaudry hat in Computerwissenschaft promoviert und kurzzeitig für Google gearbeitet, bevor er kündigte, um sein erstes eigenes Projekt in Angriff zu nehmen.

Laut Boyce ist es »wahrhaft ein Herzensprojekt, und wir sind zuversichtlich, dass wir innerhalb der nächsten zwölf Monate die Welt verändern werden«. Zum Redaktionsschluss erscheint die Welt noch relativ unverändert, doch wir werden unsere Leser auf dem Laufenden halten, sobald es etwas Neues zu vermelden gibt.

Kommentare

TheCarltonDancer: Sind es wirklich 10M bei einer Wertfestsetzung von 100M, wie ich gehört habe? Ventrini ist verrückt geworden. Greift nach Strohhalmen, um relevant zu bleiben.

WallStBetsy: Ist das vielleicht ein Aprilscherz?

PiraTech: Das ist wieder so eine unverfrorene Geldverschwendung für Quantenzeugs. Schall und Rauch. Greywall braucht einen Ingenieur im Team, der sie bei der Evaluierung unterstützt, wenn sie sich nicht immer wieder reinlegen lassen wollen.

DefCon5000: Paolo ist ein verlässlicher Typ. Er war seiner Zeit oft voraus. Könnte interessant werden.

TamaguchiKid: »Zuversichtlich, dass wir innerhalb der nächsten zwölf Monate die Welt verändern werden.« Hmmmm. Klingt nach einem echten Jahrmarktschreier. Fangt schon mal an, das Grab auszuheben.

MAGAMan: Verdammte Schnööflocken.

YourMomSays: Nie von diesen Typen gehört. Erwarte auch nicht, je wieder von ihnen zu hören.

E-Mail vom 5. April 2022

Von: Paolo Ventrini
An: Ben Boyce, Adhvan Chaudry

Okay, Jungs, wir sitzen jetzt im selben Boot.

Zunächst einmal: Eure Technologie ist der Wahnsinn. Jetzt fragt sich nur noch, wie man damit Geld machen könnte. An diesem Punkt komme ich ins Spiel.

Ich habe euren Geschäftsplan geprüft (kurz gesagt: Zeitmaschinen verkaufen, oder?) und sehe mehrere Warnsignale. Zum einen die Regulierung. Zum anderen die Infrastruktur. Um gründliche Entwicklungsarbeit zu leisten und Produktion und Vertrieb aufzubauen, wären immense Kosten nötig.

Mein Vorschlag: Lasst es sein. Wollt ihr wirklich ins Hardware-Geschäft einsteigen?

Ganz zu Anfang frage ich gern: Was ist ein Start-up? Für mich geht es nicht um Größe oder Technologie oder das Valley. Ein Start-up ist ein kapitalistisches Wissenschaftsexperiment. Wir testen die Lebensfähigkeit eines neuen Geschäftsmodells. Also ist es essenziell, dieses Modell zuvor zu definieren, und es lohnt sich, alle Variablen abzuwägen.

Muss es überhaupt ein Produkt für Privatkunden sein? Könnte es nicht im Wesentlichen als Basis für einen Hedgefonds dienen? Wir könnten todsichere Kapitaleinkünfte bieten. Es wäre der ultimative Investitionsalgorithmus, und in einer Phase, in der Investoren verzweifelt nach Sicherheiten suchen, könnten wir diesen Wunsch tatsächlich erfüllen. Ganz gleich, welchen gesamtgesellschaftlichen Nutzen ihr euch vorstellt, das lässt sich viel besser erreichen, indem wir einfach haufenweise Geld verdienen und dann an sinnvolle Wohltätigkeitsprojekte spenden.

Denkt darüber nach.

Paolo

Antwort

Von: Adhvan Chaudry
An: Ben Boyce

B.,

was zum Henker haben wir da gerade unterschrieben?
Ich überlege ernsthaft, ob wir die $ zurückgeben sollten.
Oder besser, ob wir ihn einfach ignorieren.
Tag 1, und schon versucht er, die komplette Richtung zu ändern.

A.

Antwort

Von: Ben Boyce
An: Adhvan Chaudry

Hey Mann, chill mal! Wir haben jetzt viel mehr Zeit, viel mehr versunkene Kosten und Leib und Seele, und wir können darin etwas sehen, das er noch nicht sieht. Ich bin total bei dir. Ich bin nicht bereit, unsere Vision zu opfern.

Davon abgesehen, was wäre, wenn wir uns für die Erweiterungen der Möglichkeiten öffnen, wie sich das Geschäft gestalten könnte? In jedem Unternehmerratgeber steht, dass der kritische Moment genau dann kommt, wenn man sich umorientiert. Ist dies unser Moment? Nachdenkenswert …

Antwort

Von: Adhvan Chaudry
An: Ben Boyce

B.,

nein. Jetzt ist nicht die Zeit für eine Umorientierung.
Jetzt ist die Zeit, standhaft zu bleiben.
Integrität.
Lies dir noch einmal die Mail durch, die du dir selbst geschickt hast (schicken wirst).

A.

Antwort

Von: Ben Boyce
An: Adhvan Chaudry

Du hast recht. Aber lass mich antworten. Ich spreche seine Sprache und kann das managen.

Antwort auf frühere E-Mail

Von: Ben Boyce
An: Paolo Ventrini, Adhvan Chaudry

Hi Paolo,

wir können es gar nicht abwarten, endlich loszulegen!

Wir haben verstanden, was du über die Herausforderungen sagst, wenn wir diese Technologie als Hardware-Anwendung für Privatkunden lancieren. Aber genau das ist die Vision des Unternehmens – den Verkauf eines Geräts, mit dem *jeder* in die Zukunft schauen kann. Wir führen eine Technologie ein, die das Potenzial hat, unser Verhältnis zur Welt fundamental zu verändern ... und es ist ganz wichtig für uns, die Möglichkeit zu bewahren, dass jeder Zugang dazu haben wird.

Außerdem wissen wir, dass es sich realisieren lässt! Mir ist klar, dass viele Einhorn-Start-ups in letzter Zeit entweder software- oder infrastrukturbasiert waren, aber wie will man Tesla erklären? Was wäre, wenn Elon seine Technik einfach als Lizenz an andere Autofirmen verkauft hätte? Wir glauben, dass wir in dieser Liga spielen, und wir haben etwas, das todsicher auf den Markt kommen wird.

Antwort

Von: Paolo Ventrini
An: Ben Boyce, Adhvan Chaudry

Hey Jungs,
nichts für ungut, aber ihr seid nicht Elon Musk. Ich bin mir sicher, dass ihr davon träumt, Jobs und Wozniak zu werden, aber der Mythos vom Milliardär, der etwas in seiner Garage zusammenbaut, hat sich inzwischen überholt. Ihr müsst euer Geschäftsmodell in der realen Welt zum Laufen bringen, und dabei kann ich euch helfen.

Antwort

Von: Adhvan Chaudry
An: Paolo Ventrini, Ben Boyce

P.,

du hast recht, wir sind nicht Elon.
Elon ist ein dandyhafter, wichtigtuerischer Arsch, der sich als Ingenieur maskiert.
Ich habe längst die Schwerarbeit erledigt.
Wir haben einen funktionierenden Prototyp.
Wir sind bereit, in die detaillierte Entwicklungsarbeit zu gehen und innerhalb eines Jahres Marktreife zu erlangen.
Um deine zynische Analogie mit dem kapitalistischen Wissenschaftsexperiment aufzugreifen:
Wir sollten die Hypothese lieber nicht ändern, bevor wir zumindest ein paar Daten bekommen haben.

Dieses Geschäftsmodell haben wir dir präsentiert, und du hast es unterschrieben.
Komm an Bord oder geh aus dem Weg.

A.

Antwort

Von: Ben Boyce
An: Adhvan Chaudry

Aaaaalter! Du hast gerade buchstäblich auf zehn MILLIONEN Dollar geschissen! Ich kann jetzt nicht einfach so vorpreschen und die Wogen glätten. Wir müssen als vereinte Front auftreten. Schick ihm eine E-Mail und entschuldige dich, sag, dass es dir leidtut, dass du überreagiert hast, dann hake ich nach, und wir kommen wieder auf die gleiche Wellenlänge. Vielleicht schauen wir mal, ob sich ein persönliches Gespräch arrangieren lässt, um in Ruhe über die Ausrichtung zu reden.

Antwort

Von: Adhvan Chaudry
An: Ben Boyce

B.,

ich werde mich nicht entschuldigen.
Wenn wir ihn verlieren, verlieren wir ihn.
Nikolai ist nicht für uns gestorben, damit wir einen Hedgefonds starten.

A.

Antwort (Entwurf)

Von: Ben Boyce
An: Adhvan Chaudry

So ein Schwachsinn! Warum muss ich immer deine Scheiße aufwischen? Du verpatzt es und bekommst Ärger, und ich rette deinen Arsch. Als du an der Uni durchgedreht bist, war ich da, um dich wieder auf die Beine zu stellen. Und Nikolai ist nur gestorben, weil er auf Oxy war. Ich lasse mich nicht mehr von dir runterziehen und

(Dieser E-Mail-Entwurf wurde nicht fertiggestellt. Während er geschrieben wurde, ging die folgende Nachricht ein.)

Antwort

Von: Paolo Ventrini
An: Adhvan Chaudry, Ben Boyce

Hallo Jungs,
also, ich muss sagen, ich bin noch nie auf diese Weise von jemandem angesprochen worden, dem ich gerade einen Riesenscheck ausgestellt habe. Und offen gesagt bewundere ich eure Überzeugung. Ihr werde noch lernen müssen, Kompromisse einzugehen, um euer Ziel zu erreichen, aber es gefällt mir, dass ihr von einer VISION sprecht. Das ist die Essenz jedes Unternehmens. Auch wenn ich mir nicht sicher bin, ob ich eure Vision teilen kann, respektiere ich doch die Tatsache, dass ihr eine habt.

Mein Plan sieht so aus, dass ich euch in dieser Richtung für unser kleines Experiment unterstützen werde, aber mit zwei Vorbehalten:

Nummer eins: Wenn ihr Hardware bewerben und verkaufen wollt (wie es Tesla macht), braucht ihr SEHR viel mehr Geld. Wir werden später noch in die Details gehen, aber ich schätze mal, dass ihr die ganzen 100M $ eurer ursprünglichen Wertfestsetzung benötigen werdet, um an die Startlinie gehen zu können. 100M $ als Vorfinanzierung wäre sogar in den guten alten Bubble-Zeiten ziemlich viel verlangt gewesen, und in der aktuellen Marktsituation ist ein solcher Geschäftsplan umso anspruchsvoller. Außerdem würde es bedeuten, wenn wir Erfolg haben, würden sich unsere Eigenbeteiligungen reduzieren.

Nummer zwei: Ihr schließt meine Idee nicht vollständig aus. Wir versuchen es mit eurer Idee unter der Voraussetzung, dass ihr meine Idee ausprobieren werdet, wenn wir nicht genug Boden gewinnen (heißt, wenn wir nicht das Investitionskapital hereinholen können, das wir brauchen werden).

Buono?

Antwort

Von: Adhvan Chaudry
An: Ben Boyce

B.,

damit kann ich leben, solange er uns tatsächlich dabei hilft, genug Boden zu gewinnen, wie er es ausdrückt.
Und solange er uns nicht nur hinhält.
Klingt das für dich okay?

A.

Antwort

Von: Ben Boyce
An: Paolo Ventrini, Adhvan Chaudry

Paolo,
danke, dass du volles Verständnis für unsere Vision hast! Wir beide finden, dass dieser Kompromiss nach einer TOLLEN Lösung klingt. Wir werden auf jeden Fall weiterhin die Möglichkeiten ausloten, die du eingebracht hast, aber ja, wir hätten gern eine faire Chance, die ursprüngliche Idee zu realisieren, von der wir immer noch begeistert sind. Du legst los und machst uns mit ein paar mehr Kapitalgebern bekannt, und

wir präsentieren, was der Prototyp leisten kann. Wir zweifeln nicht daran, dass wir in Kürze in Geld ertrinken werden.

Danke!
Ben

Antwort

Von: Paolo Ventrini
An: Ben Boyce, Adhvan Chaudry

Jungs,
ausgezeichnet, einfach nur ausgezeichnet! Ich werde definitiv alle Türen öffnen, die ich aufkriege. Aber ich möchte euch sagen, was ihr da anpeilt, ist eine ganz andere Klasse und eine andere Art von Unternehmen. Ihr wollt innerhalb eines Jahres in den Läden sein – vielleicht sogar in euren eigenen Läden?

Das ist zwar machbar, aber dazu müsst ihr etwas Öffentlichkeitswirksames aufbauen. Das heißt, Entwicklung einer Marke, Werbung, Kommunikation, Firmeninfrastruktur – und die Leute werden euch nicht einfach so 100M $ geben und hoffen, dass ihr das irgendwie hinbekommt.

Mit anderen Worten: Es wird Zeit, dieses Unternehmen aus der Garage zu holen.

Viele Grüße
Paolo

Konzept Markenentwicklung

Google Doc, erstellt von Carrie Chan, 12. April 2022

Bewertet und kommentiert von Ben Boyce und Adhvan Chaudry

MISSION

THE FUTURE will die Welt mit Zeitmaschinentechnologie ausstatten, indem innovative Endkundenprodukte entwickelt, vermarktet und an eine globale Zielgruppe verkauft werden.

Markenstrategie

Unser Ziel ist es, eine einzigartige einheitliche Werbekampagne zu starten, die die Fantasie des öffentlichen Bewusstseins elektrisiert.

Phase 1: Wir beginnen mit wichtigen Influencern und potenziellen Startplattformen, um die Öffentlichkeit über The Future und ihre revolutionäre Technologie zu informieren.

ADHVAN: Das Wort »Influencer« verursacht mir Schüttelfrost.

Phase 2: Wir entwickeln eine Medienpräsenz, die auf einer Kombination aus kühnen öffentlichen Bekanntmachungen und aufrüttelnden Werbebotschaften basiert.

Phase 3: Sobald das Produkt verfügbar ist, steigern wir die Begeisterung durch FOMO-basierte, gezielte Werbung mit Kundenbewertungen.

BEN: FOMO? Fock moch!

Stimme und Persönlichkeit

Was die kundenorientierten Botschaften betrifft, schlagen wir einen Ansatz vor, dessen Sprachstil in diesem Manifest angedeutet wird:

The Future ist zuversichtlich.
Kühn. Unmissverständlich. Präzise.
Aussagenorientiert.
Direkter und einfacher Text.
Sätze, die zuschlagen.
Klare Sprache und Wortwahl.
Einheitliche Botschaften auf allen Plattformen.

BEN: Irgendwie klingt das,
als wollten wir Dodge-Trucks verkaufen.
ADHVAN: Was soll denn »aussagenorientiert« heißen?
Sind vollständige Sätze zu anstrengend?

Markenvergleiche

Apple: Der Marktführer in Sachen dauerhafte Markenidentität, insbesondere auf dem Sektor der Verbraucherelektronik. Verleiht der Technologie ein sauberes, schönes, simples, intuitives Image.
Uber: Markenimage ist hochwertig, hightechmäßig, schnittig, kraftvoll. Vermittelt eher Status als Universalität. Im deutlichen Kontrast zu Lyft, dessen Ausrichtung persönlicher, schlichter, nutzerfreundlicher und zugänglicher ist.
Tesla/SpaceX: Gleichermaßen ein ehrgeiziges Endkundenprodukt, mit kühner Zielvorgabe, kulturellem Prestige und charismatischer Gründerpersönlichkeit.

ADHVAN: »Charismatische Gründerpersönlichkeit« – nur eine?
Ich frage mich wirklich, auf wen von uns beiden sie anspielt.
BEN: Wie viel haben wir bezahlt, damit jemand uns sagt,
dass wir das nächste Apple, Uber oder Tesla werden sollten?

Markenfarben

Chrom – ein Hinweis auf das reale Gerät

BEN: Schön glänzend!

Grün – wie auf einer Digitaluhr

ADHVAN: »Digitaluhr« – wie futuristisch ist das denn?

Weiß – suggeriert das Licht des Wissens

BEN: Ein kleines bisschen beiläufiger Rassismus hier, was?

Firmenname

Als Name ist »The Future« potenziell ein wenig unhandlich. Eine Suchmaschinenoptimierung ist problematisch, da Google jede Menge Ergebnisse liefert und es schwierig wäre, sie zu verdrängen. Außerdem hat praktisch kein Unternehmen in der Fortune-500-Liste einen Namen, der einen Artikel einschließt. Die folgenden Namensalternativen sollten als gute Möglichkeiten in Betracht gezogen werden:

Prognosis

Weniger bekanntes Wort (und damit suchmaschinenfreundlicher), die griechische Wurzel von »Prognose«. Klingt wissenschaftlich und technisch, mit einem Hauch von Magie.

BEN: Prognosis? Nein, zu hart, zu viel auf einmal im Mund.
ADHVAN: Hat deine Mutter auch gesagt.

Peek

Eine persönliche und zugänglichere Option. Ruft die Vorstellung hervor, einen »kurzen Blick« in die Zukunft zu werfen.

Assoziation zu »Peep«: der Reiz eines »heimlichen Blickes«. Emotionale Verbindung zum voyeuristischen Reiz, den die Nutzer gelegentlich suchen, im Sinne der Verwendung von Social Media.

BEN: Klingt nach einer Camgirl-Pornoseite.
ADHVAN: Sollten wir stattdessen eine solche Seite starten? Für Peek würde ich bezahlen.
BEN: Wer bezahlt denn für Porno, du Idiot?

Crystal
Beschwört subtil das Bild einer Kristallkugel herauf, mit der man in die Zukunft schaut. Außerdem könnte man an hochwertiges Tafelgeschirr denken. Die Exklusivität wäre für einen höheren Preis geeignet.

ADHVAN: Oh ja, so was von subtil!
BEN: Warum bekommen wir eigentlich nur Ideen, die etwas Magisches suggerieren? Wir müssen klarstellen, dass es hier um Wissenschaft geht.

Quant
Eine weitere Hightech-Option, die sich an die Quantentechnologie anlehnt, die der Kern des Produkts ist. Einzigartig und suchmaschinenoptimal.

BEN: Ist das nicht ein Begriff für einen Finanzanalysten?
ADHVAN: Unter Mathematikern ist das jemand, der sich verkauft.

<u>Logo</u>

Der Eindruck sollte klar, sauber, technisch sein. Assoziation mit der Funktionalität »in die Zukunft sehen«.

Visuelle Vorschläge:
Ein Auge
Eine Uhr
Eine Sanduhr
Ein Kalender
Ein Teleskop

BEN: Gibt es da nichts Verlockenderes?
ADHVAN: Du meinst … etwas Vaginales? Wie bei Airbnb? Kipp einfach das Auge zur Seite.

E-Mail vom 12. April 2022

Von: Paolo Ventrini
An: Ben Boyce, Adhvan Chaudry

Hi Jungs,
dieses Markenkonzept wurde von einer erstrangigen Agentur erstellt. Carrie gehört zu den Besten. Jetzt ist sie in mein Büro gekommen und hat mir wegen der pubertären Kommentare zu ihrer Arbeit den Arsch aufgerissen. Wenn es euch nicht gefällt, na gut. Aber ihr hattet es abgelehnt, euch für ein Ideengespräch mit ihr zu treffen, was bedeutet, dass sie sich nur im Dunkeln vorantasten konnte.

Wir müssen das bald auf die Reihe kriegen, wenn wir unsere gesteckten Ziele erreichen wollen. Ich habe jetzt ein Abendessen, aber ich werde versuchen, früh aufzustehen, damit wir uns um 7.30 Uhr in meinem Büro treffen und das im Einzelnen besprechen können.

Paolo

Austausch von Textnachrichten

12. April 2022, 17.23 Uhr

Ben Boyce
Hallo Schatz, heute Abend wird es etwas später.
Adhi und ich sind gerade dieses Markenkonzept durchgegangen.
Es ist schrecklich.
Und dann müssen wir uns mit Paolo zusammensetzen.

Leila Keener-Boyce
Oh, okay. Wie spät konkret?

Keine Ahnung, vielleicht so 22/23 Uhr?
Warte nicht auf mich, ich weiß, dass du früh rausmusst.
Ich werde leise wie ein Mäuschen sein.
Oder wie ein Ninja.
Okay?

Austausch von Textnachrichten

12. April 2022, 17.24 Uhr

Leila Keener-Boyce
Hey A.! Hoffe, dir geht es gut.
Hast du einen tollen Abend?

Adhvan Chaudry
Hey Lei!
Ich muss mich auf ein Treffen mit Paolo vorbereiten.
Wir wollen unsere Werbestrategie durchgehen.

Aber wenn du irgendwas brauchst,
kann ich das sausen lassen.
Ist keine große Sache.

Nein, schon gut, ich wollte nur Hallo sagen.
Du machst das zusammen mit Ben, oder?

Oh. Ja. Verstehe.
Beim nächsten Mal kannst du einfach sagen,
dass du Ben kontrollieren willst.

Tut mir leid.

Austausch von Textnachrichten

12. April 2022, 17.29 Uhr

Ben Boyce
Ich werde leise wie ein Mäuschen sein.
Oder wie ein Ninja.
Okay?

Leila Keener-Boyce
Okay, Ninjamäuschen, viel Erfolg. Ihr beiden scheint
auf jeden Fall eine Menge Spaß zu haben.

Eigentlich nicht. Ist eine Menge Arbeit.
Und du fehlst mir.

Ich bin nicht sauer, weil ihr Spaß habt, es freut mich.
Wie es scheint, ist es zwischen dir und
Adhi wieder eher wie früher.

Ja, sieht so aus.
Mitten im Start-up ist es ein bisschen wie am College.

Das ist toll. Aber werd nicht wieder
komplett zum College-Ben.

Keine Sorge. Schlaf gut.

Austausch von Textnachrichten

12. April 2022, 19.58 Uhr

Ben Boyce
Hallo Carrie!
Hast einen guten Start mit dem Markenkonzept hingelegt.

Carrie Chan
Guter Start?
Wenn ich nach den Kommentaren gehe,
will ich mir gar nicht vorstellen,
wie ein schlechter Start aussehen könnte.

Ja, tut mir leid deswegen.
Adhi und ich albern gern rum.
Wir denken nicht immer an die Arbeit, die in manche Sachen gesteckt wird.
Hab vorhin Rücksprache mit Paolo gehalten und erkannt, dass ich ein Arschloch war.
Das alles ist für mich noch neu!
Als Gründer hat man 10 Jobs auf einmal.
Und mit keinem davon hatte ich bislang Erfahrung.

Das merkt man.
Aber ja, ich weiß, dass so etwas nicht einfach ist.

Ich finde, wir sollten noch mal von vorn anfangen.
Ich würde es gern mit einem
persönlicheren Ansatz versuchen.
Wie wär's mit einem Drink?
Dann erzähle ich dir mehr über unsere Vision.

Klar.
Vielleicht jetzt gleich?

Oh. Ja, wär es okay, wenn wir
uns so in einer Stunde treffen?

Super. Im Haberdasher an der Ellsworth.
Bis gleich.

Auszug aus dem Protokoll der Kongressanhörung vom 1. Dezember 2022

REP. ALEXANDRA DELGADO (D-CA): Also ... Ms. Chans Ideen für den Look, das Markenkonzept und das alles ... Sie wussten, dass es falsch ist ... weil Sie bereits gesehen hatten, wie es einmal sein würde. Stimmt das?
BOYCE: Korrekt. Und ich meine, ihre Vorstellungen waren nicht völlig daneben. Unsere Website ist wirklich schnittig und minimalistisch. Sie ist applemäßiger als die Apple-Seite selbst, in gewisser Weise. Und unser Logo entspricht tatsächlich einigen ihrer Ideen. Es ist ein »F« für Future, das von den Zeigern einer Uhr gebildet wird. Also kann man sich vorstellen, dass ihr Feedback möglicherweise zu den Resultaten führte, die wir

am Ende hatten. Aber wir hatten das Endresultat bereits gesehen, also ... wussten wir mehr als sie.

REP. ALEXANDRA DELGADO (D-CA): Als sie sich über das Markenkonzept des Unternehmens berieten ... haben Sie Ms. Chan irgendwann gezeigt, was Sie gesehen hatten? Da Sie ja ohnehin wussten, worauf es hinauslaufen würde.

BOYCE: An diesem Punkt haben wir uns große Mühe gegeben, so etwas nicht zu tun. Adhi hatte diese Theorie zu dem, was mit Nikolai geschehen war. Dass es diese Sache war, die er als Kausalschleife bezeichnete. Informationen aus der Zukunft, die rückwärts durch die Zeit laufen und sich selbst auslösen. Und er dachte, je häufiger so etwas passiert, desto mehr besteht die Gefahr, dass es ... Sie wissen schon ... Schwierigkeiten gibt.

Stellen Sie sich vor, Carrie hätte sich die zukünftige Website angesehen und das Design kopiert, um die Website zu erstellen, die dann die zukünftige Website *ist*. Aber woher *kommen* dann diese Ideen? Die Realität folgt den Informationen, nicht andersherum.

REP. ALEXANDRA DELGADO (D-CA): Vielen Dank, Mr. Boyce. Sie haben sehr prägnant eins der Hauptprobleme formuliert, das entstehen wird, wenn wir zulassen, dass diese Technologie an die Öffentlichkeit gelangt. Ich glaube, niemand von uns möchte eine Welt, in der sich die Realität unseren Maschinen unterordnet.

BOYCE: Aber so ist es nicht, solange die Leute sachkundige Entscheidungen treffen – darüber, wie sie benutzt werden sollte. Es ist Sache der Nutzer, sich zu überlegen, wann sie nachschauen möchten. Und sobald sie es tun, wird diese Entscheidung zu einem Teil des Systems von Entscheidungen, die sie die ganze Zeit treffen. Ich weiß, dass es schwer ist, sich das vorzustellen, aber in Wirklichkeit *vergrößert* sich damit die persönliche Freiheit.

REP. ALEXANDRA DELGADO (D-CA): Oh, ich verstehe es sehr gut. Abgesehen von der verwirrenden Zirkularität des Ganzen möchte ich einfach nur auf folgende Tatsache hinweisen: Wenn die Leute ein mächtiges und gefährliches Werkzeug in die Hände bekommen und man darauf vertraut, dass sie die besten Entscheidungen treffen, kann das nur in einer Katastrophe enden. Schauen Sie sich die kurze Zeitphase an, in der Sie selbst diese Technologie benutzt haben. Sobald Ihnen ein Hindernis auf der Straße zum Erfolg in die Quere kam, haben Sie keine Zeit verschwendet und die Technologie eingesetzt, ungeachtet aller angeblichen philosophischen Bedenken wegen einer sogenannten Kausalschleife.

E-Mail vom 15. April 2022

Von: Paolo Ventrini
An: Ben Boyce, Adhvan Chaudry

Hey Jungs,
ich bin draußen auf der Sand Hill Road gewesen und habe die Kriegstrommel gerührt, aber wir werden nicht einmal in die richtigen Zimmer kommen, bevor wir etwas haben, womit wir die Aufmerksamkeit des Publikums erregen können. Ich weiß, ihr beide seid sehr zurückhaltend, irgendwelchen Content in die Öffentlichkeit zu posaunen, aber ich brauche etwas, das wir selektiv weitergeben können.

Paolo

Antwort

Von: Ben Boyce
An: Paolo Ventrini, Adhvan Chaudry

Hey Paolo,
wir haben es besprochen – und verstanden, worum es dir geht.
Wie wär's hiermit?

Ben

(Im Anhang folgender Nachrichtenartikel mit Datum vom 2. Januar 2023.)

The Future legt in den USA einen soliden Start hin

Nach Monaten des Hypes und grassierender Spekulationen eröffneten am Neujahrstag die Läden von The Future überall im Land, begleitet von Warteschlangen rund um den Block und – Verkaufsrekorden. Insider hatten mit einem starken Umsatz gerechnet, da mehr als 50 000 Menschen das Modell Future 1 online vorbestellt hatten, das am Sonntag für die Abholung und Auslieferung bereitstand. Da das Unternehmen eine Schätzung veröffentlichte, dass weitere 55 000 Einheiten an ihren 22 Standorten verkauft werden würden, steht fest, dass die Erwartungen erreicht oder sogar übertroffen wurden.
»Das ist ein starker Markteinstieg«, sagt Ben Boyce, der etwas ungestüme junge Geschäftsführer der Firma. »Aber wir fangen gerade erst an.«
In Anbetracht der nötigen geografischen Ballung der Läden fuhren manche Gläubige über 500 Meilen weit und kam-

pierten über Nacht im Freien, um einen F1 in die Hände zu bekommen.

»Das ist eine Revolution in der gleichen Größenordnung wie das Internet«, sagt Wendy Romero, eine Kundin, die gleich zwei gekauft hat. »Sie wird total verändern, wie die Welt tickt. Ich meine, heute Abend werde ich meine Zukunft sehen. Sie auch?«

Das Unternehmen erwartet, dass sich die Verkäufe stabilisieren und in den kommenden Monaten auf hohem Niveau fortsetzen werden, und erwartet einen Umsatz von über 80 Millionen Dollar im ersten Betriebsquartal. Doch einige Wirtschaftsanalysten sind skeptisch, was die langfristigen Aussichten der Firma betrifft.

»Ihr Geschäftsmodell ist einfach nicht nachhaltig«, kommentiert Eduardo Ortiz, ein Wirtschaftsprognostiker. »Dieses Unternehmen startet aus einem so tiefen Entwicklungskostenloch, dass es die Verkaufszahlen auf dem Niveau von Apple normalisieren muss, wenn es dauerhaft auf dem Markt bleiben will.«

Andere haben Zweifel an der langfristigen Stabilität der Technologie geäußert, nachdem erste Berichte über zahlreiche technische Probleme durchgesickert sind. Doch Boyce tut sie als aufgeblasenes Internet-Gequatsche von neidischen Nörglern ab. »Wir hatten ein paar technische Pannen, ja. Aber heute ist der erste Tag, an dem wir unser Produkt der Öffentlichkeit in die Hände geben. In vielen Fällen handelt es sich um Fehler durch die Nutzer. Unsere Lösung wird eine Kombination aus großartigem Kundensupport, gratis Schulungsangeboten und dem Versprechen sein, unser Produkt immer weiter zu verbessern.«

Es bleibt abzuwarten, ob The Future das Durchhaltevermögen hat, mit den Giganten von Silicon Valley zu konkurrieren. Doch das Unternehmen hat unbestreitbar einen spektakulären Start hingelegt, und die öffentliche Nachfrage für das Produkt ist gewaltig.

Antwort

Von: Paolo Ventrini
An: Ben Boyce, Adhvan Chaudry

Ist das echt? Ist das wirklich ein Nachrichtenartikel aus der Zukunft? Sind das die Zahlen, die wir bei der Markteinführung Anfang nächsten Jahres einfahren werden? Scheiße, wir haben eine Menge Arbeit vor uns, Jungs, aber die Geldbeschaffung wird nicht der schwierige Teil sein.

NEUN

E-Mail vom 16. April 2022

Von: Paolo Ventrini
An: Ben Boyce, Adhvan Chaudry

Also, Jungs, ich hab zu früh getönt. Nachdem ich die Nachricht weitergeleitet hatte, kam es zum Gegenteil des erwünschten Effekts. Die meisten Geldgeber, die sie von mir bekommen hatten, dachten, es wäre ein schlechter Scherz.

Jetzt sitzen wir in einer Zwickmühle, weil wir ohne Finanzierung keine öffentliche Aufmerksamkeit bekommen, und eine Finanzierung ist ohne Anzeichen für ein öffentliches Interesse oder zumindest eine gewisse Akzeptanz aussichtslos. Wir sollten brainstormen, wie wir wieder ins Spiel einsteigen könnten.

Antwort

Von: Ben Boyce
An: Paolo Ventrini, Adhvan Chaudry, Carrie Chan

Hey Paolo,
klingt gut, lass uns einen Termin für eine Gruppensession machen. Adhi, willst du dabei sein? Wenn du dich auf die Technik konzentrieren möchtest, können wir uns um diese PR-Probleme kümmern. Ich weiß, dass das nicht so dein Ding ist. Außerdem würde ich gern Carrie reinholen.

Antwort

Von: Paolo Ventrini
An: Ben Boyce, Adhvan Chaudry

Meine Güte, Benjamin, kann es sein … ich wage kaum, es zu sagen … dass du als Manager tätig wirst? Dass du dein Team gemäß den Fähigkeiten der Leute einsetzt? Sollte ich mich vielleicht sogar zu dem Gedanken hinreißen lassen, dass du tatsächlich ein oder zwei dieser Management-Bücher gelesen hast, die ich dir geschickt habe? Bravo, bravo, bravissimo!

Antwort

Von: Adhvan Chaudry
An: Ben Boyce

B.,

ja, ich möchte dabei sein.
Auch Carrie? Wirklich?
Sieht nach einer Situation aus, in der wir selbst einen Plan auf die Beine stellen können. Wenn es um die Ausführung geht, können wir sie später immer noch dazuholen.
Es ist unsere Firma.

A.

Antwort (auf Boyce' frühere E-Mail)

Von: Carrie Chan
An: Ben Boyce, Adhvan Chaudry, Paolo Ventrini

Hey Leute!

Danke, dass ihr mich einschließt. Wenn ihr die Sache auf den Markt bringen wollt, müsst ihr ein Gespräch über euer Produkt anstoßen, vor allem in der Tech-Influencer-Community. Ich habe ein paar Ideen, wie wir das sehr schnell schaffen können.

Carrie

Reddit AMA, 19. April 2022

Hey Reddit, wir sind Ben Boyce und Adhvan Chaudry, und wir haben eine Zeitmaschine erfunden! Wie das funktioniert, könnt ihr **HIER** lesen. Wir werden sie in weniger als einem Jahr auf den Markt bringen!

Unsere Marketingdirektorin Carrie wird uns hier aushelfen und in Kürze Nachweise posten. Fragt uns irgendwas!

FortniteFuckery: Warum bezeichnet ihr eure Technologie als Zeitmaschine? Wenn ich nach dem Link gehe, wird sie mich nicht gerade in eine andere Zeit befördern. Damit kann ich nur sehen, wie langweilig und beschissen die Welt nächstes Jahr sein wird ...

Adh_Ball: Wir nennen es Zeitmaschine, weil ein Quantencomputersystem zur transtemporalen Datenübertragung nicht so toll klingt. QCSTTDÜ wäre eine blöde Abkürzung.

BenBoyceAMA: Bro, es ist eine Maschine, mit der du durch die Zeit schauen kannst! Vielleicht solltest du sie lieber mal ausprobieren, bevor du hier zum undankbaren Nörgler wirst. Das ist nicht der neueste Marvel-Trailer, es ist ein Gerät, das auf jeden Fall die Welt verändern wird.

Hiphophippocampus: Katapult oder Trebuchet?

Adh_Ball: Das Trebuchet ist natürlich die überlegene Belagerungswaffe.

BenBoyceAMA: Ähhhh, was ist das für eine Frage?

BernieFlandersLeft: Wie sieht ein normaler Tag bei euch beiden aus? Wie oft benutzt ihr die Zeitmaschine?

BenBoyceAMA: Die ganze Zeit! Du stehst auf und checkst die Nachrichten des Tages, ich checke die Nachrichten genau ein Jahr in der Zukunft. Du liest deine E-Mails, ich auch, aber ich lese auch die E-Mails, die ich in 365 Tagen abschicken und empfangen werde. Es ist verrückt und aufregend und verschafft dir einen Vorsprung gegenüber allen anderen.

Adh_Ball: Außerdem haben wir strikte Protokolle, wie wir die Technologie benutzen. Es ist wichtig, in unserem Anwendungsbereich rücksichtsvoll, moralisch und selbstbeherrscht zu sein.

Adh_Ball: Und außerdem ... ist es einfach nur sch**ßcool!

Power4Words: Ist die Zukunft, die ihr mit eurem Computer »seht«, garantiert die einzige reale Zukunft?

BenBoyceAMA: Aber ja. Die Maschine ist 100%ig akkurat, da sie DIREKT mit sich selbst in der Zukunft spricht. Kein Spielraum für Fehler!

Power4Words: Nur damit das klar ist: Das bedeutet, dass ein freier Wille nicht existiert. Denn das bedeutet, was auch immer du siehst, du kannst es nicht ändern.

BenBoyceAMA: Nein nein nein, Bro, es bedeutet, dass du sehen kannst, WAS am Ende passiert, wenn du deinen freien Willen BENUTZT. Eine verzwickte Sache, aber total aufregend!

Power4Words: Liegt es nur an mir, oder ist es nicht genau das, was den freien Willen ausmacht?

Adh_Ball: Ben und ich sehen das anders. Ich glaube, der freie Wille ist ein Märchen. Diese Frage ist wissenschaftlich sogar schon recht gut geklärt. Lies Yuval Noah Harari oder Benjamin Libet. Manche Leute bestreiten es immer noch, weil es sich anfühlt, als hätten sie einen freien Willen, aber wenn wir unser Produkt in einem Jahr herausgebracht haben, werden wir das Ganze ziemlich eindeutig geklärt haben.

RunLowlifeRun: Ach du Scheiße, sagen diese Leute wirklich, dass ihr Produkt den freien Willen zerstören wird?

DicktionaryDude: Werdet ihr beiden auch in Zukunft noch Freunde sein?

BenBoyceAMA: Ja, Bro, wie am ersten Tag, seit 10 Jahren, auf Biegen und Brechen.

Adh_Ball: Solange Ben mich nicht feuert.

PurrpullDrank: Wird PrequelMemes in einem Jahr immer noch ein Thema sein?

Adh_Ball: Solange sie noch deutlich über allen anderen stehen.

BenBoyceAMA: Ist das wieder so ein hochgradiges Nerdzeugs?

Dedditordie: Könnt ihr uns ein Bild aus der Zukunft zeigen?

BenBoyceAMA: Wir könnten es tun, aber dann müssten wir dich töten ;-)

Adh_Ball: Ernsthafte Antwort: Wir haben ein strenges Protokoll, unsere Daten unter Verschluss zu halten. Wir arbeiten noch an der Entwicklung dieser Technologie und überprüfen die Folgen. Wir können garantieren, dass es funktioniert, und werden mit dem Produkt erst dann an den Start gehen, wenn es bereit ist, aber wir haben Bedenken wegen der möglichen Auswirkungen, sobald wir Informationen aus der Zukunft öffentlich machen, und wir wollen die Konsequenzen gründlich evaluieren.

PearlPopper: Ich schlage euch vor, folgende Frage zu beantworten. Wenn ich mir ansehe, wie dieses AMA läuft, frage ich mich: Werdet ihr am Ende nicht einen ziemlich lahmarschigen Eindruck machen, sofern ihr nichts Konkretes teilt?

RatMeetCage: Entweder zu feige oder zu großmäulig.

BenBoyceAMA: (Entfernt)

TheCarltonDancer: Hat jemand das Foto gesehen, bevor er es wieder gelöscht hat?

DeuceTakerTwo: Es war für etwa 2 Minuten da, aber ich habe einen Screenshot gemacht. Auf private Anfrage werde

ich es euch schicken. EDIT: Jetzt droht mir das Marketingmädchen mit juristischen Konsequenzen, wenn ich das Bild weitergebe. Was ich natürlich nicht unterlassen werde!
PerfectPersimmons: Das Bild zeigt Boyce bei irgendeinem PR-Event zur Eröffnung der neuen Firmenbüros. Er steht auf einer großen Bühne und grinst wie ein Idiot. Das Marketingmädchen ist auch dabei. Und Elon Musk, der mit ihnen auf Kumpel macht.
RobbinRobinHood: Total gephotoshoppt.
Topathemorningtoya: Weiß nicht, findet jemand eine Quelle, woher sie das Foto von Elon haben könnten? Eine Bildersuche ergibt null Treffer. Sieht in meinen Augen ziemlich echt aus.
Blazeitupnow: Hey, macht mal alle einen Bildvergleich von ihrem Foto zur AMA-Ankündigung und dem, das sie geleakt haben. Boyce trägt auf dem ersten einen Ehering und auf dem »Zukunftsfoto« keinen.
MKUltraDude: Das ist genau die Art von Ostereiersuche, auf die sie uns schicken wollen.
inigomontoyahere: Was für ein Desaster für diese Idioten.

Austausch von Textnachrichten

19. April 2022, 16.11 Uhr

Leila Keener-Boyce
Wow, wie es scheint, steht dir eine glänzende Zukunft mit deinen Kumpels Elon und Carrie vom Marketing bevor.
Aber ohne mich, wie?
Haaaalllloooo?

Ben Boyce
Hallo Schatz, tut mir leid, ziemlich verrückt hier.
Hör mal, diese Leute sind zukünftige Kollegen.
Ich meine, Carrie ist bereits eine Kollegin.
Und hey – du hast immer gesagt,
dass du Elon gern mal treffen würdest …

Glaubst du, ich werde nicht weiter darauf eingehen,
dass du keinen Ring trägst?

Weiß nicht, vielleicht trage ich ihn einfach nur nicht.
Vielleicht war ich an diesem Tag im Fitnessstudio
und habe vergessen, ihn wieder anzustecken.
Wäre nicht das erste Mal.
Ich bin vergesslich. Schludrig. Geistesabwesend.

Ich muss wieder an die Arbeit.
Wir reden später darüber.

Austausch von Textnachrichten

19. April 2022, 16.19 Uhr

Ben Boyce
Alter, ich bin am Arsch!
Ich bin wohl der erste Kerl in der Geschichte, der Ärger wegen
eines Ehebruchs bekommt, der noch gar nicht passiert ist.

Adhvan Chaudry
a) Das ist nicht wahr, und es ist auch nicht das erste Mal,
dass es DIR passiert.
Ich weiß, wie Lei tickt.

Haha, wohl wahr.

Und b) Noch gar nicht passiert?
Bist du dir sicher?

Nein, Kumpel.

Ich mein ja nur …
Ich weiß, dass du ziemlich oft mit Carrie zusammen warst.

Ja, wir haben uns den Arsch abgearbeitet.
Genitalkontakte: 0

Kein emotionaler Seitensprung? Kein Flirt?

Hör auf, Dr. Phil.
Es ist nicht meine Schuld, wenn sie auf mich steht.
Jetzt bezahl ich für irgendwelche Scheiße,
die ich noch nicht mal gebaut habe.

Noch nicht?
Hast du dich bereits mit deinem Ehebruch abgefunden?

Nein. Du weißt, wie ich das meine.

Hör mal, ich will nicht ewig drauf rumreiten, aber …
Das alles wäre nicht passiert,
wenn du dieses Foto nicht hochgeladen hättest.
Wir haben diese Regeln aus gutem Grund.

Fiiiiiiick diiiiiich!

Austausch von Textnachrichten

19. April 2022, 16.22 Uhr

Leila Keener-Boyce
Hallo A.
Was meinst du zu dem Ganzen?

Adhvan Chaudry
Ich glaube, dein Ehemann ist bemerkenswert dünnhäutig.
Und er hat unser Geschäft wegen
irgendeines Trolls in Gefahr gebracht.

Du weißt, was ich meine. Das mit dem Ring
und was möglicherweise passiert.
Oder ist das eine Überreaktion von mir?

Ganz ehrlich, ich bin mir nicht sicher.
Irgendwie hängt es mit der fundamentalen Frage
zusammen, ob es einen freien Willen
gibt und wie das Universum funktioniert.

Richtig. Also entweder Option 1: Mit meiner Ehe könnte alles in Ordnung sein, und wir haben Einfluss auf unsere Entscheidungen. Oder Option 2: Meine Ehe ist im Arsch, der freie Wille ist eine Illusion, und es spielt keine Rolle, wie wir uns entscheiden. Nenn mich naiv, aber wenn ich hier die freie Wahl habe, würde ich auf Nr. 1 setzen.

Verständlich.
Aber wenn das der Fall ist, hat unsere Technologie
eigentlich gar keine Auswirkungen.

Vielleicht hilft sie den Menschen,
Katastrophen zu vermeiden.
Und bessere Entscheidungen zu treffen.

Vielleicht.
Oder auch das Gegenteil.

Austausch von Textnachrichten (Fortsetzung)

19. April 2022, 16.28 Uhr

Ben Boyce
Fiiiiiiiick diiiiiiich!

Adhvan Chaudry
Hey Mann.
Noch mal zu diesem Foto.
Abgesehen von der Scheiße mit deinem Ring.
Fällt dir noch was anderes auf, das fehlt?

Ähhh, so was wie ein oder
zwei Zentimeter meiner Haarlänge?
Meinst du das?
Wahrscheinlich nicht.
Was geht dir durch den Kopf?

Nichts.

Du meinst doch nicht dich, oder?

Erklär du es mir.

Bro, das ist ein öffentlicher Event.
Du hast immer wieder definitiv klargestellt, dass du
nichts mit diesem Trubel zu tun haben willst.

Klingt überraschend.

Hör mal, wir haben deine Bio auf der künftigen
Website gesehen.
Technischer Direktor und Mitgründer.
Du wirst nicht aussteigen, es sei denn, du willst es.
Du bist der Top-Secret-Ninja-Programmierer
hinter den Kulissen.
Außerdem, glaubst du, dass meine Mom weiß,
wer Steve Wozniak ist?
Nie im Leben.
Und ich wette, Woz will es gar nicht anders.

Ja.
Total.
Ich weiß nicht, weswegen ich mir Sorgen mache.

Lass dich nicht von deinem Gehirn austricksen.

Genau!

Hör mal, ich glaube, Carrie hat eine gute
Idee für den nächsten Schritt.
Aber das wird noch viel öffentlicher, nicht weniger.
Wenn wir es hinkriegen wollen,
brauche ich dich die ganze Zeit als Rückendeckung.
Auf Biegen und Brechen.
Bist du bereit?

Natürlich.
Ich bin der Dschinn, du darfst dir was wünschen.

Das Dschinn-Genie!
Das kann nur gut werden …

Transkript des TED-Talks vom 24. April 2022

Ben Boyce: »The Future – Die Zukunft gehört dir«

00:00
Als Kind habe ich mir gern Gedanken über die Zukunft gemacht. Dass ich zum Mond fliege, dass Roboter mein Zimmer aufräumen, dass ich ewig lebe. Doch als ich zwölf Jahre alt war, bekam meine Mutter Krebs. Und schlagartig habe ich nicht mehr von der Zukunft geträumt, weil ich nur noch Angst davor hatte. Was wird das kommende Jahr bringen? Heilung und Erholung? Oder noch mehr Schmerz, noch mehr Metastasen? An jedem Geburtstag fragte ich mich, ob es der letzte war, den ich mit meiner Mom feiern würde. Ich konnte nicht in der Gegenwart leben und erst recht nicht für die Zukunft planen.

00:30
Mom führte fünf Jahre lang einen harten Kampf, eine Chemo nach der anderen, bis sie starb. In dem Jahr, bevor ich ans College kam.

Seit sie krank wurde, hatte ich eine Todesangst vor der Zukunft. Vor dem, was im nächsten Jahr passieren könnte. Und wie es viele von uns tun, vergrub ich mich in Arbeit, in dem Versuch, irgendein bleibendes Vermächtnis zu schaffen, irgendein dauerhaftes Vermögen, irgendeine unerschütterliche Beziehung. Eine Sicherheit und Versicherung gegen die Fallstricke einer ungeheuerlichen Zukunft.

00:55
Wir alle leben damit, nicht zu wissen, was kommen wird. Wir können niemals absolut *gegenwärtig* sein, weil wir so ängstlich auf das fixiert sind, was als Nächstes geschehen wird.

Aber so muss es nicht sein. Weil ich mit führenden Wissenschaftlern zusammengearbeitet habe, um eine Technologie zu entwickeln, die uns in die Zukunft schauen lässt.

01:25
Kurz gesagt, es ist ein Computer, der in Form und Größe einem typischen Desktop-Rechner entspricht. Genauso wie der, den Sie bereits besitzen, allerdings mit einer Ausnahme. Diese Maschine kann sich mit sich selbst verbinden, zu einem Zeitpunkt, der ein Jahr in der Zukunft liegt. Mittels der kombinierten Prinzipien eines Quantencomputers und der Quantenverschränkung ist es möglich, E-Mails von ihrem künftigen Ich zu empfangen und Websites aufzurufen, die noch gar nicht existieren.

01:50
Aber Probieren geht über Studieren, völlig klar. Und ich würde hier nicht auf der TED-Bühne stehen, wenn ich Ihnen nichts Konkretes präsentieren könnte. Wahrscheinlich fragen Sie sich, was das sein könnte. Was wird er uns aus der Zukunft zeigen? Börsenmeldungen? Nachrichten? Die Highlights des Super Bowl, aus einer Saison, die noch nicht einmal begonnen hat?

02:20
Also, Sie sind hier, um TED-Talks zu sehen. Sie wollen die Ersten sein, die sehen, was es Neues in der Welt der Ideen

gibt. Wie wäre es also mit einer kleinen Vorschau, was im nächsten Jahr auf der TED-Bühne stattfinden wird.

(VIDEO STARTET: Ben Boyce ist auf der TED-Bühne zu sehen, in anderer Kleidung, mit anders gestyltem Bart.)

Das bin ich. Bei einem TED-Talk. *Im nächsten Jahr.* Genauer gesagt in zehn Monaten. Wollen Sie hören, was ich zu sagen habe?

02:55
O-TON: Als ich letztes Jahr hier gesprochen habe, steckte The Future noch in den Kinderschuhen, und vielen fiel es schwer, die Möglichkeiten dieser Technologie zu verstehen. Heute geht die allgemeine Ansicht in Richtung Akzeptanz, und viele benutzen unser Produkt täglich, während sie Entscheidungen zu allen Aspekten ihres Lebens treffen: wo sie arbeiten sollten, wen sie heiraten sollten, womit sie ihre Zeit verbringen und viele andere Dinge.

Aber wir haben noch einen langen Weg vor uns, wenn wir eine Welt gewährleisten wollen, in der eine Zeitreisetechnologie beständig und vorteilhaft bleibt. Weshalb es so wichtig ist, unsere Nutzer zu schulen. Aus diesem Grund starte ich eine neue Initiative ...

(VIDEO ENDET.)

Ich weiß, das ist nur ein Teaser! Aber der gesamte Vortrag ist auf unserer Website verfügbar, zusammen mit einer Auswahl anderer Downloads aus der Zukunft und Links zu wissenschaftlichen Bewertungen unserer Methodik. Das ist nur ein flüchtiger Blick auf die Fülle dessen, worauf Sie mit Ihrer ganz persönlichen Zeitmaschine zugreifen können.

04:25
Wir leben in einem Zeitalter, in dem eine kleine Gruppe von Unternehmen eine nahezu vollständige Kontrolle über unser Leben hat. Die Technologie verquickt sich mit fast jeder Facette der menschlichen Existenz, und die Mittel, so etwas zu bauen, konzentrieren sich in den Händen einiger weniger. Sie alle wissen, was kommen wird, sie lassen es geschehen, und wir schauen uns nur die Nachrichten an, um herauszufinden, wie unser Leben morgen aussehen wird. Google, Facebook, Amazon ... sie haben ein Monopol auf die Zukunft.

05:10
Doch seit dem heutigen Tag ist das vorbei. Durch die Entwicklung einer erschwinglichen Maschine, mit der alle Zugang zu ihrer eigenen Zukunft erhalten, nivellieren wir das Spielfeld. Jetzt muss ich keine Angst vor dem Unbekannten mehr haben. Vor dem, was als Nächstes kommt. Und deshalb habe ich wieder große Träume. Ich hoffe, Sie werden es mir gleichtun. Vielen Dank.
(APPLAUS.)

Tweets

@HEYBENBOYCE
Bin total aufgeregt, weil ich endlich teilen kann, woran ich gearbeitet habe. Schaut euch meinen TED-Talk (Link) an und informiert euch über die bevorstehende Revolution! #TheFuture #SeeTheFuture

@TEDCHRIS
Danke, @HeyBenBoyce, für einen der revolutionärsten Talks in der TED-Geschichte! Lang lebe #TheFuture

@RAYKURZWEIL
Eine unerwartete Kurve auf unserem Weg zur Singularität. #TheFuture

@ELONMUSK
Revolutionäres Potenzial! Die zugrundeliegenden wissenschaftlichen Prinzipien sind solide, aber ihr solltet euren Code und die Design-Spezifikation freigeben, wenn ihr uns wirklich an Bord holen wollt! #TheFuture

@MICHAELPOLLAN
Eine bahnbrechende neue Technologie, die die Grenzen des menschlichen Potenzials enorm erweitern könnte. #TheFuture

@NASA
Äußerst sehenswert für alle, die an künftiger Technologie interessiert sind! #TheFuture

@KANYEWEST
Hab ich euch nicht immer gesagt, dass so was kommt? #TheFuture

@KARASWISHER
Ziemlich kühne Behauptungen. Glaubt sonst noch jemand, dass wir in zwei Jahren dekonstruieren werden, wie er uns alle dazu gebracht hat, an diesen Hype zu glauben? #TheFuture

@ALGORE
Danke, @HeyBenBoyce, für eine inspirierende und innovative Vision. Endlich mal eine Technologie, die Klimawandelleugner nicht mehr ignorieren können. Man stelle sich vor, was wir für unseren Planeten tun könnten, wenn wir die Macht haben, in die Zukunft zu schauen. #TheFuture

@IAMWILL
Dieses Video haut rein. Mein lieber @HeyBenBoyce zeigt uns allen, was ABGEHT! Viel Liebe, viel Unterstützung, lang lebe The Future! #TheFuture

@ARIANAGRANDE
kann nicht glauben was ich da seh lol dieser typ ist ein echtes genie #TheFuture

E-Mail

Von: Adhvan Chaudry
An: Ben Boyce

B.,

Glückwunsch!
Du bist offiziell viral.

A.

Blog-Post auf Tumblr, 25. April 2022

Das Schwarze Loch: Gedanken eines anonymen Sci-Fi-Superfans

»Die Einsamkeit des Wookiee«

Am Ende von *A New Hope* gelingt es unserem Team aus tapferen Abenteurern, die Galaxis zu retten und den Todesstern zu sprengen.

Luke, Han und Chewie stehen auf einem Podest ...

werden von einer riesigen Menge gefeiert ...

Und Leia verleiht Orden an Han und Luke und ...

Mehr Nicht. Ernsthaft.

Kein Orden für Chewbacca.

Das Ende von *Rise of Skywalker* gesteht dieses Versehen ein (nur 42 Jahre später),

was die Frage aufwirft: Warum ist das überhaupt passiert?

Ich vermute, es hat damit zu tun, wie wir Helden verstehen.

Luke ist ein Archetyp, den wir respektieren – ein verwegener junger Träumer, den sein Glaube rettet.

Genauso ist es bei Han – der durchtriebene Schuft, durch Liebe geläutert.

Und Chewie? Der unerschütterliche treue Freund, der den *Falcon* am Laufen gehalten hat?

Es gibt keine Auflösung, weil keine benötigt wird.

Also gibt es auch keine Feier.

Und man erwartet von ihm, dankbar zu sein.

Der Sidekick ist immer ein Bürger zweiter Klasse,

obwohl seine Rolle genauso wichtig ist wie die aller anderen.

Als Han am Ende als Held zurückkehrt,

sollen wir dann glauben, dass es ausschließlich seine Idee war?

Wir müssen Chewie danken.

Er ist das moralische Zentrum und die Seele des Teams …

und doch wird er wie ein untermenschliches Tier behandelt.

In der Schlussszene des Films knurrt er in seiner gutturalen Sprache …

Und ich glaube, wir alle sind davon ausgegangen, dass es irgendein Jubelruf sein soll.

Aber vielleicht hat er in Wirklichkeit gesagt: »Wo zum Teufel ist mein Orden?«

Aber für ihn gibt es kein Mitgefühl.

Er ist isoliert und nicht kommunikationsfähig.

Selbst als er neben seinen Freunden steht, vor einer applaudierenden Menge,

ist er letztlich allein.

Austausch von Textnachrichten

25. April 2022, 19.24 Uhr

Leila Keener-Boyce
Hey A.

Adhvan Chaudry
Hey Lei. Wie geht's dir?

Gut, danke.
Ich wollte nur sagen, ich habe den TED-Talk gesehen und
finde, was Ben daraus gemacht hat, war ziemlich beschissen.
Wie er über die Firma und die Technologie spricht, als wäre

das alles seins. Er hat dich aus der Geschichte gestrichen, und ich bin mir sicher, dass sich das nicht gut anfühlt.

Ist schon in Ordnung.
Wir haben die Strategie mit Paolo und Carrie besprochen.
Alle waren einverstanden: persönliche Geschichte,
ein Gründer, stärkere Botschaft.
Und ich wollte sowieso immer hinter den Kulissen bleiben.

Ich weiß, was du tust, um dich selbst zu schützen,
aber ich weiß auch, dass es schmerzt.
Wenn du mit jemandem über diese Gefühle
sprechen möchtest, bin ich jederzeit für dich da.
Ich würde auch nichts zu Ben sagen.

Danke, Lei.
Das bedeutet mir sehr viel.
Ich mache mir Sorgen, dass ich – wenn ich erst anfange
zu reden – einen Damm öffne und alles herausströmt.

Was würde herausströmen?

25. April 2022, 19.45 Uhr

Bist du noch da, Adhi? Ich habe viele Blasen gesehen,
die aufgetaucht und wieder verschwunden sind.

Tut mir leid, bin einfach nur müde.
Danke, dass du dich gemeldet hast.
Alles gut bei mir.
Wünsch dir eine gute Nacht.

Dir auch.

E-Mail vom 26. April 2022

Von: Paolo Ventrini
An: Ben Boyce, Adhvan Chaudry

Hallo Leute,

Glückwunsch zum TED-Talk, der im Internet wie eine Bombe eingeschlagen ist. Scheint schon jetzt große Auswirkungen zu haben. Ich werde von Geldgebern aus der ganzen Stadt angehauen, sogar von einigen Arschlöchern, die letzte Woche nicht mal meinen Anruf entgegennehmen wollten. Meine Assistentin organisiert eine Besprechung nach der anderen; schaut mal auf den Kalender, wir wollen den Schwung ausnutzen.

Paolo

Austausch von Textnachrichten

28. April 2022, 8.13 Uhr

Leila Keener-Boyce
Heute zeigst du's ihnen, A.
Ich weiß, ihr beiden habt volles Programm.
Diese Leute sollten sich glücklich schätzen,
dass ihr ihnen eure Zeit schenkt.

Adhvan Chaudry
Danke, Lei!
Versuche mich zu konzentrieren,
krieg's noch nicht in den Kopf.

Oh, tut mir leid.
In deinem Kopf scheinen manchmal unheimliche
Dinge vor sich zu gehen, also verlier dich nicht darin!
Viel Glück!

Austausch von Textnachrichten

28. April 2022, 8.15 Uhr

Leila Keener-Boyce
Heute zeigst du's ihnen, Schatz!
Hab das Bild gesehen, das du auf Insta gepostet hast,
das neue Jackett sieht umwerfend aus.

Ben Boyce
Danke, Prinzessin!
Ich halte dich auf dem Laufenden, wenn ich mehr weiß.

28. April 2022, 17.15 Uhr

Hey Prinzessin!
Siehst du in mir eher den Bentley- oder den Maserati-Typ?

!!!!
Wie viel?

7M.

Wow, das ist ein toller Start!

Von Welder Bachman Kane.
Sie waren am unteren Ende.

6 Besprechungen, 6 Investoren.
Alle an Bord.
Heute … insgesamt …
(Trommelwirbel bitte …)

Schatz, tu mir das nicht an.

102.
MILLIONEN. DOLLAR.

Leck mich!

Sobald ich zu Hause bin :)

Ich freue mich so für dich.
Ist auch A. glücklich?

Ja, ich denke schon.
Ich meine, er LÄCHELT nicht unbedingt, aber trotzdem.

Na, das ist nicht sein Stil.

Er sagt, in diesem Stadium ist das
alles noch Monopoly-Geld.
Aber es ist eine MENGE Monopoly-Geld.

Drück ihn ganz fest von mir.
Oder klopf ihm männermäßig
auf die Schulter oder was auch immer.

Komm rüber und tu es selbst!
Wir lassen hier eine kleine spontane Feier steigen.
Ich glaube, meine Einladung gilt für +1 ;-)

Oooh, fühl mich so geschmeichelt,
dass du mich erwählt hast.

Und hey, wäre das vielleicht eine gute Gelegenheit,
um unsere kleine Operation Cupido zu starten?

Du willst, dass ich eine meiner Freundinnen mitbringe?
Damit sie Adhi kennenlernt? Und das nur 3 Stunden im Voraus?

Es wäre einen Versuch wert.
Komm schon, zum Wohl der Firma.
Ich arbeite besser mit ihm, wenn er gelegentlich
eine Nummer schieben kann.

Krass. Darüber möchte ich gar nicht nachdenken.
Aber ich denke, ich könnte zumindest fragen. Amy?

Uh. Ich glaube nicht, dass sie wirklich sein Typ ist.

Schatz, wir haben keine Ahnung, was sein Typ ist.
Wir haben buchstäblich KEINE Frau gesehen,
mit der er jemals etwas hatte.

Wie wär's mit Cali?

Kayleigh. Ja, sie ist single und klug,
aber vielleicht nicht so ganz in seiner Liga.

Mein Junge ist jetzt Millionär!
Hör auf mit diesem Liga-Scheiß,
er spielt jetzt mit den Profis!

Haha, also gut, ich werde es mal bei Kayleigh versuchen.

Toll. Hab die Lounge im OPAL reserviert. 21 Uhr.

Schatz, du hasst doch das Opal. Du hast gesagt, es wäre ein versnobtes Dreckloch voller widerlicher Kapitalgeber.

Ich hasse den Laden nicht, ich hasse es nur,
wenn man auf mich herabblickt.
Aber diese Tage sind VORBEI.

Nachdem du jetzt Geld von widerlichen Kapitalgebern bekommst?

Genau. Wir sehen uns dann.

Austausch von Textnachrichten

29. April 2022, 11.22 Uhr

Adhvan Chaudry
Hi Kayleigh!
Hier ist Adhi.

Kayleigh Mills
Hi! Wow, hatte eigentlich nicht damit gerechnet,
von dir zu hören.

Tut mir leid.
Hoffe, es ist okay, dass ich dich kontaktiere.

Natürlich.
Ich sage nur, es war ja keine Verpflichtung

Ich wollte bloß ein paar Sachen in Ordnung bringen.
Tut mir leid, dass es gestern Nacht etwas schräg war.

Kein Problem. Wir beide hatten eine Menge getrunken.
Die Party hat Spaß gemacht.
Glückwunsch zu eurem Erfolg, ich freu mich für euch.

Danke.
Das war etwas, das ich normalerweise nicht tue.

Du sammelst nicht JEDE Woche 100 Millionen ein?
Na los, da ist doch noch Luft nach oben!

Nein. Ich meine, mit jemandem nach Hause gehen.

Ja, war schon klar.
Hör mal, ich bin gestern ausgegangen, weil
Leila sagte, du wärst ein toller Typ.
Und ich kann dir sagen, dass sie recht hat.
Aber gleichzeitig bist du völlig unverfügbar.

Na ja, du scheinst eine nette Person zu sein.
Ich bin nur nicht so der romantische Typ.

Eigentlich scheinst du sogar sehr genau
zu wissen, was du empfindest.
Nur dass du nichts für mich empfindest.
Professioneller Tipp: Lass dich nicht von einer
Freundin verkuppeln, in die du bereits verliebt bist.

Tut mir leid.
Ich wär dir dankbar, wenn du Leila nicht erzählst,
wie es abgelaufen ist.

Kein Sterbenswörtchen.

Nur mal interessehalber gefragt …
Meinst du, ich sollte ihr sagen, was ich empfinde?

NEIN. Mann! Auf gar keinen Fall!

Das dachte ich mir. Wollte nur sichergehen.

Hör mal, ich kenne dich eigentlich kaum, aber darf ich dir
trotzdem einen unaufgeforderten Ratschlag geben?
Schau nach VORN!

Oh, geniale Idee. Daran hatte ich noch gar nicht gedacht.

Davon bin ich überzeugt, aber man merkt es nicht.
Du hast gerade eine Firma mit ihrem Ehemann gestartet!
Wie es scheint, ziehst du entweder einen langfristig
geplanten Betrug durch, um mit ihr zusammenzukommen,
oder du versuchst dich selbst zu bestrafen.
Vielleicht beides.

Richtig. Danke für die kompetente Beratung.

Pass gut auf dich auf, Adhi.

ZEHN

E-Mail vom 30. April 2022

Von: Adhvan Chaudry
An: Prisha Chaudry

Mom,

ich schicke dir etwas Geld.
Die Firma, die Ben und ich gegründet haben, läuft gut.
Wir bauen eine ganz neue Art von Computer.
Viele Leute haben schon investiert.
Ich werde dir jeden Monat etwas schicken.
Du solltest in der chemischen Reinigung aufhören, ich weiß, dass es gar nicht gut für deinen Rücken ist.
Danke, dass du mich so toll großgezogen hast.

A.

Antwort

Hallo Adhvan, danke fur die nette Nachricht. Du bist gut mt Computer kanns du mir bitte mt mein Telefon helfen, wenn du nechste Mal hier bist? Da sind Fotos drauf aber senden geht nicht. Ich werde Biryani machen. Ich kann nicht in der Reingung aufhoren, ist mein einzges Geld, aber danke.

Wenn du jetz etwas Geld hast, kanns du veilleich ein nettes Madchen zum heiraten finden?

Antwort

Mom,

ich werde morgen Abend zum Biryani vorbeikommen.
Ich würde dir sehr gern mit deinem Telefon helfen.
Eines Tages werde ich heiraten, das verspreche ich dir.
Tut mir leid, dass mein Herz es mir nicht so einfach macht.
Ich liebe dich.

A.

E-Mail

Von: Ben Boyce
An: Adhvan Chaudry

Kumpel, schau dir das an. Hatte heute früh eine DN auf meinem Twitter. Von meinem Dad. Kein Witz. Hab ihn überprüft, sieht echt aus, soweit ich es einschätzen kann …

Zitierter Text:

> Lieber Benjamin!
>
> Lange nichts voneinander gehört! Tut mir leid, dass es schon eine Weile her ist. Es wundert dich bestimmt, jetzt

von mir zu hören. Ich habe neulich dein Online-Video gesehen, in dem du einen Vortrag über eine neue Technologie gehalten hast, und ich habe alles darüber gelesen, was ich finden konnte. Wahnsinn! Sieht so aus, als würdest du wirklich die Welt erobern. Ich bin so stolz auf dich und wusste immer, dass du für etwas Großes bestimmt bist. Tut mir leid, dass ich aus deinem Leben gefallen bin, damals schien es meine einzige Option zu sein, und als ich bereit war, wieder teilzuhaben, überzeugte mich deine Mom, dass es besser wäre, dich in Ruhe zu lassen. Aber ich bedaure die Jahre, die ich verpasst habe. Meine E-Mail lautet cboyce17@hotmail.com, ich würde gern von dir hören, mein Sohn.

Antwort

B.,

Wow!
Unglaublich.
Bist du aufgeregt?
Hast du es Lei schon gezeigt?

A.

Antwort

Ich weiß nicht, was ich davon halten soll. Und nein, ich habe nicht mit ihr darüber gesprochen … Ich meine, ich mache mir Sorgen, dass sie sagt, ich soll mit ihm zu einer Therapie gehen oder irgend so ein Quatsch. Jetzt könnte ich noch so tun, als hätte ich es nie gesehen, und es ignorieren, aber sobald ich ihr davon erzähle, wird eine große Sache daraus.

Was meinst du? Lohnt es sich, darauf einzugehen?

Antwort

B.,

das liegt offensichtlich allein bei dir.
Das Timing gibt jedenfalls Anlass zu einer gewissen Besorgnis.
Ich möchte ihn keineswegs schlechtmachen.
Aber wenn er jetzt den Kontakt sucht, wirkt das ein bisschen groupiemäßig, wenn nicht sogar bettlerartig.
Ich habe mir die Freiheit genommen, mit dem Prototyp nachzusehen, was sich darüber finden lässt.
Soweit ich erkennen kann (Social Media, was online verfügbar ist …), sieht es nicht danach aus, dass dein Dad im nächsten Jahr eine Rolle in deinem Leben spielen wird.
So, jetzt kannst du das in deine Entscheidung einfließen lassen, wie du es für angebracht hältst.

A.

Antwort

Kumpel, was soll der Scheiß? Darum habe ich dich nicht gebeten. Ich hatte auf deinen Input als mein FREUND gehofft, deine Meinung als verdammter MENSCH. Ich will doch nicht, dass all meine Entscheidungen mit unseren Daten verknüpft werden.

Antwort

B.,

Entschuldigung.
Ich war davon ausgegangen, dass du diese Information wolltest.
Ich hatte gehofft, damit könnte ich dir das Problem einer schwierigen Entscheidung ersparen.
Meiner Ansicht nach sind die Daten in dieser Situation ohnehin nicht eindeutig.
Vielleicht ist er in deinem Leben präsent, aber nicht im Content, den du posten wirst.
Ich kann dir auf jeden Fall meine »menschliche Meinung« anbieten.
Denn noch viel mehr als die Zukunft kenne ich *dich*.
Und ich weiß, wie es für dich ist, ohne Vater aufgewachsen zu sein.
Ich weiß auch, dass du dir nichts mehr wünschst, als dass er stolz auf dich ist.
Aber ich würde es gar nicht gut finden, wenn du diesen Wunsch verfolgst und dabei verletzt oder ausgenutzt wirst.
Also rate ich dir als dein Freund, vorsichtig zu sein.

Antwort

Ja, wie wär's, wenn ich mein eigenes Leben lebe und du dasselbe machst.

E-Mail

Von: Ben Boyce
An: Carl Boyce

Hey Carl … oder sollte ich dich Paps oder so nennen? Vorläufig werde ich einfach mal bei Carl bleiben. Es ist schon etwas überwältigend, von dir zu hören. Und ich sage ganz ehrlich, dass es ein paar alte und schwierige Erinnerungen weckt. Aber ich möchte mich nicht ganz der Möglichkeit verschließen, dass wir zumindest anfangen könnten, miteinander zu reden. Vielleicht könnten wir irgendwann mal telefonieren.

Antwort

Lieber Benjamin,

freut mich, von dir zu hören! Absolut, das kriegen wir auf jeden Fall hin. Ich weiß, dass wir eine Menge Vergangenheit bewältigen müssen. Aber ich würde dich sehr gern sehen, damit wir uns persönlich auf den neuesten Stand bringen können. So ticke ich, ein direktes Gespräch liegt mir viel mehr als ein Telefonanruf. Ich lebe jetzt in Philadelphia, und um ehrlich zu sein, es waren ein paar harte Jahre. Wenn du mir eine kleine Summe schicken könntest (ein Darlehen, das ich natürlich zurückzahlen werde), könnte ich hier ein paar Sachen in Ordnung bringen und mir dann vielleicht ein Ticket besorgen, damit ich rüberfliegen und dich und deine nette Frau sehen kann. Es wäre wirklich gut, mal wieder miteinander zu reden, mein Sohn!

Antwort

Hey, bei mir ist im Moment eine Menge los, wir mieten jetzt viel an, um alles schnell aufzubauen, aber ich könnte definitiv etwas Zeit für einen kurzen Besuch freischaufeln, entweder in Philly oder hier. Heißt, ich könnte die Reise übernehmen, falls das für dich eine Belastung ist. Davon abgesehen bin ich gerade eigentlich nicht in der Lage, ein Darlehen zu vergeben.

Antwort

Lieber Benjamin,

mir ist klar, dass es für dich eine verrückte, turbulente, aufregende Zeit ist, wenn so viel mit deiner Firma passiert. Ich habe gerade einen Online-Artikel über dich gelesen, und die Jungs in der Werkstatt reden die ganze Zeit über deine Technologie. Also möchte ich nicht zu sehr in dein Leben eindringen. Industriekapitän! Bedeutende Persönlichkeit! Das gefällt mir.

Also bin ich mir nicht ganz sicher, was du damit meinst, dass du nicht in der Lage bist ... Die Artikel, die ich gesehen habe, deuten klar auf das Gegenteil hin! Ich würde es überhaupt nicht erwähnen, wenn es in letzter Zeit nicht recht schwierig für mich gewesen wäre. Ich hatte in den vergangenen Jahren mehrere gesundheitliche Probleme, und so etwas summiert sich. Ich weiß, es ist eine ganze Weile her, aber wir sind Familie, und Familie ist heilig. Außerdem hoffe ich, dass dir klar ist, dass ich mehrere Jahre lang Geld für dich und deine Mutter geschickt habe. Vielleicht haben sie und ihre Eltern dir nichts davon gesagt, aber so war es. Sie haben mich nie gemocht. Ich weiß, es ist einfach, mich als den Bösen hinzustellen, wenn ich auf diese Weise gehen musste, aber ich habe ehrlich versucht, dich anständig zu behandeln, und ich hatte gehofft, du könntest versuchen, auch etwas für mich zu tun.

Antwort

Mir war nicht bekannt, dass du irgendwann Geld geschickt hast. Wenn mir das verschwiegen wurde, tut es mir sehr leid. Am Ende hätten wir definitiv etwas mehr Geld gebrauchen können, als Mutter krank war.

Zu der Frage, was ich tun oder nicht tun kann: Ich verstehe, welchen Eindruck es von außen machen dürfte, aber ich möchte versuchen, ein wenig klarzustellen, wie Start-up-Geld in Wirklichkeit aussieht. Du liest eine Schlagzeile mit 100 Millionen und reißt die Augen auf. Aber das ist nur das Geld, das die FIRMA hat. Und das meiste davon liegt nicht auf der Bank, sondern ist uns nur anvertraut. Als Teileigentümer gehört mir davon ein ANTEIL (der gar nicht so groß ist, wie du vielleicht denkst). Aber dieses Geld ist kein Bargeld. Es ist wie eine Aktie auf etwas, das ich nicht verkaufen kann. Denn erstens werden wir nicht öffentlich gehandelt, und zweitens, wenn ein Gründer anfängt, seine Anteile privat zu verkaufen, macht das einen RICHTIG schlechten Eindruck. Der Wert würde sofort in den Keller rutschen, UND ich würde vermutlich sehr schnell meinen Job verlieren, weil es den Anschein erweckt, dass mir die Firma gar nicht wichtig ist.

Worüber ich verfüge, ist lediglich ein GEHALT. Und mein Gehalt muss vom Vorstand genehmigt werden, auf der Basis dessen, was ich in anderen Firmen verdient habe / verdienen könnte. Und in Silicon Valley gilt die allgemein akzeptierte Regel, dass jemand, der an sein Unternehmen glaubt, versucht, das geringstmögliche Gehalt einzustreichen.

Also werde ich absolut transparent sein. Ich entlohne mich mit einem anständigen Gehaltsscheck in Höhe einer kleinen sechsstelligen Summe pro Jahr. Was bedeutet, dass ich angesichts der Lebenshaltungskosten hier keine Unmengen Geld herumliegen habe. Außerdem zahle ich immer noch einen happigen Anteil meines Studentendarlehens ab, genauso wie Kreditkartenschulden aus den Monaten, als ich für die Sache gearbeitet habe, bevor ich irgendein EINKOMMEN hatte. Und meine Frau Leila und ich würden sehr gern ANFANGEN, auf ein Haus zu sparen! Wenn du möchtest, dass ich dir ein Flugticket bezahle, kann ich das tun, aber ich werde dir kein Geld schicken.

Antwort

Lieber Benjamin,

mein Sohn, von allem, was mit deiner Mom geschehen ist, habe ich erst Jahre nach ihrem Tod erfahren. Das tut mir furchtbar leid, und ich wünschte, ihre Eltern hätten sich mit mir in Verbindung gesetzt. Ich möchte wieder Teil deines Lebens sein, nur dass ich nicht in der Lage bin, mir mal schnell ein Flugticket zu kaufen. Ich bin ein alter Mann und habe hier mit großen Schwierigkeiten zu kämpfen, Du sitzt auf Millionen, bist mit Millionen verheiratet, und ich weiß, dass du es dir leisten kannst, ein wenig abzugeben. Wenn du warten möchtest, bis ich es mir leisten kann, meinen Arbeitsplatz zu verlassen und quer durch das Land zu fliegen, nur für einen Besuch, dann stehen wir wahrscheinlich wieder genau da, wo wir angefangen haben. Ich finde es traurig, dass mein Fleisch und Blut kein Vertrauen in die eigene Familie setzt.

Antwort

Meine Fresse, du bist unglaublich! Es gäbe eine Million Sachen, die ich dir jetzt sagen möchte, aber ich werde es auf den Punkt bringen und nur den einen erwähnen, auf den es ankommt.

VIELEN DANK! Danke, dass du vor etlichen Jahren gegangen bist und mir deine üble Scheiße erspart hast. Danke, dass du mir gezeigt hast, dass ich mich allein in der Welt behaupten muss, weil mich das zu dem gemacht hat, der ich heute bin. Danke, dass du mir gezeigt hast, dass eine Familie nicht nur das ist, was einem gegeben wurde, sondern etwas, für das man sich ENTSCHEIDET. Und heute habe ich eine Frau, die zu mir steht, komme, was da wolle, und einen Partner, der wie ein Bruder für mich ist. Das ist MEINE Familie. Und das Letzte, was ich brauche, ist ein alter Mann, der jetzt aus irgendeinem verdammten Loch hervorkriecht, um mir das zu nehmen, was ich mir verdient habe.

Also danke, und nun verpiss dich.

Weiterleitung des vorigen E-Mail-Wechsels

Von: Ben Boyce
An: Adhvan Chaudry

Hey Mann, schau dir die »Unterhaltung« mit meinem Dad an. Anscheinend hattest du recht. Wahrscheinlich kennst du mich viel zu gut. Macht mich fertig, dass ich von so etwas herkomme, macht mich einfach wahnsinnig, dass ich eines Tages vielleicht genauso werden könnte. Also ja, ich wollte dir nur sagen, dass du mich unbedingt ERSCHIESSEN sollst, wenn das passiert.

Antwort

B.,

dies ist ein Moment, in dem es mich nicht freut, recht zu behalten.
Tut mir leid, wenn ich meine Nase voreilig irgendwo reingesteckt habe.
Ich wollte nur helfen.
Ich weiß ein paar Sachen über gescheiterte Väter, und es wird dir ohne ihn besser gehen.
Aber viel wichtiger ist, dass du NICHT so bist wie er.
Schon jetzt als Ehemann und eines Tages zweifellos als Vater.
Ich muss nicht auf dem Prototyp nachsehen, dass es so besser für dich ist.
Deine Zukunft wird anders verlaufen.
Und ja, ich verspreche dir, dich nötigenfalls zu erschießen :)

A.

Auszug aus dem Protokoll der Kongressanhörung vom 1. Dezember 2022

BOYCE: Hören Sie, ich würde lieber nicht all diese Sachen aus meinem Privatleben hervorkramen. Das ist eine altbekannte Geschichte, okay? Ich bin an Geld gekommen, und deshalb hat es Probleme gegeben. Ich glaube nicht, dass wir uns hier die ganze Soap-Opera anschauen müssen.
REP. MICHELLE BAXTER (D-GA): Mr. Boyce, unser Interesse an diesen Angelegenheiten hat nichts mit Sensationsgier zu tun. Wir möchten uns informieren, wie diese Technologie das Leben von Millionen Nutzern beeinflussen wird. Es spielt *sehr*

wohl eine Rolle, wie sie sich auf zwischenmenschliche Beziehungen auswirkt.

BOYCE: Sie können eine Technologie nicht verbieten, weil sie *möglicherweise* Einfluss auf Beziehungen mancher Menschen hat. Handys, Dating-Apps, all diese Dinge unterstehen nicht der Aufsicht des Kongresses. Wir reden hier nicht über Leben oder Tod.

REP. MICHELLE BAXTER (D-GA): Es steht Ihnen nicht zu, den Geltungsbereich parlamentarischer Aufsicht zu definieren. Und ihre eigene Zeugenaussage hat auf Möglichkeiten hingedeutet, dass diese Technologie tatsächlich zu Situationen führt, in denen es um Leben oder Tod geht.

BOYCE: Okay, ja, aber wir erwarten, dass unser Gerät insgesamt das Leben und die Sicherheit aller Menschen verbessern wird.

REP. MICHELLE BAXTER (D-GA): Insgesamt? ... Mr. Boyce, da Sie in die Zukunft sehen können, möchte ich Sie fragen: Gibt es Menschen, die infolge Ihrer Technologie sterben werden?

BOYCE: Nun ... das hängt davon ab, was Sie mit »infolge« meinen.

REP. MICHELLE BAXTER (D-GA): Diese Antwort ist kaum dazu geeignet, Vertrauen zu erwecken.

BOYCE: Hören Sie, das ist eine Waymo-Situation.

REP. MICHELLE BAXTER (D-GA): Wie bitte?

BOYCE: Selbstfahrende Autos. Jeder weiß, dass sie kommen werden, die Frage ist nur noch, wann und wie. Die Leute streiten sich darüber, ab welchem Grenzwert man sie auf die Straße lassen darf. Wie sicher ist sicher genug, okay?

Der Punkt ist aber, dass sie schon jetzt startbereit sind, und sie sind sogar viel sicherer als menschliche Fahrer. Auf alle hundert Millionen Meilen mit menschlichen Fahrern kommen etwa zwei Todesopfer. Mit selbstfahrenden Autos fällt diese Quote um 30 bis 40 Prozent. Das heißt, wenn wir komplett auf autonomes Fahren umstellen, würden wir allein in den USA mehrere hundert Menschenleben retten. Aber wir haben so große Angst davor, dass Menschen *durch* die Technologie sterben, dass wir uns Veränderungen verweigern, die es der Technologie ermöglichen würden, summa summarum Leben zu retten. Was meiner Ansicht nach mit der Auswirkung vergleichbar ist, die wir von einer weitverbreiteten Nutzung von The Future erwarten können.

REP. MICHELLE BAXTER (D-GA): Ich werde einfach meine Frage wiederholen, Mr. Boyce, und Sie daran erinnern, dass Sie vereidigt und verpflichtet sind, wahrheitsgemäß zu antworten: Wird es, auf Grundlage der Daten, die Sie gesammelt haben, Menschen geben, die infolge Ihrer Technologie sterben werden und die andernfalls nicht gestorben wären?

BOYCE: Eine sinnvollere Weise, es zu betrachten, lässt sich so zusammenfassen: Wenn unsere Technologie eingeführt wird, rechne ich damit, dass infolge der Einführung insgesamt weniger Menschen sterben werden. Aber ja, natürlich, es wird einige Menschen geben, die in gewissen Situationen, die damit zusammenhängen ... sterben werden, ja.

ELF

E-Mail vom 3. Mai 2022

Von: Ben Boyce
An: Adhvan Chaudry

Hey Mann, heute hab ich in den Nachrichten den angehängten Artikel gefunden. Bin deswegen ziemlich nervös. Das müssen wir uns genauer ansehen und überlegen, was wir tun können.

Anhang:

Nachrichtenartikel,
Download durch den Prototyp TF1

Überflutung von »The Future«-Läden
vermutlich durch Cyberangriff ausgelöst
3. Mai 2023, San Francisco, CA

Die ersten Kunden strömten morgens in den Flagship-Store des Unternehmens im Mission District, als plötzlich der Alarm ertönte und die Feuerlöschanlage an der Decke ausgelöst wurde. Während ein Regenguss das Ladengeschäft überflutete, führten die Angestellten zügig die Kunden nach draußen und deckten so viele der Ausstellungsgeräte ab wie möglich. Es entstand ein größerer Schaden, sowohl am teuren Inventar als auch an dem ohnehin umstrittenen Ruf der Firma.

Nahezu identische Szenen spielten sich in fünf anderen Ladengeschäften im ganzen Land ab, in Los Angeles, Las Vegas, Austin, Chicago und New York, alle zum exakt gleichen Zeitpunkt. Laut offiziellem Bericht bestand in keinem der Geschäfte die tatsächliche Gefahr eines Brandes. Man geht eher davon aus, dass die Systeme durch einen koordinierten Hack aktiviert wurden, der auch Versuche einer Abschaltung verhinderte.

Infolgedessen strömte das Wasser über Stunden durch die Innenräume der Geschäfte, bis die Feuerwehr eintraf und die Systeme manuell deaktivieren konnte. Nach ersten Berichten gab es keine Verletzten, doch Inventar im geschätzten Wert von mehr als 5 000 000 Dollar wurde beschädigt.

Ermittler der Polizei und des FBI bemühen sich noch, die Verantwortlichen zu identifizieren. »Auf Grundlage der vorläufigen Beweise sind wir davon überzeugt, dass es ein gezielter Angriff war«, sagt Raymond Bautista, der Polizeichef von San Francisco. Die Ermittler durchsuchen die Ladengeschäfte nach physischen Beweisen, was nach ihren Angaben mehrere Tage dauern könnte, während auch die FBI-Taskforce für Cyberterrorismus ihre Ermittlungen aufgenommen hat.

Die Vielzahl der Angriffe war offenbar das Resultat einer koordinierten Aktion, die von einer Tätergruppe ausgeführt wurde, die in mehreren Städten aktiv ist. Ben Boyce, der Geschäftsführer von The Future, scheint diese Ansicht zu bestätigen: »Wir sind das Ziel einer Randgruppe von Maschinenstürmern, die die weitverbreitete Begeisterung für unsere Technologie nicht bedenken.« Er fügt hinzu, dass für die Kunden kein Grund zur Besorgnis besteht. »Wir schauen nach vorn und werden unsere Sicherheitsprotokolle überprüfen, sowohl in unseren Geschäften als auch online.«

Seit die Technologie von The Future Anfang des Jahres für die Öffentlichkeit zugänglich wurde, gab es höchst kontroverse Diskussionen. Während viele frühe Nutzer sie als großen Fortschritt für die Informationsökonomie preisen, haben Thinktanks vor der potenziellen Gefahr gewarnt, allgemeines Chaos zu verbreiten. Einige religiöse Gruppen betrachten sie als Anzeichen für das Ende der Welt, und gewisse Sekten haben geschworen, mit allen nötigen Mitteln Widerstand zu leisten. Beobachter der Regierung debattieren weiterhin über Regulierungen, die vorschreiben würden, wie und ob die Geräte überhaupt verkauft werden dürfen.

Gegenwärtig gibt es keine Pläne, den Vertrieb des Produkts The Future 1 einzustellen oder die Arbeit des Unternehmens einzuschränken.

NACHTRAG:

Zum Redaktionsschluss hat diese Zeitung es abgelehnt, sich an der Veröffentlichung prognostizierter Informationen zu beteiligen, die unter Verwendung von The Future 1 gewonnen wurden. Solange wir nicht davon überzeugt sind, dass es sich bei The Future 1 um eine zuverlässige Informationsquelle handelt, werden wir keine solchen Prognosen als Nachrichten verbreiten.

Antwort

B.,

ja, das ist sehr bedauerlich.
Aber nicht allzu überraschend, da wir bereits mit einigem Widerstand gerechnet haben.
Und nachdem wir wissen, wie unsere Technologie funktioniert … was können wir jetzt tun?

A.

Antwort

Kumpel, das bedeutet, dass manche Leute aktiv versuchen werden, unsere Firma zu SABOTIEREN. Und schau dir doch an, wie sie es machen! Es ist wie unser Streich damals in der Bibliothek. Es ist jemand, der UNS KENNT und uns verunsichern will. Wir müssen herausfinden, wer das tut, und es dann verhindern.

Antwort

B.,

die Verbindung zur Bibliothek … vielleicht.
Aber das ist eine ziemlich übliche Methode, einen Cyberangriff mit realen Auswirkungen durchzuziehen.
Doch viel wichtiger ist die Frage, warum wir uns die Mühe machen sollten, präventiv zu ermitteln, obwohl wir doch wissen, dass wir nichts dagegen tun können?

Oder um es anders zu formulieren: Wenn wir etwas daran ändern könnten, wäre unsere Technologie nutzlos.
Dann wäre das, was sie sieht, nicht die Zukunft, sondern nur eine mögliche Zukunft. Wenn das der Fall ist, würde unser ganzer Geschäftsplan in sich zusammenstürzen.

A.

Antwort

Das sehe ich anders. Ich finde, dass wir eine MENGE tun können. Sicherheitsprotokolle verschärfen. Herausfinden, wer das tun wird, und diese Leute aufhalten! Wir haben ein Jahr Zeit, also wollen wir die Helden sein und das Geheimnis knacken und DEN LADEN RETTEN. Ich werde Paolo einweihen, damit er uns dabei helfen kann.

Antwort

B.,

schick das nicht an Paolo. Oder an sonst jemanden.
Versuche nicht, mehr Informationen über die Verantwortlichen zu bekommen.
Wenn wir das tun, würden wir nur unser Schicksal mit ihrem verstricken.
Denk an die Mutter, die wir in Oakland retten wollten.
Du würdest nur dasselbe Resultat bewirken.
Du musst diesen Artikel vergessen und löschen.

A.

Antwort

AUF GAR KEINEN FALL! Kein Okay. Ich werde Paolo aus dem Spiel lassen, ja, gut, aber wir müssen uns etwas überlegen. Das werde ich nicht einfach aussitzen.

Antwort

B.,

schau dir an, was mit Nikolai passiert ist.
Er hat seine eigene Zukunft gesehen …
und soweit wir es einschätzen können, hat genau das zu seinem Tod geführt.
Vor allem solltest du über deine eigene Rolle in dieser Situation nachdenken.
Wärst du nicht da gewesen und hättest du nicht mit ihm über die Technologie diskutiert …
wäre seine Geistesverfassung anders gewesen …
dann wäre sein Schicksal (und die Zukunft, die er gesehen hat) vielleicht völlig anders abgelaufen.

A.

Antwort

Mann, das ist ein Schlag unter die Gürtellinie, wenn du jetzt Nikolai ins Spiel bringst. Das ist so mies, dass ich gar nicht weiß, wo ich anfangen soll.

Bist du wirklich nicht bereit, hier in Aktion zu treten? Extrem enttäuschend. Das ist nicht der Adhi, den ich kenne. Der

Adhi, den ich kenne, ist ein verdammter INGENIEUR. Und als ich dich im ersten Semester gefragt habe, was das eigentlich bedeutet, hast du mir erklärt, dass es sich um einen PROBLEMLÖSER handelt.

Also wird es Zeit für einen nächsten Schritt. Wir brauchen eine Maschine, die über »nur Information« hinausgeht. Eine, mit der man Dinge wirklich ÄNDERN kann. Andernfalls befinden wir uns auf einem Kollisionskurs mit einem Eisberg der Unvermeidbarkeit.

Kurz gesagt: Ja, wir haben hier ein Problem. Wir beide, gemeinsam. Willst du jetzt aussteigen und deinen Freund im Regen stehen lassen? Oder schnallst du dich an und gibst dir Mühe, eine LÖSUNG zu finden?

Blog-Post auf Tumblr, 6. Mai 2022

Das Schwarze Loch:
Gedanken eines anonymen Sci-Fi-Superfans

»Krishna war ein Alien«

Ich möchte dafür plädieren, religiöse Texte als Science Fiction zu klassifizieren.

Wir sind hinreichend gebildet, um irgendwelche Tatsachenbehauptungen zu übergehen, die darin aufgestellt werden ...

und dennoch können sie uns unterhalten oder gar erleuchten, wenn wir sie als erfundene Geschichten über außerirdische Wesen betrachten.

Die Sci-Fi beschäftigt sich wie die Religion mit den großen Fragen, dem Kosmos.

Es geht um epische Metaphern, die die Natur des Menschen erkunden.

Als das letzte Mal eine »große« Religion erfunden wurde (vor 50 Jahren),

wurde sie Scientology genannt, und sie ist von einem gescheiterten Sci-Fi-Autor erdacht worden.

Vielleicht können wir uns alle darauf einigen, die Bibel weniger als heilige Schrift zu sehen,

sondern eher als Vorläufer von *2001* und *Dune*.

Da ich in der hinduistischen Religion meiner Familie bewandert bin,

habe ich mich neulich zur *Bhagavad Gita* hingezogen gefühlt,

die erheblich lesbarer wird, wenn man sie als Geschichte über einen Besuch von Aliens interpretiert.

Die ganze Sache beginnt mit Arjuna, der auf einer Anhöhe sitzt,

bereit, seine Männer in die Schlacht zu führen.

Er will unbedingt siegen, um sich zu beweisen.

Dann steigt der vielköpfige Gott Krishna in einem fliegenden Wagen zur Erde hinab (offensichtlich ein Raumschiff, das in der vor 2000 Jahren verfügbaren Sprache beschrieben wird).

Krishna ist ein vierdimensionales, zeitloses Wesen,

das fähig ist, alle vergangenen, gegenwärtigen und künftigen Ereignisse zu sehen

(ungefähr wie die Tralfamadorianer in *Slaughterhouse Five*).

Krishna offenbart Arjuna den Ausgang der Schlacht,

und obendrein die Sinnlosigkeit des Krieges, den er führt.

Die Illusion und Vergeblichkeit aller menschlichen Unternehmungen.

Nachdem diese Weisheit vermittelt wurde, ist Arjuna bereit, alles hinter sich zu lassen,

die Schlacht abzusagen und mit seinen Männern heimzukehren.

Doch Krishna widerspricht ihm.

Wenn er geht, wird er allein gehen.

Er muss sein Dharma (seine Pflicht) erfüllen.

Also ist Arjuna gezwungen, zu kämpfen und das Schlachtfeld mit Blut zu tränken,

obwohl er es besser weiß.

Die meisten Gelehrten sehen in seinem Dilemma eine Frage des Schicksals,

aber ich würde es eher als Fluch der Erleuchtung bezeichnen.

Jemand erkennt die Vergeblichkeit und Sinnlosigkeit von allem

und steht dennoch unter dem Druck zu gewinnen,

will dennoch verzweifelt seinen Mut beweisen,

ist dennoch an andere Menschen gebunden, an seine Armee.

Er hat keine andere Wahl, als sie ins Gefecht zu führen,

denn wenn er seine Pflicht nicht erfüllt, weiß er nicht, wer er ist.

Das Wissen und die Weisheit der Götter retten ihn nicht,

sie entfremden ihn lediglich von seinen Männern,

womit er zutiefst und ganz und gar allein ist.

Auszug aus dem Protokoll der Kongressanhörung vom 1. Dezember 2022

SEN. ELEANOR BALLENTINE (R-NC): Mr. Boyce, haben Sie zumindest schon einmal bedacht, welche weitergehenden Auswirkungen diese Technologie auf einer moralischen und spirituellen Ebene haben könnte?

BOYCE: Wie bitte?

SEN. ELEANOR BALLENTINE (R-NC): Ich meine, was das für die *Seele* einer Person bedeuten könnte, die sie benutzt.

BOYCE: Nein, Ma'am, ich betrachte es eigentlich nicht als die Aufgabe einer Anhörung zu wissenschaftlich-technischen Themen, auf solche ... religiösen Fragen einzugehen.

SEN. ELEANOR BALLENTINE (R-NC): Ich spüre, wie Sie innerlich über meine Frage lachen, und mir ist bewusst, dass ein kalifornischer Liberaler wie Sie nicht allzu viele Gedanken an solche Angelegenheiten verschwendet. Doch als Repräsentantin meiner Wählerschaft, die sich zu 90 Prozent als christlich identifiziert, und all jener Menschen, die von Ihrer Technologie betroffen sein werden, finde ich, dass Sie überlegen sollten, wie sich eine Maschine, die praktisch den freien Willen auslöscht, auf die ewige Seele in uns allen auswirken könnte.

BOYCE: Haben Sie eine konkrete Frage, die ich hier beantworten soll?

SEN. ELEANOR BALLENTINE (R-NC): Das Buch der Offenbarung bezieht sich auf »einen charismatischen Führer, der die Welt mit seiner Gabe der Prophezeiung täuschen wird«.

BOYCE: Oh, dann bin ich also einer der apokalyptischen Reiter.

SEN. ELEANOR BALLENTINE (R-NC): Sie sind es, der das gesagt hat. Matthäus erklärt uns, dass es ohne Wahl keine Tugend gibt, doch Ihre Maschine nimmt uns jede Wahl. Und

unsere Nation wurde auf dem Wert der Freiheit aufgebaut, und dennoch geben Sie uns eine Technologie, die uns sagt, dass wir keine Wahl haben.
BOYCE: Hören Sie ... ich bin hier nicht der Böse. Unsere Technologie zerstört nicht das Gefüge des Kosmos, sie liefert lediglich Informationen. Und ich habe mich aktiv dafür eingesetzt, die Möglichkeit der freien Wahl zu bewahren, von Anfang an. Ich bin zuversichtlich, dass wir mit der Zeit, wenn wir mit unserer Technologie die nächste Stufe erreicht haben, tatsächlich ein ganz neues Level persönlicher Freiheit eröffnen werden.
SEN. ELEANOR BALLENTINE (R-NC): Was meinen Sie mit der nächsten Stufe?
BOYCE: Tut mir leid, aber ich bin weder imstande noch bereit, zum gegenwärtigen Zeitpunkt darüber zu sprechen.

Antwort (auf Boyce' frühere E-Mail) vom 7. Mai 2022

Von: Adhvan Chaudry
An: Ben Boyce

B.,

ich habe etwas genauer über das Thema Einflussmöglichkeit und Unvermeidlichkeit nachgedacht.
Hier sind meine Ergebnisse:
Unsere Erfindung scheint die Newton'sche Vorstellung des »Universums als Uhrwerk« zu bestätigen.
Eine große, ineinandergreifende Maschine.
Alle Teile, alle Atome arbeiten zusammen,
auf eine Weise, die grundsätzlich unveränderbar ist.

Nichts kann durch die Technologie, die wir geschaffen haben, verändert werden,
weil es nur *Informationen* sind, die durch die Zeit übertragen werden.
Um »Dinge zu ändern«, müsste man die Funktion der Maschine stören.
Sozusagen einen Schraubenschlüssel ins Getriebe werfen.
Dazu würde man ein Gerät benötigen, mit dem man *physisch* durch die Zeit reisen könnte.
Was, wie ich bereits gesagt habe, theoretisch unmöglich ist.
Und bevor du jetzt Freudentänze aufführst ...
»theoretisch unmöglich« heißt nicht einfach nur »sehr schwierig«.
Es heißt, dass es mathematisch keinen Sinn ergibt.
Es heißt, wir würden eine unendliche Energiedichte benötigen (in der Größenordnung eines Schwarzen Lochs).
Das sind Fantasien auf dem DeLorean-Level.
Schlag sie dir am besten gleich aus dem Kopf.

A.

Antwort

Komm schon, ich glaube an dich. Und im Moment haben wir ein funktionierendes Produkt, finanzielle Mittel ohne Ende und den garantierten Erfolg unserer Markteinführung. Letzte Woche haben wir diese Evelyn von Microsoft abgeworben – du hast selbst gesagt, dass sie in Computerwissenschaft sogar noch besser ist als du – also übernimmt sie jetzt die laufenden Wartungsarbeiten ...

Und in der Zwischenzeit richten wir dir ein kleines Nebenlabor ein, irgendeine streng geheime Scheiße, und du bist dort nur für ein paar Stunden pro Woche, um irgendwelche Einstein-Magie auf die Whiteboards zu zaubern oder was weiß ich …

Ich habe ein kleines Geschenk für dich besorgt, es wird morgen geliefert :)

Antwort (am folgenden Tag)

B.,

danke für den DeLorean.
Das ist das Albernste, was ich je gesehen habe,
und ich liebe es.
Letzten Endes ist es meine Pflicht zu dienen.
Du bist der Boss. Der Gott von The Future.
Wenn du sagst, so soll es sein, dann glaube ich daran.
Ich werde loslegen und Möglichkeiten erkunden,
um zu sehen, ob wir das Uhrwerk-Universum knacken können.

A.

ZWÖLF

Offizielle Sicherheitsbeschwerde, eingereicht am 4. Juni 2022

Sehr geehrte Damen und Herren,

hiermit teilen wir Ihnen mit, dass die Börsenaufsichtsbehörde aktive Ermittlungen gegen die Firma oder das Unternehmen aufgenommen hat, das unter dem Namen The Future LLC gegründet wurde.

Unsere Aufmerksamkeit wurde auf The Future gelenkt, als anonyme Personen meldeten, die Nutzung der Technologie des Unternehmens könnte eine Verletzung des Insider Trading and Securities Act von 1988 darstellen (Verordnung 17 CFR 240.10b5-1).

Ihnen wird zur Kenntnis gegeben, dass Zwangseinziehungen sachdienlicher Informationen erfolgen werden, und empfohlen, Rechtsbeistand in Anspruch zu nehmen. Überdies weisen wir Sie darauf hin, dass es mit dem Eingang dieser Mitteilung eine strafbare Handlung darstellt, irgendwelche Dokumentationen, die für diese Ermittlungen sachdienlich sein könnten, zu vernichten, zu entfernen oder zurückzuhalten.

Martin Sloe
Leitender Ermittler
Federal Securities and Exchange Commission

E-Mail vom 7. Juni 2022

Von: Ben Boyce
An: Leila Keener-Boyce

Hey Prinzessin, danke, dass du dir das anschaust. Ich weiß, dass ich ausgerastet bin, als ich angerufen habe, aber das war vor einer Weile, und jetzt bin ich wieder ganz ruhig. Ich möchte nur sagen, wie dankbar ich dir bin, wenn du irgendwie helfen kannst. Tut mir leid, dass ich dich angebrüllt habe. Ich kann einfach nicht einschätzen, wie groß diese Sache sein wird.

Antwort

Schatz, ich verstehe, dass du dich hier ziemlich getriggert fühlst. Ein Start-up ist wie ein eigenes Baby, und dein vegetatives Nervensystem wird aktiviert, weil es so ist, als würde dein Kind bedroht werden. Denk einfach dran, dass die Gefahr nicht von mir ausgeht. Ich bin auf deiner Seite.

Um es in die richtige Perspektive zu rücken, solltest du dir klarmachen, dass so etwas völlig normal ist. Etwa eins von drei neuen Unternehmen muss in den ersten Jahren erhebliche juristische Hürden überwinden. Im Valley betrifft es eher eine von zwei Firmen. Die Leute in dieser Behörde stürzen sich auf dich, weil sie wissen, dass du eine große Sache aufziehst, und davor haben sie Angst.

Antwort

Absolut. Ich dachte nur, dass die Kanzlei deines Vaters vielleicht hilfreich wäre. Du könntest den Fall einbringen, und er könnte ihn vielleicht einfach absegnen. Ich brauche so viel Feuerkraft wie möglich, um diese Scheiße abzuwehren.

Antwort

Das ist eine durchaus verständliche Reaktion, aber wenn du meinen Vater damit beauftragen willst, werde ich persönlich wohl Abstand von der Sache nehmen. Ich kann es mir einfach nicht leisten, noch tiefer in seine Angelegenheiten verstrickt zu werden als bisher. All die kleinen, subtilen Familienmachtspiele, die mein Arbeitsleben schon jetzt durchdringen, würden um eine weitere Stufe gesteigert werden, wenn du involviert bist.

Und in rein praktischer Hinsicht möchte ich dich darauf hinweisen, dass sich seine Kanzlei in der Vergangenheit immer wieder auf unangenehme Weise in die Firmen ihrer Klienten eingebracht hat. Das heißt, am Ende gehört ihm ein großer Anteil der Start-ups, die er repräsentiert. Und offen gesagt weiß ich, dass er immer noch gekränkt ist, weil du sein Investitionsangebot abgelehnt hast (was, damit das klar ist, zu 100 % die richtige Entscheidung war).

Aber es liegt natürlich ganz bei dir. Ich verstehe, dass es sich um eine große, verlockende Kanzlei handelt.

Antwort

Nein nein, du hast recht. Ich habe einen Spaziergang gemacht, und nun ist mein Kopf wieder klar. Ich kann es mir nicht leisten, dass irgendein großes Juristenteam in unserer ganzen Scheiße herumpfuscht. Unsere Sicherheit ist ENORM wichtig, und wenn bei diesem Vorgang irgendetwas durchsickert, sind wir total im ARSCH. Das lohnt sich nicht. Weder für die Firma noch für uns.

Ich vertraue DIR. Das ist der Punkt. Und im Moment gibt es kaum jemanden, dem ich sonst noch vertrauen kann. Also habe ich mit Adhi und Paolo gesprochen, und beide sehen das entspannt, also möchte ich vorschlagen, dass du für uns arbeitest.

Ich meine das völlig ernst. Kündige deinen Job, hör auf, für deinen Vater zu arbeiten, Punkt. Wir holen dich als offizielle Leiterin der Rechtsabteilung an Bord und bieten dir eine angemessene Bezahlung (ich denke, etwas wie 250K ist angesichts unserer Finanzausstattung angemessen und machbar) plus Aktienoptionen. Leg morgen los. Wir brauchen auf jeden Fall jemanden in Vollzeit, und du weißt ja, was Sache ist.

Ich möchte gar nicht erst so tun, als wäre es etwas anderes als ein Riesenhaufen Arbeit. Du weißt längst, dass Goliath hinter uns her ist … und es gibt eine Grenze, wie viele Leute wir unter dir arbeiten lassen können. Aus Gründen der Finanzierbarkeit und der Sicherheit.

ABER die angenehme Seite wäre, dass wir SEHR viel mehr Zeit miteinander verbringen werden. Ich weiß, das ist zwar nicht das, was das Wörterbuch der Liebe unter »schöne Momente« versteht, aber es wird zumindest ein BISSCHEN so sein.

Antwort

Hi Schatz, das kommt superplötzlich und drastisch. Ich meine, erst mal vielen Dank für das Angebot. Es bedeutet mir wirklich sehr viel, dass du genug an mich glaubst, um mir einen solchen Vorschlag zu machen. Und ich glaube auch, dass es Spaß machen könnte, wenn wir zusammenarbeiten, solange ich *mit* dir und nicht für dich arbeite.

Aber du weißt, wenn ich mich nach oben arbeiten will, brauche ich mehr Bürozeit in einer angesehenen Kanzlei, was bedeutet, dass ich für mindestens weitere neun Monate an diesen Schreibtisch gefesselt bin. Ich sage nicht Nein, ich brauche eben nur etwas mehr Zeit, um darüber nachzudenken und einen Übergangsplan vorzubereiten, falls ich mich umorientieren will.

Antwort

Natürlich, aber sicher. Ich denke, ich hatte gehofft, dass du genug an mich und dieses Unternehmen glaubst, um es durchzuziehen. Wenn es deine Situation nicht zulässt, verstehe ich das, alles gut, aber dann werden wir vermutlich jemand anderen holen, denn wegen diesem Börsenaufsichtsscheiß hätten wir eigentlich schon gestern jemanden gebraucht.

Es sieht folgendermaßen aus. Ich habe einen zuverlässigen Blick in die Zukunft dieses Unternehmens geworfen – in die Zukunft dieser WELT und auf die Rolle, die dieses Unternehmen darin spielt –, und ich weiß, dass es eine glänzende Zukunft sein wird. Ich möchte nur das Beste für dich, und ich würde es dir nicht anbieten, wenn ich nicht davon überzeugt wäre, dass es eine einmalige Gelegenheit wäre.

Ich weiß, dass wir uns gegenseitig ausgleichen. Ich bin das Gaspedal und du die Bremse, ich bin der Träumer und du die

Realistin, jeder von uns hat seine Höhen und Tiefen, und deshalb sind wir so gut. Überleg es dir.

Vor fünf Jahren habe ich dir gesagt, dass ich nicht heiraten mag, bevor mir meine Zukunft klar ist … und du hast mich überzeugt, dass Liebe manchmal bedeutet, einen Sprung zu machen. Vielleicht ist dies ein solcher Moment. Liebe mich … liebe The Future :)

Antwort

Ich glaube, du hast mir per Brief oder Postkarte noch nie etwas so Gefühlvolles wie diese E-Mail geschrieben. Aber ich wusste, was ich unterschreibe, als ich dich geheiratet habe, und ich möchte mir diese Gelegenheit nicht entgehen lassen – oder die Chance, gemeinsam etwas Großes aufzubauen. Also ja … ich bin dabei :)

Okay, ich werde jetzt einen Kündigungsbrief entwerfen. Verdammt, mein Dad wird ausrasten.

Auszug aus dem Protokoll der Kongressanhörung vom 1. Dezember 2022

SEN. ELIZABETH BYRNE (D-FL): Mr. Boyce, würden Sie uns bitte Ihre Entscheidung erklären, warum Sie Ihre Frau als Leiterin Ihrer Rechtsabteilung eingestellt haben?
BOYCE: Das war doch völlig klar. Sie ist die beste Anwältin und eine der intelligentesten Personen, die ich kenne, Punkt. Sie mag eine Gewinnerin sein, aber … sie arbeitet außerdem mit dem Herzen, mit Charakter und … auch mit Würde. Was will man mehr?
SEN. ELIZABETH BYRNE (D-FL): Wurden auch andere Personen für diese Position in Erwägung gezogen?

BOYCE: Wir mussten den Posten schnell besetzen. Und ... also, falls Sie andeuten wollen, dass es ein Fall von Klüngelwirtschaft war – auf gar keinen Fall. Leila war jung und selbstbewusst, genauso wie wir. Und sie war unglaublich gut qualifiziert. Die Beste ihres Studienjahrgangs, Abschluss cum laude. Und sie kam zu uns, nachdem sie sich durch ihre Arbeit in einer erstklassigen Anwaltskanzlei ausgezeichnet hatte.
SEN. ELIZABETH BYRNE (D-FL): Wo sie, um das klarzustellen, von ihrem Vater beschäftigt wurde.
BOYCE: Ja. Und? Hören Sie, Leila ist großartig in ihrem Job, sie ist brillant und superschlau, und ... in ihrer ganz besonderen Position ist sie uns eine große Hilfe gewesen.

Austausch von Textnachrichten

7. Juni 2022, 15.14 Uhr

Leila Keener-Boyce
Hey A., wie es aussieht, werden wir wieder zusammenarbeiten. Genau wie damals am College!

Adhvan Chaudry
Ja.
Manche Dinge scheinen sich nicht zu ändern.

Ha! Abgesehen von meiner Frisur, zum Glück.
Komm schon, du hast dich sehr verändert.

Fühlt sich aber nicht so an.

Immerhin bist du jetzt Millionär.

Fühlt sich aber nicht so an.

Alles klar, Marvin?

Ja, tut mir leid, bin nur müde.
Ben hat mich gebeten, dir Infos über die
Technologie zukommen zu lassen.
Ich schicke dir dann mal die Daten.
Und die ursprüngliche Forschungsarbeit
ist ein guter Anfang.

Okay, aber ich würde wohl kaum was verstehen.
Könnten wir uns vielleicht später treffen?
Es wäre erheblich einfacher, wenn du es persönlich
mit mir durchgehen würdest.

Genau wie im ersten Studienjahr.

Ha! Ja. Manches ändert sich nicht, oder?

Ich bin hier mit meinen Ingenieuren beschäftigt.
Komm gegen 6 im Büro vorbei, dann legen wir los.

Super! Ich bringe was vom Thai-Imbiss mit.
Stehst du immer noch auf Pad Si Yu mit Rindfleisch?

Jetzt Hühnchen.
Eine Sache ändert sich offenbar doch – mein Stoffwechsel.

Lol. Wir sehen uns.

8. Juni 2022, 7.18 Uhr

Hey …
Tut mir leid wegen gestern Nacht.
Bist du da?

8. Juni 2022, 7.35 Uhr

Ich hätte das alles nicht sagen sollen.
Ich bekomme nicht genug Schlaf.
Kann nicht mehr klar denken.
Ich werde wieder zu meinem Therapeuten gehen.
Und regelmäßig trainieren.

8. Juni 2022, 8.13 Uhr

Hey A. Tut mir leid, bin grad aufgestanden.
Du, alles gut. Ich werde Ben nichts davon erzählen.
Ich hatte keine Ahnung, wie viel du für dich behalten hast.
Ich wette, das war nicht einfach. Aber um meinen
Senf dazuzugeben und das Bild zurechtzurücken –
was du in deinem Kopf aufgebaut hast, entspricht nicht
der Wirklichkeit.
Was ich damit eigentlich sagen will: Ich bin nicht all das,
was du von mir denkst.

Doch, das bist du.
Aber es war nicht richtig von mir, das alles zu sagen.
Ich möchte dich in keine unangenehme Situation bringen.
Wahrscheinlich ist es besser, wenn ich von nun an
nur noch über E-Mail kommuniziere.

Damit du dich hinter deinem Bildschirm verstecken kannst?

Etwas in der Art.

Wie du meinst. Ich werde jetzt an
diesem Brief weiterarbeiten.
Ich schicke ihn dir später zur Begutachtung.

Nicht nötig. Du machst das bestimmt gut.
Feuer frei!

Blog-Post auf Tumblr, 8. Juni 2022

Das Schwarze Loch:
Gedanken eines anonymen Sci-Fi-Superfans

»Der Fluch«

Vampire werden im Allgemeinen dem Reich der Fantasy zugerechnet,

doch vielleicht verzeiht es mir mein kleiner Leserkreis,

wenn ich dafür plädiere, sie in den Sci-Fi-Kanon aufzunehmen.

Erstens, weil (wenn man von den magischen Fledermaus-Transformationen absieht) die Regeln wissenschaftlich sind: Ein Biss. Eine Infektion. Veränderung der Biochemie.

Langlebigkeit gegen einen neuen Appetit.

Obwohl diese Geschichten ihren Ursprung in der Schauerromantik haben,

ist die menschliche Wahrheit darin erhellend und tiefgründig,

weshalb wir uns immer wieder damit beschäftigen, Jahr für Jahr,

seit dem viktorianischen England bis hin zum modernen Jugendfernsehen.

Ich vermute, das Thema ist so elementar, weil wir alle

ihren endlosen, egoistischen, verheerenden *Hunger* nachempfinden können.

Die Art, wie ein Vampir liebt – vor dieser Liebe fürchtet sich doch jeder.

Mit einer endlosen Begierde, die das Objekt unserer Zuneigung auszehrt.

Wie Dracula Mina geliebt hat,

das ist der Fluch des Vampirs –

das Wissen, dass Begierde, wenn man ihr nachgibt, nur Elend nach sich zieht.

Für den Vampir kann Liebe nur ein unstillbarer Hunger sein,

weshalb (auch wenn ich damit vielleicht die eingefleischten Fans kränke

und mich als Nerd blamiere, wenn ich es sage)

es bislang auf die beste Weise in *Buffy* zum Ausdruck kam.

Das unmögliche Werden-sie-oder-werden-sie-nicht zwischen einem Vampir und einem Slayer

war einfach, elegant, sexy und witzig.

Buffy und Angel waren ebenbürtige Feinde, die zu unpassenden Verbündeten wurden,

und trotz der Qualen ihrer frustrierten Sehnsucht

war die Spannung zwischen ihnen etwas ganz Besonderes.

Sie hat sich aufgebaut, bis die beiden schließlich nachgaben und ihre Liebe vollzogen.

Doch in dem Moment (S2E14: »Der gefallene Engel«), als Angel das wahre Glück genoss,

war er nicht errettet.

Er war zerstört.

Und er wurde wieder zu einem Monster.

Wegen irgendeiner schwachsinnigen Geschichte, die etwas mit einem uralten Zigeunerfluch zu tun hatte,

doch selbst jene von uns, die nie einem Zigeuner begegnet sind, wissen …

wenn ich ein Vampir bin, werde ich niemals Liebe und Glück finden. Nie im Leben.

Deshalb sind die *Twilight*-Bücher ja auch so grässlich.

Nicht wegen des mittelmäßigen Prosastils, sondern wegen des Handlungsbogens,

der davon ausgeht, dass Bella, wenn sie selbst zum Vampir wird,

auf ewig mit Edward glücklich sein wird.

Diese Fantasie ist kindisch, weil sie suggeriert,

dass die Liebe auch die finstersten Persönlichkeiten heilen und erlösen kann.

Wer über 15 Jahre alt ist, erschaudert –

nicht wegen der unechten Düsternis der Geschichte, sondern wegen ihres Optimismus.

Die Evolution der Vampirromanze

Better.

WORST.

Wenn wir etwas aus Vampirgeschichten lernen können, dann die Wahrheit über die Liebe:

dass sie niemals zur Erfüllung führt,
sondern vielmehr ein endloses Verlangen ist.
Und wenn sich in diesem Leben Sinn und Glück finden lassen,
dann nur in einer unbefriedigenden Freundschaft.
Ich unterdrücke die Triebe, die zerstörerisch wären,
um das Objekt meiner Zuneigung vor mir selbst zu schützen.

Offizieller Widerspruch gegen die Sicherheitsbeschwerde durch die Börsenaufsicht

9. Juni 2022

Sehr geehrte Damen und Herren,

ich beziehe mich auf Ihre Mitteilung über die Aufnahme aktiver Ermittlungen gegen das Unternehmen The Future LLC (im Folgenden als »Unternehmen« bezeichnet), das von Benjamin Boyce und Adhvan Chaudry (im Folgenden als »Partner« bezeichnet) geleitet wird.

Als Rechtsbeistand fordere ich Sie auf, diese Ermittlungen unverzüglich einzustellen, und zwar aus folgenden Gründen:

1. Die Berufung auf den Insider Trading and Securities Act von 1988 (Verordnung 17 CFR 240.10b5-1) ist in dieser Situation unangebracht, da es sich bei dem Unternehmen (zum Zeitpunkt der Ermittlungen) nicht um eine börsennotierte Körperschaft handelt, weshalb es nicht den Bestimmungen des ITSA unterliegt.

2. Das Unternehmen und seine Partner haben keine spekulativen Kapitalanlagen getätigt, außer zum Zweck der Investition in ihr eigenes Unternehmen. Der ITSA wird ange-

wendet, um unangebrachtes Aktien-Dumping strafrechtlich zu verfolgen, doch das Gesetz ist nicht dazu gedacht, Unternehmer, die in ihr eigenes Projekt investieren, strafrechtlich zu belangen.

3. Die weiteren Investoren, die zur spekulativen Anschubfinanzierung beigetragen und Unternehmensanteile erworben haben, handelten nach Treu und Glauben, ausschließlich auf Grundlage von Informationen über das Unternehmen, die von dem Unternehmen zur Verfügung gestellt wurden, weshalb der Tatbestand des »Insiderhandels« nicht gegeben ist.

Aus diesen Gründen verweigern wir uns der Aufforderung, firmeneigene Daten und Informationen bereitzustellen, die von beträchtlichem Wert sind und Geschäftsgeheimnisse darstellen, bis ein Bundeskreisrichter eine Zwangseinziehung bestätigt und erlassen hat.

Hochachtungsvoll,
Leila Keener-Boyce
Leiterin der Rechtsabteilung
The Future LLC

Auszug aus dem Protokoll der Kongressanhörung vom 1. Dezember 2022

SEN. KAREN WILSON (D-NV): Mr. Boyce, die laufenden Ermittlungen der Börsenaufsicht sind in einem juristischen Morast festgefahren, der unter keinen Umständen …
BOYCE: Einen Moment, dazu möchte ich nur kurz etwas sagen. Dieser ganze Fall ist ein Holzhammerverfahren. Sie werfen uns alles Mögliche vor, auch wenn es überhaupt keinen Sinn ergibt, nur weil sie uns als Störer betrachten und sie unter dem

Einfluss der etablierten Machtstrukturen stehen. Womit ich Wall Street meine. Was wir machen, ist kein Insiderhandel, sondern ...
SEN. KAREN WILSON (D-NV): Hören Sie, ich habe die Widersprüche Ihrer Anwältin gelesen, all die relevanten Argumente. Meine Frage ist nun ... wie wird dieser spezielle Rechtsstreit *ausgehen*?
BOYCE: Offensichtlich weiß ich es nicht.
SEN. KAREN WILSON (D-NV): Aber Sie können in die Zukunft schauen. Sie haben Kapital beschafft, auf Grundlage der utopischen Visionen Ihres künftigen Erfolges. Sie sind doch sicherlich in der Lage, auch den Ausgang bedeutender Streitfälle vorherzusehen.
BOYCE: Nun ... unser Produkt hat ein Zeitfenster von einem Jahr. Das heißt, darüber hinaus ...
SEN. KAREN WILSON (D-NV): Ich bin mir dieses »Zeitfensters« bewusst. Ich habe dieses Konzept mit verschiedenen Wissenschaftlern besprochen. Und alle haben mir versichert, dass es keinen Grund gibt, sofern Ihre Technologie wirklich funktioniert, warum Sie nicht in der Lage sein sollten, einen Prototyp zu konstruieren, der einen Zeitraum von zwei Jahren erfasst. Oder der sogar noch weiter in der Zukunft mit sich selbst kommuniziert.
BOYCE: Ja. Theoretisch ist das richtig, ja. Aber in der Praxis ist das nicht der Fall.
SEN. KAREN WILSON (D-NV): Und ... warum nicht?
BOYCE: Diese Frage könnte Adhi Ihnen viel besser beantworten. Aber die Kurzfassung lautet ... wir sind uns nicht ganz sicher.

E-Mail

Von: Ben Boyce
An: Adhvan Chaudry

Diese Börsenaufsichtsscheiße bereitet mir schlaflose Nächte. Wie weit sind wir damit, einen Blick auf einen ferneren Zeithorizont zu werfen? Wir müssen unseren Wettbewerbsvorteil behalten.

Antwort

B.,

deiner Frage entnehme ich, dass du nie einen der Fortschrittsberichte geöffnet hast, die ich dir geschickt habe.
Außerdem hast du meine Arbeit an dem Prototyp mit dem ferneren Zeithorizont gestoppt, damit ich mich dem Fantasieprojekt der Möglichkeit einer physischen Reise durch die Zeit widme.

A.

Antwort

Hey Mann, komm schon! Ich war mir sicher, dass du beides bewältigen kannst, ich meinte nicht, dass du es ganz aufgeben sollst. Und nichts für ungut, aber warum sollte ich Fortschrittsberichte lesen, wenn du selbst mir sagst, dass wir keinen Fortschritt machen?

Antwort

B.,

manchmal lohnt es sich, die Art eines Fehlschlags zu analysieren.
Also: Wir haben einen Prototyp gebaut, der über einen Zeitraum von einem Jahr in der Zukunft mit sich selbst kommunizieren kann.
Aber wir konnten nie einen Prototyp bauen, der dasselbe über zwei Jahre tut (oder drei oder vier oder mehr).
Also sollten wir überlegen, welche möglichen Gründe es haben könnte, dass der Prototyp kein Datensignal empfängt, wenn wir versuchen, einen größeren Zeitraum zu überbrücken.
1. Irgendein theoretisches Limit, ähnlich wie bei der Lichtgeschwindigkeit.
– Allerdings haben wir keine weiteren Daten, die diese Möglichkeit bestätigen würden, und ich kann mir auch keine entsprechende mathematische Grundlage vorstellen.
2. Der Prototyp existiert zwei Jahre in der Zukunft nicht mehr.
– Was bedeutet, dass er zerstört wurde. Aber das wirft die Frage nach dem Warum auf. Und durch wen?
2. Das Internet selbst existiert zwei Jahre in der Zukunft nicht mehr.
– Was entsprechend bedeutet, dass es zu einer katastrophalen Zerstörung kommen wird, weshalb wir überlegen müssten, wer diesen Schaden angerichtet hat. Und warum?
Da es klar ist, dass unsere Technologie erheblichen Gegenwind hervorrufen wird, sind die Möglichkeiten Nummer 1 und 2 zutiefst beunruhigend.
Ich würde sagen, die wahrscheinlichste Erklärung lautet:
Die Welt ist auf dem Weg zu irgendeinem kataklysmischen Ereignis, das unsere gesamte Informationsinfrastruktur gründ-

lich zerstören wird, in einem Zeitrahmen, der etwa 1 bis 2 Jahre in der Zukunft liegt.

A.

Antwort

Alter, du bereitest mir echt Kopfschmerzen. Ist es vielleicht nur ein Defekt? Und du denkst zu klein. Wenn es ein Limit gibt, wie weit wir uns mit dem Internet der Zukunft verbinden können, liegt es vielleicht nur daran, dass es dann eine andere Art von Verbindung gibt.

Wir alle erhalten Informationen, und wir treffen eine Entscheidung, WIE WIR SIE SEHEN. Ich wünsche mir für The Future eine Unternehmenskultur, die positiv, optimistisch, hoffnungsvoll ist. Also hör mit deiner Schwarzmalerei auf und lass uns damit loslegen, wie wir eine positive Veränderung bewirken können. Vielleicht wird deine Erfindung genau das Ding sein, DAS DIE VERFICKTE WELT RETTET!

Antwort

B.,

oder vielleicht genau das Gegenteil.

A.

DREIZEHN

Nachrichtenartikel auf Theinformation.com, 28. Juni 2022

Angebot von Alphabet, das Start-up »The Future« für 3 Milliarden Dollar aufzukaufen

Verschiedene anonyme Quellen im Technologiekonzern (die Dachgesellschaft von Google, YouTube und anderen) bestätigten, dass das Angebot bald erfolgen und voraussichtlich in Höhe von 2-4 Milliarden Dollar liegen wird. Es gilt für die vollständige Übernahme des Unternehmens und aller zugrundeliegenden Rechte an seiner Technologie.

Über The Future wurde ausgiebig in den Medien berichtet, seit der Gründer Ben Boyce seinen berühmten TED-Talk »Die Zukunft gehört dir« hielt. Investoren rissen sich um Unternehmensanteile, und es wird geschätzt, dass in den letzten paar Monaten 250 Millionen Dollar zusammengekommen sind, obwohl nur wenig darüber bekannt ist, zu welchem Zeitpunkt das Produkt auf den Markt gebracht werden soll.

Alphabet hat versucht, das Angebot geheim zu halten, vermutlich um einen Bieterwettstreit mit anderen potenziellen Käufern zu vermeiden, von denen sich zum Redaktionsschluss aber noch keiner ins Spiel gebracht hatte.

Mehr dazu, sobald es etwas Neues gibt.

Auswahl von Reaktionen auf Twitter

@HARVARDBIZ

Wenn die Technologie von #TheFuture solide ist, wäre dieser Preis ein Schnäppchenangebot. Es muss zu einer Unternehmensprüfung kommen.

@KARASWISHER

Das ist Wahnsinn. Ein Schwindel in Theranos-Ausmaßen. Boyce zieht eine Lockvogeltaktik durch. Das ist garantiert genau das, was er will. #thefuture #siliconvalley #bs

@LIN_MANUEL

Glaubt sonst noch jemand, dass das alles ein ausgeklügelter Performancekunstschwindel als satirische Gesellschaftskritik ist und sich @HeyBenBoyce über uns alle schlapplachen wird, wenn das mal vorbei ist?

@EMILYNUSSBAUM

Eine Firma namens The Future klingt eher nach einem James-Bond-Schurken als nach einem seriösen Unternehmen. Silicon Valley hat es offiziell auf die Spitze getrieben.

@ELONMUSK

Hey @HeyBenBoyce, ich weiß nichts von 3 Mrd., aber ich würde 1 Mrd. bar auf die Hand für dein Unternehmen zahlen, und wir werden viel mehr Spaß haben, als du es je mit Google haben könntest. #TheFuture

@PATTONOSWALT

Ich wünschte, ich hätte Futures auf #TheFuture gekauft.

@KANYEWEST
Passt gut auf, dies ist der Moment, wo die Big Tech BUCHSTÄBLICH Kontrolle über die Zukunft bekommt. Wir sind alle gearscht. #thefuture #techpokalypse #schlussakte

E-Mail

Von: Paolo Ventrini
An: Ben Boyce, Adhvan Chaudry

Hi Jungs,
ihr habt heute früh zweifellos diesen Artikel gelesen. Ich habe die Sache zurückverfolgt, um sie zu verifizieren, und ich bin mir sicher, dass alles korrekt ist und wir am späteren Nachmittag ein Angebot sehen werden. Sie sind sauer, weil es durchgesickert ist, was sowohl gut als auch schlecht für uns sein könnte. Schlecht, weil sie versuchen werden, es möglichst schnell durchzuziehen. Gut, weil der Druck, eine zügige Entscheidung zu treffen, den Preis hochtreiben könnte. Lasst uns darüber reden.

Antwort

Von: Ben Boyce
An: Paolo Ventrini, Adhvan Chaudry

Hey Mann, wow, TOLLE NEUIGKEITEN! Oh Scheisse! Wir sollten die Bedingungen festlegen. Und natürlich den Preis. Der Leak ist gut für uns. Wir müssen versuchen, ein paar weitere Angebote auf den Tisch zu bekommen. Das könnte der perfekte Moment für eine Übernahme sein. Ich würde probieren, nach Möglichkeit auf 10 Mrd. hochzugehen. Ich weiß zwar, das klingt verrückt für ein Start-up, aber so etwas hat es noch nie gegeben. Und wir wollen drinbleiben, das Ganze nicht einfach abgeben.

Antwort

Von: Adhvan Chaudry
An: Ben Boyce, Paolo Ventrini

B.&P.,

wir werden nicht verkaufen.
Auf gar keinen Fall.
Wir haben buchstäblich in die Zukunft geschaut,
und wir wissen, dass wir nicht verkaufen werden.
Also lasst es uns im Keim ersticken.

A.

E-Mail

Von: Paolo Ventrini
An: Ben Boyce, Adhvan Chaudry

Hi Jungs,
ich verstehe eure Leidenschaft, aber diese Situation ist jetzt viel größer als nur ihr beide. Wir haben bislang 250 Millionen an Kapital aufgenommen, und wir haben die treuhänderische Verpflichtung, das zu tun, was für unsere Investoren das Beste ist. Letzten Endes wird der Vorstand im Interesse der Anteilseigner abstimmen. Ich weiß zwar, dass ihr zu dieser Gruppe

gehört, aber ihr habt 2 von 5 Stimmen, und ich bin mir ziemlich sicher, wie sich Samantha und David entscheiden werden. Ich möchte keinen Konflikt daraus machen, ich möchte euch während des Übergangs unterstützen, also stellt euch auf die richtige Seite.

Grüße
Paolo

Antwort (Entwurf)

Von: Ben Boyce
An: Adhvan Chaudry, Paolo Ventrini

Okay, wir alle sollten jetzt einmal tief durchatmen. Ich bin davon überzeugt, dass es eine Lösung gibt, hinter der wir alle stehen können, wenn wir einfach nur

(Dieser Entwurf wurde weder fertiggestellt noch abgeschickt, anscheinend weil in der Zwischenzeit die folgende Nachricht eintraf.)

Antwort

Von: Adhvan Chaudry
An: Ben Boyce, Paolo Ventrini

P.,

versuchst du ernsthaft, uns unter Druck zu setzen, damit wir unser eigenes Unternehmen verkaufen?

Ich hatte mir immer vorgestellt, in der Wirtschaft würden Schurken ... ich weiß nicht ... vielleicht etwas subtiler vorgehen?

A.

Antwort

Von: Paolo Ventrini
An: Ben Boyce

Ben, dein Mitgründer wagt sich gerade auf dünnes Eis. Ich schreibe dich direkt an, weil ich hoffe, dass du ihn wieder auf Kurs bringen kannst.

Antwort

Von: Ben Boyce
An: Adhvan Chaudry

Kumpel, du hast Paolo heftig angepisst. Und warum bist du dafür überhaupt nicht offen?! Du hast nach Möglichkeiten gesucht, die Zukunft zu verändern, den Zeitablauf zu verschieben oder was auch immer, irgendwie hier rauszukommen ... und das wurde uns soeben IN DIE HAND gelegt.

Antwort

B.,

nach unserer letzten Diskussion hast DU MICH überzeugt, hier nicht die Verantwortung abzugeben.
Mich nicht mit einer kleineren Rolle bei diesem historischen Unterfangen zu begnügen.
Ich habe Google nicht verlassen, um sechs Monate später schon wieder für den Laden zu arbeiten.
Und du hast diese Firma nicht aufgebaut, um als mittlere Führungskraft in den Ruhestand zu gehen.

A.

Antwort

Komm schon, Mann, das könnte GIGANTISCH werden. Und ich meine, ich glaube, ich muss dich doch nicht daran erinnern, dass dein Eigentümeranteil immer noch bei 30 % liegt, was bedeutet, dass du anschließend MILLIARDÄR wärst. Bevor du 30 geworden bist. Das solltest du nicht so schnell zurückweisen. Und lass dich nicht von deinem Stolz in die Irre führen. Mit buchstäblich einer MILLIARDE Dollar ausgezahlt zu werden ist nicht dasselbe wie ein Job als Sesselfurzer. Außerdem hat Alphabet die Infrastruktur, um unsere Kapazitäten zu erweitern und Marktreife zu erreichen.

Antwort

B.,

möchtest du ein Milliardär sein, oder möchtest du jemand sein, der etwas bedeutet?
Wenn das durchgezogen wird, glaubst du wirklich, dass man dich als Geschäftsführer behalten wird?
Nie im Leben.
Willst du Andrew Mason / David Karp sein?
Die meisten Leute wissen heute überhaupt nicht mehr, was die gemacht haben.
Oder willst du Zuck/Elon sein?
The Future wird nicht mehr dasselbe sein, wenn es nur noch irgendein Google-Tochterunternehmen ist.
Schau dir Insta an, nachdem es von FB übernommen wurde.
Du hast Geld, du musst deine Seele nicht verkaufen.
Ich bin rübergekommen, weil ich an dich geglaubt habe.
Ich tu es immer noch.

A.

Antwort

Von: Ben Boyce
An: Paolo Ventrini

Hör mal, Paolo, Adhi wird da nicht mitmachen. Könnten wir vielleicht noch mal mit ihnen reden und die Art des Angebots ändern? Aber vielleicht ist alles auch schon beschlossene Sache. Glaubst du, das könnte jetzt eine neue Runde von Wachstumsinvestitionen anfeuern?

Antwort

Nein. Es wäre äußerst naiv, sich vorzustellen, Alphabet würde irgendetwas anderes beabsichtigen/akzeptieren als eine komplette Übernahme. Und zurzeit BRAUCHEN wir keine weiteren Investitionen. Wir haben jede Menge Spielraum. Wir brauchen entweder EINKÜNFTE (die noch in ferner Zukunft liegen) oder ein fremdfinanziertes BUYOUT (und das wäre ein ziemlicher Batzen).

Ich denke, dass du diese Aspekte verstehst, aber ich möchte, dass du über eine wichtige Frage nachdenkst. Ist dieses Unternehmen davon abhängig, dass Adhi in geschäftsführender Funktion arbeitet?

Wir erleben einen seltsamen Moment in der Wirtschaftsgeschichte, denn gerade ist es für Ingenieure und Technologen normal, dass sie plötzlich Milliarden-Dollar-Firmen selbst leiten. Aber mit den Fähigkeiten, die jemanden in die Lage versetzen, neue Technologien zu entwickeln und umzusetzen, ist man nicht auf die Aufgaben vorbereitet, Personal einzustellen, Geschäfte auszuhandeln, die Kosten zu überwachen, die PR zu übernehmen usw. Jede Zuckerberg-Erfolgsgeschichte hinterlässt ein Dutzend lodernde Wracks auf dem Seitenstreifen des Info-Tech-Superhighways.

Du solltest überlegen: Hat Adhi das Temperament für einen Manager?

Natürlich nicht. DU HAST ES. Das ist dein Talent und deine einzigartige Fähigkeit. Wenn du willst, dass dieses Unternehmen sein wahres Potenzial ausschöpft, musst du die Machtstruktur neu ausrichten, sonst wird sie immer wieder der limitierende Faktor für das Wachstumspotenzial von The Future sein.

Antwort

Hey Paolo, ich verstehe dich und weiß, was du meinst. Das ist offensichtlich eine heikle Angelegenheit. Nur damit es mir klar wird – was genau schlägst du vor?

Antwort

Ich empfehle, Adhi aus dem Vorstand zu nehmen. Vorläufig soll er seine Rolle als Technischer Direktor behalten, aber sag ihm, dass er von nun an in den Hintergrund tritt, wenn es um Fragen der Unternehmensführung geht. Glaub mir, dabei wird er reicher werden, und ich bin davon überzeugt, dass er sein Leben wesentlich mehr genießen wird.

Ich bin dir gegenüber völlig ehrlich, denn ich weiß schon jetzt, dass meine Co-Investoren diese Position unterstützen, was bedeutet, dass wir zu diesem Zeitpunkt bereits die nötigen Stimmen im Vorstand haben, um Adhi abzusetzen. Aber wenn wir es gegen die Wünsche des Geschäftsführers tun, würde das ein schlechtes Licht auf uns alle werfen. Also sollten wir uns einig sein und den Wechsel so elegant wie möglich über die Bühne bringen.

Antwort

Ein brisanter Vorschlag, aber ich finde, er klingt vernünftig. Ich weiß, dass wir mindestens fünf Leute im Vorstand brauchen, was bedeutet, dass wir ihn ersetzen müssten. Nachdem Leila jetzt auch zum Unternehmen gehört, finde ich, dass wir sie auf seinen Platz setzen sollten.

Ja, ich weiß, was du zu dem Eindruck sagen wirst, den es erweckt, wenn wir meine Frau auf diesen Posten heben, aber ich brauche dort jemanden, dem ich vertrauen kann. Und ja, wir werden uns wahrscheinlich bei den meisten Dingen einig sein, aber wenn du glaubst, dass Leila mich in jedem Punkt unterstützt, kennst du meine Frau nicht. Außerdem kannst du uns mit deinem kleinen Finanzteam weiterhin mit 3 : 2 überstimmen. Und ich glaube, solange wir ein Vorstand aus fünf Erwachsenen sind, die Geld verdienen wollen, werden wir es auch schaffen, gut zusammenzuarbeiten. Ich werde Adhis Absetzung unterstützen, wenn du mich bei Leilas Einsetzung unterstützt.

Antwort

Willst du daraus ein klares Tauschgeschäft machen? Gut. Solange deine Frau den Verkauf befürwortet, werden wir sie unterstützen.

Protokoll der Vorstandssitzung

Termin: 30. Juni 2022, 13.05 Uhr

Teilnehmer

Anwesend: Benjamin Boyce, Geschäftsführer; Adhvan Chaudry, Technischer Direktor; Paolo Ventrini, Vorstandsmitglied; Samantha Vargas, Beraterin; David Lee, Berater und Sekretär

Restrukturierung

Antrag
Wahl eines neuen Vorstandsmitglieds: Leila Keener-Boyce
Vorgeschlagen von: Ben Boyce
Unterstützt von: Paolo Ventrini

Ja-Stimmen: Ben Boyce, Adhvan Chaudry, Paolo Ventrini, Samantha Vargas, David Lee
Nein-Stimmen: keine
Angenommen: Einsetzung des neuen Vorstandsmitglieds Leila Keener-Boyce
Änderung der Teilnehmerliste: Neues Vorstandsmitglied Leila Keener-Boyce schloss sich der Vorstandssitzung um 13.14 Uhr an.

Antrag
Abwahl eines Vorstandsmitglieds: Adhvan Chaudry
Vorgeschlagen von: Paolo Ventrini
Unterstützt von: Samantha Vargas
Ja-Stimmen: Paolo Ventrini, Samantha Vargas, David Lee
Nein-Stimmen: Ben Boyce, Adhvan Chaudry, Leila Keener-Boyce
Gemäß Gesellschaftsvertrag gilt Antrag bei Stimmengleichheit als nicht angenommen.
Antrag ABGELEHNT

Antrag
Annahme des vorgeschlagenen Übernahmeangebots durch Alphabet (Vertragsentwurf siehe Anhang A)
Vorgeschlagen von: Paolo Ventrini
Unterstützt von: Samantha Vargas
Ja-Stimmen: Paolo Ventrini, Samantha Vargas, David Lee
Nein-Stimmen: Ben Boyce, Adhvan Chaudry, Leila Keener-Boyce
Gemäß Gesellschaftsvertrag gilt Antrag bei Stimmengleichheit als nicht angenommen.
Antrag ABGELEHNT
Änderung der Teilnehmerliste: Paolo Ventrini verließ die Vorstandssitzung um 13.23 Uhr infolge des abgelehnten Antrags auf Annahme des vorgeschlagenen Übernahmeangebots durch Alphabet.

Vertagung

Vorstand beschließt einstimmig Vertagung bis zur nächsten Sitzung am 15. Juli 2022

Protokolliert von: David Lee, Sekretär

Bestätigt von: Ben Boyce, Geschäftsführer

E-Mail

Von: Paolo Ventrini

An: Ben Boyce, Adhvan Chaudry

Okay Jungs, ich hoffe, ihr seid jetzt glücklich. Mit eurem kleinen »Nachfolgestreich« habt ihr soeben eine Milliarde Dollar die Toilette runtergespült und euer gesamtes Vorstandsteam verprellt. Und wenn ihr glaubt, Alphabet wird jetzt einfach Ruhe geben und die Sache auf sich beruhen lassen, habt ihr noch nicht so viel vom Leben mitbekommen wie ich.

Ich und die anderen Vorstandsmitglieder (und offen gesagt auch sämtliche eurer Angestellten mit Aktienoptionen) hätten Grund, euch zu verklagen. Ben, du magst dich vor direkten Maßnahmen geschützt haben, aber wir bitten dich, bei der nächsten Vorstandssitzung freiwillig vom Posten des Geschäftsführers zurückzutreten. Andernfalls werden wir rechtliche Schritte gegen dich in Erwägung ziehen.

Antwort

Von: Ben Boyce
An: Paolo Ventrini, Adhvan Chaudry

Hey Paolo, danke für deine Warnungen und so, aber offen gesagt sind wir in verschiedenen HBO-Serien aufgewachsen, und es war Omar, der es am besten auf den Punkt gebracht hat: »Wer auf den König losgeht, sollte ihn besser nicht verfehlen.«

Du hast danebengeschossen, Bro! Aber du bist immer noch in einer Situation, in der du obszön reich werden kannst. Also lehn dich einfach zurück und warte darauf, den Profit einzustreichen, während wir die Arbeit machen.

Antwort

Von: Adhvan Chaudry
An: Ben Boyce

B.,

ein Zitat aus *The Wire* ist schon etwas billig.
Aber auch ... geil!
Ich weiß, die ganze Sache hätte auch anders ausgehen können.
Ich weiß, es ist schwer, auf schnelles Geld zu verzichten.
Danke, dass du mir vertraut und Rückendeckung gegeben hast.

A.

Antwort

Alles klar, Mann! Benny-Boy und Dr. Night sind ein Team! Eine unsterbliche Allianz! Wir sehen uns am Montag, wir haben noch sehr viel zu tun.

Auszug aus dem Protokoll der Kongressanhörung vom 1. Dezember 2022

SEN. KAREN WILSON (D-NV): Mr. Boyce, wer ist »Dr. Night«?
BOYCE: Das war ... das ist keine reale Person. Ich meine, es ist Adhi, aber ... Okay, als wir uns kennenlernten, erzählte mir Adhi, dass sich an der Highschool alle über ihn lustig gemacht und ihn Dr. *Nerd* genannt hatten. Brille, Comics, Computer, ja, wahnsinnig originell! Aber ich sagte zu ihm, dass wir die Generation sind, in der Nerds die Welt beherrschen, und er nicht davor zurückschrecken sollte. Also änderten wir den Namen mehr ins Positive, und er benutzte ihn als Alias, wenn wir spielten.
SEN. KAREN WILSON (D-NV): Und Sie waren »Benny-Boy«?
BOYCE: Ja, das war mein Spielername, und es wurde zu einem Insiderwitz, wenn wir uns vorstellten, dass wir uns in Superhelden verwandeln und einen Comic darüber schreiben würden. Am College haben wir tatsächlich ein paarmal versucht, etwas daraus zu machen, nur zum Spaß, aber wir haben es nie ernsthaft weiterverfolgt.

Nach dieser Geschichte, als Paolo versucht hat, Adhi aus dem Vorstand zu werfen, gab mir Adhi ein kleines Geschenk, um sich für meine Rückendeckung zu bedanken. Er bezahlte einen Künstler, der ein Comic-Cover zeichnete, für den ersten Band der Serie *Die Abenteuer von Benny-Boy und Dr. Night*. Ich war wirklich gerührt. Es sah einfach großartig aus, und wir hängten es im Büro an die Wand.

SEN. KAREN WILSON (D-NV): Ich bin zwar keine Comic-Expertin, aber finden Sie nicht, dass der Name Dr. Night eher nach ... einem Schurken klingt?

BOYCE: Na ja, schon. Aber wie gesagt, es war ja nur als Witz gemeint.

SEN. KAREN WILSON (D-NV): Das war bestimmt lustig. Doch nun sind wir hier, um zu beurteilen, ob die von ihm geschaffene Technologie eine ernsthafte Gefahr für die Zukunft unserer Zivilisation darstellt. Finden Sie nicht, dass *Benny-Boy* Versus *Dr. Night* ein passenderer Titel gewesen wäre?

BOYCE: Da interpretieren Sie viel zu viel hinein. Ich habe Adhi niemals als Schurken betrachtet und er mich nie als ... Also, eigentlich müssten Sie ihn fragen, wie er mich manchmal sieht. Aber ja, sicher, der Stress mit einem Start-up ... Wenn ich bedenke, wie es ausgegangen ist, war es letztlich vielleicht doch eher eine »Versus«-Geschichte.

VIERZEHN

Rede des Geschäftsführers Ben Boyce bei der The-Future-Party zum Vierten Juli, 4. Juli 2022

Hey hey, Futurinos! Futuramas! Oder wie sollten wir uns nennen?

(auf eventuelle Vorschläge eingehen)

Habt ihr alle Spaß?

(Applaus abwarten)

Ich möchte nur ganz kurz ein paar Worte an euch alle richten. An unsere Angestellten. Über die Zukunft von The Future.

Wir haben uns von »nur Adhi und ich« auf fünfundachtzig Angestellte gesteigert, und zwar allein in den letzten sechs Monaten. Wie klingt das? Ich kenne noch nicht alle eure Namen, aber ich arbeite daran. Und ich danke euch für euren Einsatz.

Ich weiß, dass wir vor Kurzem ein paar gute Leute verloren haben. Auf dem Start-up-Spielfeld kommt nicht jeder klar. Aber ich bin überzeugt davon, dass alle, die geblieben sind, längerfristig dabei sein werden, und ich verspreche euch, dass sich eure Loyalität auszahlen wird.

Ich bin mir sicher, euch allen ist bewusst, dass wir hier sehr auf Sicherheit achten. Daten des Prototyps dürfen wir nicht zu freigiebig weiterverteilen, bis wir erreicht haben, dass alle unbeschränkt und gleichermaßen Zugang haben. Aber ich wollte diese Gelegenheit nutzen, um euch allen ein paar Schnipsel aus dem nächsten Jahr zu offenbaren. Denn 2023 werden wir auf den Markt kommen, und es wird eine ganz große Sache.

Zunächst möchte ich euch alle schon jetzt zur The-Future-Party am Vierten Juli des NÄCHSTEN JAHRES einladen. Und wenn ihr glaubt, die heutige ist der Hammer, dann schaut euch diese Einladung an, die ich vorhin mit dem Prototyp abgerufen habe.

(Auf Projektion warten)

Sieht ziemlich geil aus, was? Und ich nehme Vorschläge an, welche Fahrgeschäfte vertreten sein sollten. Auf jeden Fall ein Gravitron. Also wisst ihr, dass es uns nächstes Jahr noch geben wird und wir so gut aufgestellt sein werden, dass wir Sia buchen können, um heftiger als je zuvor zu feiern.

Aber jetzt mal ganz konkret. Ich weiß, dass einige von euch Zweifel an der Entscheidung hatten, das Angebot von Alphabet zurückzuweisen. Ihr schaut euch eure Firmenanteile an und sagt: *Komm schon, Ben, ich hätte längst mein Studiendarlehen abzahlen können!*

Das ist mir völlig klar. Aber dieses Unternehmen heißt nicht zufällig The Future. Wir arbeiten langfristig. Und wir können VIEL mehr Geld verdienen, als jemand braucht, um schuldenfrei zu werden. Wir befinden uns hier eher im Bereich von »welche Bibliothek eurer Universität wird nach euch benannt?«

Um euch allen zu danken, dass ihr zum Team gehalten habt, gebe ich jedem Mitarbeiter des Unternehmens zusätzliche 100 Stammaktien. Wenn diese Anteile ausgegeben werden und wir mit einem Preis von 144$ an die Börse gehen – und wir *wissen*, dass das passieren wird –, werden diese 100 Aktien fast anderthalbtausend wert sein und mit der Zeit noch weiter steigen.

Und was wir hier tun, erschöpft sich keineswegs darin, bloß reich zu werden. Wir werden aktive Teilnehmer des Klimagipfels in Kopenhagen sein – eine internationale Konferenz, die ausschließlich dazu einberufen wird, um zu untersuchen, wie Daten vom Modell Future 1 genutzt werden könnten, um die Klimawissenschaft und die Öffentlichkeitsarbeit positiv zu beeinflussen.

Darüber hinaus werden wir eine Partnerschaft mit den Gesundheitsbehörden eingehen, um Epidemien zu identifizieren, zu verhindern und zu bewältigen. Tausende Menschenleben können durch diese Technologie gerettet werden. Wenn sie in die richtigen Hände gelangt. Indem sie in die Hände *aller* gelangt.

Aber das wird nicht möglich sein, wenn wir dem Druck der Hindernisse nachgeben, mit denen wir es zu tun haben, und uns an die großen Tech-Konzerne verkaufen. Bevor wir also das Feuerwerk zünden, möchte ich euch allen die Worte von Präsident Thomas J. Whitmore alias Bill Pullman mitgeben, die er zum Höhepunkt meines absoluten Lieblingsfilms sagt:

»Wir können nicht mehr zulassen, dass unsere kleinlichen Konflikte uns aufzehren. Unser gemeinsames Interesse verbindet uns. Wir werden nicht schweigend in der Nacht untergehen. Wir werden nicht ohne zu kämpfen vergehen. Wir werden überleben! Wir werden weiterleben. Heute … feiern wir gemeinsam UNSEREN Independence Day!«

Web-Artikel auf Theinformation.com

Start-up-Party zum Vierten Juli endet mit Prügelei

5. Juli 2022

Das brandheiße Start-up The Future hat die verrückteste Party des Sommers geschmissen, und das Feuerwerk beschränkte sich nicht auf jenes, das am Himmel über der Bay geplant war, als die Unternehmensgründer betrunken aufeinander einschlugen.

Die Outdoor-Location war extravagant mit Motiven aus dem Film *Independence Day* aus den Neunzigern dekoriert, mit Nachbildungen von Aliens und fliegenden Untertassen aus dem Film und einer großen Torte in Form des Weißen Hauses, die von Geschäftsführer Ben Boyce angeschnitten wurde.

Die Party war ein durchschaubarer Versuch, Angestellte und Investoren zusammenzubringen, nachdem Gründer Ben Boyce öffentlich (und präventiv) die Möglichkeit einer großmaßstäblichen Übernahme durch Alphabet zurückgewiesen hatte, was für alle Beteiligten einen beträchtlichen Geldregen bedeutet hätte.

Dem Vernehmen nach muss es für alle ein feuchtfröhlicher Abend gewesen sein, und viele Besucher berichten, dass die beiden Gründer wie die guten alten Freunde wirkten, als die sie bekannt sind. Doch später am Abend, etwa gegen 1 Uhr, brach ein Streit zwischen ihnen aus, der in einem ausgewachsenen Faustkampf eskalierte. Angestellte mussten die zwei trennen, die beide darauf verzichteten, Strafanzeige zu stellen.

Die Berichte hinsichtlich des Grundes für den Zwist weichen voneinander ab, doch meine zuverlässigste Quelle sagt, die Angelegenheit sei eher persönlicher als professioneller Natur gewesen. Wir werden Sie auf dem Laufenden halten, sobald wir mehr über diesen peinlichen Silicon-Skandal erfahren.

Austausch von Textnachrichten

5. Juli 2022, 13.13 Uhr

Leila Keener-Boyce

Hey A. Bist du da? Was zum Teufel
ist auf der Party passiert?
Als ich nach Hause ging, sah es aus,
als wären Ben und du die dicksten Kumpel.
Dann erfahre ich zwei Stunden später,
dass du auf ihn losgegangen bist.
Ob Alkohol oder nicht, das sieht dir nicht ähnlich.

Adhvan Chaudry

Hey Lei.
Frag Ben.
Er muss das erklären.

Ich würde dich nicht fragen, wenn er nicht
so ausweichend wäre und nicht darüber reden möchte.
Ich raste aus und muss wissen, was hier los ist.

Tut mir leid, aber es steht mir nicht zu, etwas dazu zu sagen.
Ich hoffe sehr, dass er jetzt das Richtige tut.
Aber es muss von ihm kommen und nicht von mir.

Komm schon, Adhi, bitte! Wir sind doch Freunde.

Ja, genau. Ich bemühe mich wirklich, dein Freund zu sein.
Und auch seiner.
Aber ihr beiden macht es mir nicht gerade leicht.

E-Mail

Von: Carrie Chan
An: Ben Boyce, Adhvan Chaudry

Hey Leute,

Glückwunsch zur teuersten Party in der Geschichte von Silicon Valley! Aber ich rede nicht von den Millionen, die ihr für die Veranstaltung ausgegeben habt. Ich spreche von dem Wertverlust, den dieses Debakel nach sich zieht.

Wisst ihr, was passiert ist, als Elon auf Joe Rogans Podcast Weed geraucht hat? Tesla hat 5 Mrd. $ an Börsenwert verloren! Irgendwann hat die Firma das größtenteils wieder wettgemacht, weil es sich um ein tatsächlich produzierendes Unternehmen handelt, das Umsätze generiert. Vorläufig seid ihr das aber nicht. Ihr seid ein privat gehandeltes Luftschloss. Bis wir schwarze Zahlen schreiben, ist das Hauptprodukt, das ihr verkauft, eure STORY. Und nach dem, was auch immer auf dieser Party abgelaufen ist, müssen wir irgendetwas tun, um eure Geschichte richtig stark aufzupolieren.

Ich habe eine gute Bekannte aus meiner PR-Zeit, die mir noch einen Gefallen schuldig ist, und sie arbeitet jetzt für *Wired*. Ich habe dafür gesorgt, dass sie ein Profil von euch beiden macht. Es wird sich weniger auf die Technologie konzentrieren, sondern mehr auf eure Lebensgeschichten und eure Freundschaft (ja, eure Freundschaft, denn es ist entscheidend, dass wir DIESE Geschichte erzählen, auch wenn es im Moment vielleicht schwerfällt).

Die Sache ist die, dass wir ihr irgendetwas Exklusives bieten müssen. Und zwar einen direkten Zugang zum Prototyp. Natürlich unter Aufsicht, aber real, als ein sichtbarer Beweis, dass die Technik funktioniert. Ich werde von der Rechtsabteilung eine wasserdichte Geheimhaltungsvereinbarung zusammenstellen lassen. Glaubt mir, das ist nur ein erster Schritt, um eure Glaubwürdigkeit wiederherzustellen. Meine Assistentin wird alle Einzelheiten organisieren, sobald wir uns alle einig sind.

Carrie

Antwort

Von: Ben Boyce
An: Carrie Chan

Adhi und ich hatten ein bisschen Zoff, und im Moment reden wir nicht miteinander, aber ich bin unbedingt für diesen Artikel. Eine gute Idee, und er wird richtig gut (ich habe ihn sogar schon gelesen, genau wie Leila). Mach dir keine Sorgen, ich kann gut mit Journalisten umgehen.

Antwort

Von: Adhvan Chaudry
An: Carrie Chan

C.,

irgendwie habe ich den Eindruck, dass es passieren wird, ob ich es will oder nicht.
Ben würde niemals eine Gelegenheit ausschlagen, im Rampenlicht zu stehen.
Ich bin eher geneigt, daran teilzunehmen, damit vielleicht wieder ein klein bisschen wissenschaftliche Glaubwürdigkeit ins Spiel kommt.
Als Gegenleistung für meine Kooperation bitte ich dich nur um einen einzigen Gefallen.
Halt dich von Ben fern.
Ich habe gesehen, was auf der Party geschehen ist, und ohne nachfragen zu müssen, ist mir klar, dass da noch mehr drin ist.
Du solltest Leila nicht blamieren.

A.

Antwort

Danke für deine Antwort, Adhvan. Ich bereite alles vor. Ich glaube, Fiona wird dir gefallen.

Was deine Bitte betrifft … Ben ist erwachsen. Ich aber auch. Hör auf, dir Gedanken über das Privatleben deiner Mitarbeiter zu machen, und kümmere dich lieber um dein eigenes.

Carrie

E-Mail

Von: Carrie Chan
An: Fiona Glazer

Hey Fiona,

hab den ersten Entwurf deines Artikels gelesen. Die Leute werden auf jeden Fall von dieser Exklusivstory begeistert sein. Insgesamt ist es dir wunderbar gelungen, ein reales und menschliches Porträt der beiden Jungs zu zeichnen.

Ich habe nur eine Sorge, und zwar wegen der zwei Absätze, in denen du die Gerüchte erwähnst, die über ihr Privatleben, die Party und solche Sachen kursieren. Zufällig weiß ich, dass vieles davon nicht wahr ist und das Ganze auf unbestätigten Annahmen basiert. Obendrein ist es anzüglicher Tratsch, und diese Art von Soap-Opera ist offen gesagt unter deinem Niveau. Wie wäre es, wenn wir diesen kleinen Abschnitt einfach vor der Veröffentlichung rauswerfen? Besten Dank!

Antwort

Carrie,

vielen Dank für die Gelegenheit zu diesem Exklusivbericht. Doch letztlich ist dies eine journalistische Reportage. Ich versuche doch überhaupt nicht, die Gerüchteküche anzuheizen, aber ich finde, dass die privaten/menschlichen Aspekte wichtig sind, da sie möglicherweise Einfluss auf die Technologie und die Struktur der Firma haben, die sie in die Welt bringen will.

Das heißt konkret, dass ich entschieden habe, deinen Namen aus dem Artikel zu streichen, obwohl er bei meinen Gesprächen mit einigen der Angestellten genannt wurde, die unmissverständlich über die Art deiner Beziehung zu einem der Mitgründer spekuliert haben. Ich werde das für mich behalten, aber was den Teil über diese beiden College-Kumpel betrifft, da sollten wir nicht so tun, als wären sie Heilige.

Antwort

Hallo Fiona,

das ist jetzt doch ein ziemlicher Schlag, aber das sollte mich vielleicht nicht überraschen. Hinsichtlich der privaten Geschichten, auf die du anspielst, möchte ich auf deine Geheimhaltungsvereinbarung verweisen. Und auf der Grundlage dessen, was du über die Möglichkeiten unserer Technologie gesehen hast, solltest du dich lieber nicht auf einen Rechtsstreit mit uns einlassen, wenn der Ausgang ungewiss ist, zumindest für dich, nicht wahr?

Antwort

Jetzt kippt es in einen offenen Einschüchterungsversuch um. Das werde ich meinem Redakteur Mark melden, und wenn es so weitergeht, werde ich den Vertrag kündigen.

E-Mail

Von: Carrie Chan
An: Ben Boyce

Hey … Wir haben ein Problem mit diesem Artikel. Fiona pocht jetzt auf ihre Freiheit als Journalistin und möchte diesen Exklusivbericht als Chance für einen skandalösen Knüller nutzen. Außerdem hat es den Anschein, dass es viele Angestellte in eurem Büro gibt, die nur zu bereit sind, sich über uns beide das Maul zu zerreißen, und ich habe guten Grund zu der Annahme, dass Adhi einer von ihnen ist.

Wir brauchen ein Druckmittel, um Fiona zu einer günstigeren Porträtierung zu motivieren. Andernfalls würden wir beide einen ziemlich schlechten Eindruck machen, und die Firma wäre PR-mäßig im Arsch. Also solltest du vielleicht von deinem hohen Ross heruntersteigen, was deine Anwendung der Technologie betrifft.

Antwort

Verdammt. Okay. Ja, ich werde wahrscheinlich irgendetwas mit dem Prototyp finden. Komm heute Abend zu mir ins Büro. Ich kann das nur machen, nachdem Adhi gegangen ist, sonst würde er ausflippen. 21 Uhr müsste in Ordnung sein.

E-Mail vom 13. Juli 2022

Von: Carrie Chan
An: Mark Santoro

Hallo Mark!

Ich bin mir sicher, dass Fiona mit dir über die Story gesprochen hat, die sie über The Future schreibt. Wie du dir vielleicht vorstellen kannst, führt die Benutzung der Technologie häufig dazu, persönliche Informationen ans Licht zu bringen, die brisant werden könnten, wenn sie an die Öffentlichkeit gelangen.

Nur als Beispiel: Mit dem Prototyp lässt sich leicht herausfinden, dass dein Sohn im nächsten Sommer wegen Alkohol am Steuer verhaftet wird, kurz vor dem Beginn seines Studiums an der Brown (siehe Anhang). Aber wenn das schon jetzt bekannt würde, könnte es seine Chancen ruinieren, überhaupt an die Uni zu kommen. Das wäre nicht besonders fair, oder?

Wir sind uns doch sicher alle darin einig, dass die Story die Grenze der Privatsphäre aller Beteiligten respektieren sollte. Bitte tu uns allen einen großen Gefallen und sprich noch einmal mit Fiona darüber.

Danke,
Carrie

E-Mail

Von: Fiona Glazer
An: Carrie Chan

Carrie,

hab mit meinem Redakteur gesprochen. Ich weiß nicht, was du zu ihm gesagt hast, aber ich bin nicht daran interessiert, wegen dieser Sache meinen Job zu verlieren. Also gut, er wird den Artikel veröffentlichen, jedoch ohne diese zwei Absätze. Ich hoffe, du wirst da drüben gut bezahlt, weil das hier Bockmist auf Enron-Niveau ist. Lösch meine Nummer.

Fiona

FÜNFZEHN

Bezirksgericht von Santa Clara County

22. Juli 2022
Vorgangsnummer: 482694-203

Alphabet, Inc.,
Kläger

KLAGE

gegen
The Future LLC,
Adhvan Chaudry
Benjamin Boyce
Beklagte

Kläger Alphabet, Inc., vertreten durch die unterzeichneten Anwälte, reicht folgende Klage gegen die Beklagten ein und macht geltend:

1. Beklagter Adhvan Chaudry war ein Angestellter von Google, Inc., einem Tochterunternehmen von Alphabet, und arbeitete im Zeitraum Oktober 2021 bis Januar 2022 gemäß den Bestimmungen des eingewilligten Anstellungsvertrags (Beweisstück A).
2. Beklagter Adhvan Chaudry willigte gemäß den Bestimmungen seines Anstellungsvertrags ein, dass jegliches

geistiges Eigentum, das von ihm im Bereich der relevanten Computerwissenschaften entwickelt wird, über das Tochterunternehmen Google, Inc., in das Eigentum des Klägers Alphabet, Inc., übergeht.

3. Beklagter Adhvan Chaudry hat im Zeitraum seiner Anstellung bei Google, Inc., vorsätzlich Dokumente heruntergeladen, die Pläne für Quantencomputerarchitektur betreffen (im Folgenden als »relevantes Google-Eigentum« bezeichnet), und in Verletzung seines Anstellungsvertrags relevantes Google-Eigentum weiterverbreitet.

4. Beklagter Adhvan Chaudry ging eine Partnerschaft mit Beklagtem Benjamin Boyce ein und konstruierte eine neue Technologie (im Folgenden als »das Gerät« bezeichnet), indem er sowohl a) relevantes Google-Eigentum als auch b) Originalpläne benutzte, die während des Zeitraums entwickelt wurden, der von seinem Anstellungsvertrag abgedeckt wird.

5. Demzufolge unterliegen alle Werte, die während der Entwicklung des Geräts generiert wurden, dem Schutz des Anstellungsvertrags und sind über das Tochterunternehmen Google, Inc. rechtmäßig das geistige Eigentum von Kläger Alphabet, Inc.

6. Des Weiteren hat Kläger durch den Diebstahl und die öffentliche Weiterverbreitung besagter Technologie finanziellen Schaden verursacht, infolge künftiger Vermarktungsmöglichkeiten, die für Kläger nicht mehr verfügbar sind.

Schadenersatz

Aus oben genannten Gründen fordert Kläger einen Schadenersatz in Höhe von 250 000 000 $ mitsamt dem Gerät zugrundeliegenden Rechten an dem geistigen Eigentum (angegeben in Anhang A) sowie die Übernahme der Anwaltsgebühren und Gerichtskosten.

Datum: 22. Juli 2022
Thomas Keener, Esq.

Austausch von Textnachrichten

23. Juli 2022, 9.19 Uhr

Benjamin Boyce
Oh Scheiße! Was geht denn jetzt ab?
Soll das ein Witz sein?
Warum gehst du nicht ans Telefon?
Google verklagt uns wegen ALLEM!
Und DEIN VATER vertritt sie.

Leila Keener-Boyce
ICH WEISS.
Ich telefoniere gerade mit ihm.
Keine Panik, ich ruf dich an, sobald
ich aufgelegt habe.

Keine Panik, ja, alles klar.
RUF MICH AN!

Austausch von Textnachrichten

23. Juli 2022, 11.04 Uhr

Leila Keener-Boyce
Hey A., ich weiß, wir haben nicht mehr viel geredet und wahrscheinlich aus gutem Grund. Aber jetzt müssen wir sprechen.

Adhvan Chaudry
Ja, das dachte ich mir schon.
Es stimmt alles. Was in der Klageschrift steht.
Dass ich solche Sachen runtergeladen habe.

Okay, lass uns treffen und darüber sprechen. Soll heißen, sag bitte in Texten oder E-Mails nichts weiter dazu. All das könnte potenziell einer Zwangseinziehung unterliegen.

Mir egal. Es stimmt.

Bevor du ausrastest, solltest du wissen, dass du vielleicht bessere Aussichten hast, als du glaubst. Die kalifornischen Gesetze zum Arbeitsrecht und zum geistigen Eigentum stärken deine Position. Außerdem kenne ich all die Tricks, die ihr Anwalt anwenden wird, also …

Also bist du unser Ass im Ärmel?

Ich bin eure KÖNIGIN im Ärmel!

Ben ist der König.
Und ich bin das Ass.
Der niedrigste Wert.

Hör auf mit dem dumpfen Selbstmitleid.
Das macht keinen guten Eindruck,
und üblicherweise ist es auch nicht hilfreich.

Sag mir einfach, wann und wo.
Ich werde dir alles beichten.
Ein offenes Buch.
Ich bin bereit aufzugeben.

Ich werde nicht zulassen, dass du aufgibst.
Wir werden was austüfteln, so wie du mir am College
geholfen hast, die Physik auszutüfteln.
Ich bringe was vom Thai-Imbiss mit. Jetzt Pad Si Yu
mit Hühnchen, wenn ich mich richtig erinnere.

Scheiß drauf, wenn ich vielleicht alles verliere,
kann ich genauso gut Rindfleisch nehmen.

Wir sehen uns. :)))

E-Mail

Von: Paolo Ventrini
An: Ben Boyce, Adhvan Chaudry

Hey Jungs,
ich bin mir sicher, dass ihr gerade am Ausflippen seid, und ehrlich gesagt, solltet ihr das auch tun. Aber das ist eine ziem-

lich bekannte Zuckerbrot-und-Peitsche-Taktik. Eigentlich geht es ihnen gar nicht um das Eigentum und die 250M, die wir eingesammelt haben (die im Moment natürlich auf etwa die Hälfte abgesackt sind). Eigentlich wollen sie nur unser Unternehmen. Das verrät die Tatsache, dass sie zuerst eine Übernahme angeboten haben. Zum jetzigen Zeitpunkt werden sie nicht mehr als eine Milliarde zahlen, aber ich wette, dass wir immer noch nahe genug herankommen werden, wenn wir jetzt verkaufen und ihnen den Ärger und die Kopfschmerzen und die Kosten des Gerichtsverfahrens ersparen (das sich über einige Jahre hinziehen würde). So können wir alle das Gesicht wahren, Stress vermeiden und werden unermesslich reich sein, nachdem wir aus dieser Sache ausgestiegen sind.

Antwort

Von: Ben Boyce
An: Paolo Ventrini, Adhvan Chaudry, Leila Keener-Boyce

Hey Mann, ich verstehe dich, aber trotzdem, wir werden kämpfen. Wir haben die beste und krasseste Anwältin des Valley in unserem Team! (Habe Lei in CC gesetzt, was auch immer du uns sagen willst, kannst du auch ihr sagen.) Außerdem haben wir Adhis Superhirn, er hat diese Technologie ausgeheckt, ich meine, verdammt, das war seine Doktorarbeit. Wir sind einfach nicht zu stoppen. Wir werden diese Scheiße über zwei Jahre hinziehen, und der Kampf wird uns fit halten. Sie haben genug Geld, um uns jetzt damit zuzuscheißen, aber auf lange Sicht können sie uns nichts anhaben. Mach dir klar, dass wir bereits ein Jahr überblicken können, und genau dann wird diese Scheiße an den Start gehen.

Antwort

Von: Leila Keener-Boyce
An: Paolo Ventrini, Adhvan Chaudry, Ben Boyce

Paolo, ich möchte mich nur kurz als Stimme der Vernunft hier einklinken. Ben hat recht. Wir werden den Prozess nicht verlieren. Und bevor du die anderen Vorstandsmitglieder einberufst, falls du es nicht schon getan hast, möchte ich eins klarstellen: Ben und Adhi und ich, wir sind in dieser Sache einer Meinung, und du weißt, wo wir stehen.

E-Mail vom 26. Juli 2022

Von: Leila Keener-Boyce
An: Thomas Keener

Hallo Dad,

normalerweise ist es schwierig, dich überhaupt dazu zu bringen, eine E-Mail zu lesen, geschweige denn zu antworten, aber etwas sagt mir, dass es diesmal anders sein könnte. Und ja, ich würde es vorziehen, unser Gespräch auf diese Weise zu führen statt am Telefon oder persönlich. Ja, mir ist bewusst, dass unser Schriftwechsel nachverfolgt werden kann. Genau das ist der Punkt.

Erstens, die Tatsache, dass du diesen Klienten angenommen hast, ohne mit mir zu sprechen, ist absurd, aber darauf will ich gar nicht weiter eingehen. Es tut mir leid, dass ich bei dir aufgehört habe, um mit Ben zusammenzuarbeiten, aber es ist kleinkariert, wenn du auf diese Weise reagierst. Es könnte sogar meine Karriere ernsthaft gefährden, genauso wie unser mögliches künftiges Verhältnis zueinander.

Zweitens, wir beide kennen die maßgeblichen Gesetze zum Arbeitsrecht und zum geistigen Eigentum und wissen, dass sowohl die Präzedenzfälle als auch die rechtlichen Bestimmungen in Kalifornien überwiegend Individuen, neue Unternehmen und insbesondere Innovationen begünstigen – mit anderen Worten, all das, wofür The Future steht.

Eine Übernahme wird definitiv nicht stattfinden. Du könntest nur die Strategie verfolgen, meine Klienten mit einem endlosen Rechtsstreit finanziell zu zermürben, aber sie haben keinen großen Konzern (wie deinen) als schwerfälligen Klotz am Bein. Wir sind beweglich, und ich bin bereit, wegen dieser Sache für mehrere Jahre in den Ring zu steigen.

Normalerweise würde ich an dieser Stelle einen maßvollen Vergleich ins Spiel bringen, aber ich weiß, dass a) Alphabet sich einen Dreck um derartige Kleingeldgeschäfte schert, dass du b) nicht bereit wärst, auf diese Weise das Gesicht zu verlieren, und dass c) Ben ohnehin zu dickköpfig ist, um einem solchen Verlust zuzustimmen.

Also lass uns stattdessen über eine alternative Vereinbarung diskutieren, die für beide Parteien das Beste wäre und mit der dein Klient das bekommt, was er eigentlich will: Zugang zur Technologie. The Future ist hauptsächlich im Bereich der Verbraucherelektronik aufgestellt. *Allerdings* wären wir möglicherweise bereit, eine exklusive Lizenzvereinbarung in Erwägung zu ziehen, aus der sich eine Partnerschaft mit wechselseitigem Nutzen entwickeln ließe.

Ich hoffe, dass du das tun wirst, was richtig ist – für die Welt, für deinen Klienten und für unsere Familie –, wenn du dich an den Verhandlungstisch begibst.

Alles Liebe
Leila

Antwort

Liebe Leila,

schön, von dir zu hören. Das ist gewiss nichts Persönliches. Ich arbeite für meine Klienten. Es mag traurig und bedauerlich sein, dass du dem aussichtslosen Strohfeuer deines Ehemannes den Vorzug gegenüber einem Familienunternehmen in dritter Generation gegeben hast, aber ich sollte wohl nicht allzu überrascht sein.

Was die maßgeblichen Gesetze zum Arbeitsrecht und zum geistigen Eigentum betrifft, möchte ich dich auf ein paar historische Tatsachen hinweisen, die dir vielleicht oder vielleicht auch nicht bekannt sind. In den 1870ern war Kalifornien noch ein recht neuer Bundesstaat, aber der Geldregen durch den Goldrausch und die Erweiterung des Eisenbahnnetzes hat die Region ökonomisch vorangebracht. Der Staat und seine Regierung erlebten ein schnelles Wachstum, und man musste zügig einen umfangreichen Rechtskodex für finanzielle Angelegenheiten ausarbeiten. Der damalige Gouverneur schrieb nach New York und bat um eine Kopie des dort geltenden Arbeitsrechts, um es als Referenz benutzen zu können, wenn Kalifornien seine eigenen Gesetze formuliert. Die kalifornische Regierung bekam das Gewünschte und setzte die Gesetzgebung unverzüglich und in großer Eile um – ohne sie überhaupt durchzulesen. Wenn es gut genug für New York war, musste es auch gut genug für uns sein.

Das Problem war allerdings, dass dieses Dokument gar nicht die tatsächlichen New Yorker Gesetze enthielt ... es waren Vorschläge für ein mögliches Regelwerk, das von einer liberalistischen Randgruppe eingereicht und befürwortet wurde, die von der paranoiden Furcht getrieben war, dass die große Wirtschaft im Vergoldeten Zeitalter übervorteilt werden könnte.

Man sollte meinen, dass eine solcherart erlassene Gesetzgebung nicht lange Bestand hätte. Aber in der Praxis erwies sie sich als günstig für Innovationen. Und politisch ist es in jedem Fall schwieriger, Einschränkungen der individuellen Freiheit zu verstärken. Also ist Kalifornien ein Staat, in dem ein Wettbewerbsverbot vor Gericht nicht den Hauch einer Chance hat. 140 Jahre Präzedenzrecht stützen nun eine Gesetzgebung, die im Wesentlichen durch einen Irrtum erlassen wurde.

Bislang hat kein Anwalt versucht, diese Restriktionen auf irgendeine sinnvolle Weise anzufechten. Doch nun ist die Zeit dazu gekommen. Schau dir an, was bereits mit Facebook geschehen ist und so auch mit jeder anderen Firma, die es auf diesem Gebiet überzogen hat. Die Meinung der Bürger tendiert immer stärker gegen ungebremsten technologischen Fortschritt. Das Blatt wird sich wenden.

Ich bin schon seit längerer Zeit persönlich daran interessiert, eine Kampagne in dieser Richtung zu starten. Endlich ist es so weit, da es jetzt einen geeigneten Beklagten gibt – denn das, was Bens Firma beabsichtigt, ist allem Anschein nach zutiefst unverantwortlich.

Ich respektiere deinen festen Standpunkt. Aber versteh bitte, dass diese Angelegenheit für mich ebenso bedeutend ist, wenn auch aus ideologischen Gründen und nicht aus persönlichen.

Mein Klient hat kein Interesse an einer eingeschränkten Lizenzvereinbarung. Chaudry war dort angestellt, als ihm der Durchbruch gelang, aus dieser Studentenfantasie eine funktionsfähige Technologie zu entwickeln. Er hat Forschungsergebnisse im Wert von mehreren Hundert Millionen Dollar gestohlen, um das alles möglich zu machen. Das ist eklatant unverantwortlich und niederträchtig.

Also werden wir uns, mein hübsches Mädchen, wie man so sagt, vor Gericht sehen.

Herzlichst,
Dein Dad

Austausch von Textnachrichten

27. Juli 2022, 11.04 Uhr

Adhvan Chaudry
Hey Lei.
Bin stolz auf dich, dass du deinem Dad Kontra gibst.

Leila Keener-Boyce
Danke. Ich hoffe wirklich, dass ich hier das Richtige tue!
Könntest du mir vielleicht einen Hinweis geben, wie die Sache ausgehen wird? Könnte mir helfen, besser zu schlafen.

Du weißt, dass ich das nicht kann.
Offen gesagt, ich versuche, den Prototyp
so wenig wie möglich zu benutzen.
Meistens reißt es mich runter, wenn ich es doch tue.

Sieht die Zukunft wirklich so düster aus?

Es ist nicht nur das. Es ist …
Wenn man sich eine Sache mehr als alles andere wünscht,
und man weiß, dass es nicht passieren wird …
Was würdest du dann tun?

Ich würde anfangen, mir etwas anderes zu wünschen.

E-Mail vom 28. Juli 2022

Von: Carrie Chan
An: Ben Boyce, Adhvan Chaudry

Hallo Ben und Adhvan!

Unser Marketingteam hat gerade das neueste Forschungsprojekt mit einer Fokusgruppe abgeschlossen, der vollständige Bericht ist angehängt. Zwei wesentliche Kernpunkte, die ich hier unterstreichen möchte:

1. Die Antwortoptionen auf die Frage »Wie würden Sie Ihre Meinung über das Unternehmen The Future charakterisieren?« waren »Positiv/Negativ/keine Meinung«. Hier sind wir von 22/46/32 (kurz nach dem Party-Debakel) auf 38/32/30 hochgegangen. Das ist in dieser kurzen Zeit eine enorme Verbesserung, die ich hauptsächlich auf den *Wired*-Artikel und die folgenden öffentlichen Diskussionen zurückführe.

2. Ein weiterer Schlüsselwert war die Antwort auf die Frage »Wären Sie interessiert, ein Produkt zu erwerben, mit dem Sie ein Jahr in die Zukunft schauen können?« Die Optionen »Ja/Nein/nicht sicher« verteilten sich in der jüngsten Runde auf die Werte 22/48/30. Was ziemlich niedrig ist, insbesondere vor dem Hintergrund, dass unser anfänglicher Marktpreis (ich weiß, dass dieser Punkt noch diskutiert wird) im Bereich des Doppelten dessen liegen soll, was die meisten Leute privat für kostspielige Elektronik ausgeben.

Ich bin der Meinung, wir sollten unsere Verkaufsziele rekalibrieren und einen gezielteren Ansatz für die Markteinführung wählen (wenn ihr euch die Demo-Daten anseht, wird klar, dass die Kaufbereitschaft unter den Erstanwendern in der Küstenregion viel höher ist). Außerdem sollten wir versuchen, unser Marketingbudget deutlich zu erhöhen, damit wir der Welt verkünden können, was wir hier haben. Kurz gesagt: Die Geheimhaltungskultur ist für unsere Marktchancen ungünstig.

Carrie Chan
Marketingdirektorin
The Future LLC

Antwort

Von: Ben Boyce
An: Carrie Chan, Adhvan Chaudry

Hey Carrie, kennst du Henry Fords Ansicht zu diesem Problem? »Wenn ich die Leute gefragt hätte, was sie WOLLEN, hätten sie gesagt: ›schnellere Pferde‹.«

Wirkliche Innovationen sind keine Sache, die du mit deinem kleinen Handbuch der Marktforschung in den Griff bekommst. Wir werden termingerecht und mit ausgelasteter Produktion auf den Markt gehen. Mit VOLLER KRAFT. Wenn wir es HALBHERZIG machen, würden wir mit KLONEN handeln und das Risiko eingehen, rausgeworfen zu werden, bevor wir den Markt dominieren können. Adhi, sag, dass ich recht habe!

Ben

Antwort

Von: Adhvan Chaudry
An: Ben Boyce, Carrie Chan

B.,

in Wirklichkeit hat Henry Ford das nie gesagt.
Es ist ein Mythos, den Autoren von Wirtschaftsratgebern erfunden haben.
Außerdem hat er mit Sicherheit nie in Versalien geschrieben.
Was die Leute damals wirklich wollten, war weniger Pferdescheiße.
Eigentlich wollen sie das immer noch.
Aber ich schweife ab.
Ich stimme dir zu, dass Fokusgruppen Pferdescheiße sind …
aber ich stimme Carrie zu, dass wir daraus etwas lernen können.
Hier ist ein besserer Ansatz für die Lösung des Problems.
Ein Gedankenexperiment.
Macht ein Guckloch in einen Umkleideraum
und fragt die Jungs, ob sie gern hindurchschauen würden.
Die meisten werden sagen, nein, das ist abartig.
Aber dann pinselt schwarze Farbe rund um das Loch,
und schaut zu, wie viele Jungs mit schwarzer Farbe rund um die Augen zurückkommen.
So könnt ihr das wahre Interesse abschätzen.
Wenn ihr wissen wollt, ob die Leute die Technologie benutzen werden …
müsst ihr sie ihnen erst mal geben.
Mit anderen Worten, wir sollten in die Beta-Phase gehen.
Die Leute werden sie benutzen.
Sie werden darauf abfahren.
Es wird sich herumsprechen.

Die Nachfrage wird steigen.
Und so bekommen wir eine wesentlich präzisere Marktprognose, bevor wir in die Produktion gehen.

A.

Antwort

Von: Carrie Chan
An: Adhvan Chaudry, Ben Boyce

Okay, Jungs. Wie es aussieht, steht euer Entschluss fest. Bin gespannt, was bei dieser Strategie herauskommt.

Antwort

Von: Carrie Chan
An: Ben Boyce

Was soll das? Als ich persönlich mit dir darüber gesprochen habe, bist du anscheinend empfänglich gewesen. Doch sobald jemand anders dabei oder in CC ist, wirst du total überheblich und spielst die Rolle des missverstandenen Unternehmers, der sein engstirniges Marketing-Mädchen zusammenstauchen muss. Ich bemühe mich wirklich, euch zu helfen.

Du arbeitest nach einem Handbuch, das du mir nicht zeigen willst. Sowohl im Büro als auch in deinem Privatleben.

Carrie

Antwort

Von: Ben Boyce
An: Adhvan Chaudry

Hey Mann, danke, dass du dich mit dem Beta-Test eingeklinkt hast, aber bist du dir sicher, dass wir das mit realen Anwendern in freier Wildbahn hinbekommen? Ich mache mir nur Sorgen wegen der Leute, die es benutzen werden. Vielleicht sollten wir einen Schritt zurücktreten, die Lage neu bewerten und Nägel mit Köpfen machen.

Antwort

B.,

hör auf, im Nachhinein an deinen Intuitionen zu zweifeln.
Wir haben den Beta-Test bereits durchgeführt.
Das heißt, wir werden es demnächst tun ...
und ich habe mir schon die Resultate angesehen.
Mit dem Prototyp habe ich unsere Daten aus der Zeit in einem Jahr in der Zukunft abgerufen, und ich hänge den Beta-Testbericht an.
Wie du sehen kannst ... wird er ein voller Erfolg sein.
Natürlich gibt es ein paar kleine Probleme, aber das ist Teil unseres Weges bis zur Markteinführung.
Wir können diese Daten sogar dazu benutzen zu entscheiden, welche Personen wir auswählen,
um absolut sicherzugehen, wie es laufen wird.
Damit liegen wir goldrichtig.

A.

(Anmerkung: Angehängter Bericht über den Beta-Test wurde ENTFERNT.)

Antwort

Hey Mann, das sind tolle Neuigkeiten. Ich bin dafür. Allerdings hätte ich eine Frage: Ist das nicht genau die Art von Teufelskreis bei der Informationsbeschaffung, vor der du gewarnt hast? Was wir unbedingt vermeiden wollen? Und falls wir diese Daten benutzen, wollen wir dann vielleicht die problematischen Nutzer herausfiltern?

Antwort

B.,

harte Zeiten erfordern harte Maßnahmen.
Wir dürfen keine Variablen verändern, sonst würden wir riskieren, das Ergebnis vollständig zu verändern.
Außerdem wurden die Nutzer in unseren Daten anonymisiert (sie haben nur Nummern statt Namen).
Die Leute, die wir auswählen, werden diejenigen sein, die wir auswählen »sollen«.
Hab Vertrauen!
Und kündige Carrie schon jetzt, okay?
Leila wird es nicht aussprechen, aber ich würde es tun.

A.

Antwort

Bro, ich kann Carrie nicht feuern, sie würde mich verklagen. Lass mich mit meinem Scheiß in Ruhe und konzentrier dich auf deinen Job.

Das heißt, mach die Beta-Geräte für einen Test bereit. Okay? Wir ziehen das durch.

E-Mail vom 30. Juli 2022

Von: Paolo Ventrini
An: Ben Boyce, Adhvan Chaudry

Hört mal, Jungs, die Investoren und ich, wir unterstützen eure Strategie, einen Konsumartikel auf den Markt zu bringen. Wir unterstützen euren Widerstand gegen eine Fusion mit oder einen Verkauf an einen größeren Konzern. Aber eine so waghalsige Produkteinführungsstrategie können wir nicht unterstützen. Wir brauchen Zeit, um Vertriebspartnerschaften zu vereinbaren, die Zuverlässigkeit unserer Technologie zu demonstrieren, den Rechtsstreit vom Tisch zu bekommen und unsere Lieferketten zu planen.

Mit anderen Worten, wir müssen einen Gang runterschalten, einen Schritt zurücktreten, jede Art von öffentlichem Beta-Test verschieben und die Markteinführung auf einen späteren Zeitpunkt verlegen.

Twitter-Thread

@HEYBENBOYCE
The Future 1.0 – eine voll funktionsfähige ZEITMASCHINE, die in die Zukunft schauen kann – wird am 1. 1. 2023 FÜR ALLE VERFÜGBAR sein. #TheFutureIsComing

@HEYBENBOYCE
Notiert es euch im Kalender! Preis und technische Daten folgen bald, aber merkt euch, dass die Kosten im Rahmen eines erschwinglichen KONSUMARTIKELS für ALLE liegen werden! #TheFutureIsComing

@HEYBENBOYCE
Achtung, an alle Zweifler und Gegner: eine revolutionäre Technologie ist im Anmarsch! #TheFutureIsComing

Antwort auf E-Mail

Von: Ben Boyce
An: Paolo Ventrini, Adhvan Chaudry, Carrie Chan

Hey Paolo, verstehe voll deine Sorgen, aber sag den Investoren, dass sie an Bord kommen sollen, denn die Future-Lok ist ABGEFAHREN!

Ben

SECHZEHN

E-Mail vom 5. August 2022

Von: The Future Admin
An: (verborgene Empfänger)

Liebe Nutzerin, lieber Nutzer,

Glückwunsch! Sie wurden als Beta-Tester für The Future 1.0 ausgewählt. Ihre Nutzungsphase von 60 Tagen wird per Fernzugriff überwacht, um die Leistungsfähigkeit des Produkts zu testen.

SICHERHEIT

Wie Ihnen nach dem Auswahlprozess, den Sie durchlaufen haben, zweifellos bewusst ist, kommt der Sicherheit eine große Bedeutung zu. Bitte lesen Sie die angehängte Geheimhaltungsvereinbarung. Für den Fall, dass Sie diese von einem Anwalt überprüfen lassen möchten, gibt es eine gesonderte Geheimhaltungsvereinbarung, die Ihr Anwalt zuvor unterschreiben muss (informieren Sie Ihren Anwalt bitte, dass sie in der Tat über normale Regelungen zwischen Anwalt und Klient hinausgeht). Folgende Bedingungen Ihrer Geheimhaltungsvereinbarung möchten wir betonen:

– Niemand darf erfahren, dass Sie ein Beta-Tester sind. Das schließt Lebenspartner, Familienangehörige, Freunde, Arbeitskollegen und andere ein.

– Sie dürfen niemandem Informationen anvertrauen, an die Sie nachweislich nur durch die Benutzung der Beta-Maschine gelangt sind.

– Sie dürfen in der Öffentlichkeit nicht über die Benutzung der Beta-Maschine sprechen oder irgendwelche Informationen dazu öffentlich verbreiten.

– Sie sind verpflichtet, die physische Unversehrtheit der Beta-Maschine zu gewährleisten. Wenn Sie auserwählt wurden, ist Ihre Wohnung bereits auf angemessene Sicherheit überprüft worden, aber wir möchten Sie darauf hinweisen, dass es Ihnen unter keinen Umständen erlaubt ist, die Beta-Maschine an einen anderen Ort zu bringen.

NUTZUNG

Bitte lesen Sie den Nutzungsvertrag für Beta-Tester aufmerksam durch. Wir möchten auf die folgenden besonderen Punkte hinweisen, die für Sie verpflichtend sind:

– Ihre gesamte Nutzung wird überwacht.

– Sie dürfen keine Finanzspekulationen durchführen, die auf Informationen basieren, die durch die Beta-Maschine gewonnen wurden.

– Sie erlauben die mögliche Änderung von Nutzungsparametern der Beta-Testphase ohne vorherige Benachrichtigung.

Wir freuen uns, Sie an Bord des Beta-Teams begrüßen zu können!

Ben Boyce
Geschäftsführer The Future

E-Mail vom 12. August 2022

Von: Adhvan Chaudry
An: Ben Boyce

B.,

einer der Beta-Tester hat Selbstmord begangen.
Anscheinend wurde bei ihm vor Kurzem ALS diagnostiziert.
Innerhalb von 30 Minuten, nachdem er sein Beta-Gerät nach Hause mitgenommen hatte, googelte er sich selbst.
Das Ergebnis: ähnlich wie im Fall Nikolai.
Das Erste, was er fand, war seine Todesanzeige.
Wahrscheinlich wollte er seine vermutliche Lebenserwartung angesichts der Krankheit ermitteln …
doch er war dazu bestimmt, sie zu verkürzen.
Das ist schrecklich.

A.

Antwort

Verdammt, ist das dein ERNST? Haben wir das nicht in dem Bericht, den du mit dem Prototyp abgerufen hast, kommen sehen? Das müsste doch genau die Art von Problem sein, von der wir hätten wissen müssen.

Antwort

B.,

dieser Vorfall wird im Bericht nicht erwähnt,
und alle Nutzer (in den Daten, die wir haben) sind anonymisiert.
Ich frage mich, ob die Sache jetzt außer Kontrolle gerät.
Entweder wird a) die Technologie problematisch, oder b) im Beta-Bericht, den ich gelesen habe, wird diese Anomalie nicht erwähnt.
Müssen wir das Ganze stoppen?

A.

Antwort

Hey Mann, entspann dich, es gibt keinen Grund, etwas zu stoppen. Wir haben alles im Griff. Ob du es so gemeint hast oder nicht, dein Vorschlag ist auf jeden Fall eine gute Idee, gleich auf mehreren Ebenen. Soll heißen, vielleicht ist das geschehen / sollte schon immer so geschehen, aber es war nicht dazu »bestimmt«, im Beta-Bericht erwähnt zu werden, weil es nie Teil des Beta-Tests sein sollte.

Wir hatten zahlreiche Bewerber, die bereit waren, jederzeit einzuspringen. Da sich der Vorfall am ersten Tag ereignete, haben wir Nutzer 53 ausgetauscht, sodass nun jemand anders seinen Platz übernehmen wird. Ich habe schon ein Team losgeschickt, das die Beta-Maschine rüberbringen soll.

Antwort

B.,

willst du mich verarschen?
Ich hatte überhaupt nichts vorgeschlagen und auf keinen Fall, dass wir einen verstorbenen Beta-Tester einfach auswechseln. Das muss Teil der Studie bleiben.

A.

Antwort

Hör zu, Kumpel, ich weiß, dass wirklich traurig ist, was da passiert ist, und wir werden es auch nicht einfach vergessen. Aber wir hätten sowieso keine sinnvollen Daten von diesem Nutzer mehr bekommen, und wir brauchen sinnvolle Daten. Außerdem, seien wir ehrlich, das ist wahrscheinlich genau dasselbe wie das, was mit Nikolai passiert ist. Eine suizidale, problematische Persönlichkeit, die sich bedauerlicherweise von unserer Technologie angezogen fühlte, vermutlich wegen der Selbstmordneigung.

Auszug aus dem Protokoll der Kongressanhörung vom 1. Dezember 2022

REP. MARSHA CALLOWAY (R-IN): Mr. Boyce, Sie sagen, Sie hätten diese Technologie fest im Griff. Doch die Ereignisse im Zusammenhang mit dem Beta-Test waren sehr beunruhigend.
BOYCE: Insgesamt ist der Beta-Test ein voller Erfolg gewesen. Wir haben nicht versucht, irgendetwas zu vertuschen. Bei die-

sem Austausch eines Nutzers hätten wir etwas transparenter sein sollen, das räume ich ein. Wir haben es nur getan, um so viele brauchbare Daten wie möglich zu bekommen. Die Gerichtsverfahren waren äußerst kostspielig.

REP. MARSHA CALLOWAY (R-IN): Der Selbstmord war ein tragischer Vorfall, aber das ist nicht das einzige Problem gewesen. Die Berichte deuten darauf hin, dass schätzungsweise achtzehn Ihrer einhundert Beta-Tester gegen die von Ihnen unterschriebenen Vereinbarungen verstießen und versuchten, mit Hilfe des Geräts Spekulationsgeschäfte zu machen.

BOYCE: Bei allem gebotenen Respekt, aber das deutet auch auf ein grundsätzliches Problem mit dem Beta-Prozess hin. Ein Problem, das sich offensichtlich dadurch lösen lässt, dass die Technologie einfach allen zugänglich gemacht wird.

REP. MARSHA CALLOWAY (R-IN): Das kommt mir alles andere als offensichtlich vor.

BOYCE: Na ja ... stellen Sie sich doch vor, wir wären im 19. Jahrhundert. Es gibt einen Eisenbahnerstreik, und die Lieferung von Äpfeln aus Kalifornien wird aufgehalten. Das bedeutet, dass der Handel mit Äpfeln am nächsten Tag einbrechen wird, nicht wahr? Wenn es nun zehn Typen gibt, die diese Information bekommen, weil sie Zugang zur Technologie der Telegrafie haben, dann werden sie ihre Aktien verkaufen, oder? Sie haben einen unfairen Vorteil, während alle anderen, die keinen Zugang zu diesen Informationen haben, mit ihren Apfelaktien viel Geld verlieren. *Aber* jetzt nehmen wir an, alle könnten diese Informationstechnologie nutzen. Die Zeitungen wissen davon und drucken es auf der Titelseite. Dann hätten wir gleiche Bedingungen für alle.

Der Beta-Test zeigt uns, was passiert, wenn zehn Leute etwas wissen, das sonst niemand weiß. Es liegt in der menschlichen Natur, dass sie dann entsprechend handeln. Und genau das wird passieren, wenn Sie den Zugang zu dieser Technologie einschränken. Aber wenn sie der ganzen Welt offensteht, dann haben wir alle Zugang zu denselben Informationen.

REP. MARSHA CALLOWAY (R-IN): Warum soll sie dann überhaupt realisiert werden? Wenn alle Zugang zu denselben Informationen haben?

BOYCE: Wenn Sie diese Frage stellen müssen ... weiß ich eigentlich gar nicht, wie ich mit Ihnen ein Gespräch führen soll. Ich kann nur sagen, dass Sie bestimmt keine Frühnutzerin des iPhone waren. Ich wette, Sie haben Ihrer Freundin über die Schulter geschaut und gesagt: »Was hätte ich davon, E-Mails mit meinem Telefon zu empfangen?« Aber genauso wette ich, dass Sie heute früh als Erstes auf Ihr iPhone geschaut haben.

REP. MARSHA CALLOWAY (R-IN): Mr. Boyce, ich möchte Ihnen empfehlen, auf Ihre Wortwahl zu achten, wenn Sie Mitglieder dieses Gremiums ansprechen. In den kommenden Wochen werden wir über eine Gesetzgebung entscheiden, durch die Ihr Produkt in diesem Land illegal werden könnte.

BOYCE: Oh, das ist ein großartiger Plan! Dann wird jedes andere Land der Welt Zugang zu der bedeutendsten revolutionären Informationstechnologie seit dem Internet haben. Wirklich vorausschauend gedacht.

REP. MARSHA CALLOWAY (R-IN): Ich möchte den Antrag stellen, Mr. Boyce wegen Missachtung des Kongresses ...

BOYCE: Moment, Moment! Tut mir leid, okay? Senator Calloway, ich bitte um Entschuldigung. Ich kann nun mal *leidenschaftlich* werden, wenn es um mein Produkt geht.

REP. MARSHA CALLOWAY (R-IN): Dann seien Sie etwas vorsichtiger, Mr. Boyce. Und ich möchte Sie noch auf eine weitere Sache hinweisen. Bevor Sie darüber sprechen, dass Ihre Ansichten so selbstverständlich und unbestreitbar sind, sollten Sie vielleicht bedenken, warum Ihr Mitgründer nicht mehr mit Ihnen übereinzustimmen scheint.

BOYCE: Also gut ... es kam zu einer Flaute im Verhältnis zu meinem Mitgründer. Zu der Zeit damals. Er war nicht mehr ... hundertprozentig zuverlässig, in bestimmten Aspekten, bezogen auf seine geistige Gesundheit.
REP. MARSHA CALLOWAY (R-IN): Aber das war nicht das einzige Problem mit dem Beta-Test, nicht wahr?
BOYCE: ... Ja, wir bekamen es mit einem Sicherheitsproblem zu tun.

E-Mail vom 2. September 2022

Von: Alice Muncy
An: Ben Boyce, Adhvan Chaudry

Mr. Boyce und Mr. Chaudry!

Hallo, hier ist Beta-Tester 19. Zuerst habe ich versucht, Ihren Support anzurufen, aber dann habe ich mich an Ihre Einführungsveranstaltung erinnert und mir wegen der Art meines Problems gedacht, dass Sie vermutlich nicht möchten, dass ich mit anderen Leuten darüber spreche. Deshalb schreibe ich Ihnen und hoffe, dass Sie mich zurückrufen, wenn Sie diese Mail bekommen.

Wie es scheint, wurde meine Beta-Maschine gestohlen.

Antwort

Von: Ben Boyce
An: Alice Muncy

Liebe Alice,

gute Entscheidung, sich an uns zu wenden, vielen Dank! Tut mir leid, ich hatte eine Besprechung nach der anderen. Bitte warten Sie ab, wir werden in weniger als einer Stunde persönlich bei Ihnen sein. Informieren Sie NICHT die Polizei und sprechen Sie nicht mit sonstigem technischem Personal darüber.

E-Mail

Von: Ben Boyce
An: Adhvan Chaudry

Hey Mann, wo bist du den ganzen Tag gewesen? Ich hab gerade mächtigen Ärger wegen dieser verschwundenen Beta-Einheit. Ich bin persönlich zu ihr gefahren, mit Kevin von der Sicherheit, sonst hab ich niemanden mitgenommen, aber Kevin ist cool und kann schweigen. Er glaubt, weil kaum jemand etwas mitbekommen hat, können wir die Sache unter Verschluss halten.

Jetzt überlege ich – wie konnte jemand ihren Namen herausfinden? Ich dachte, wir hätten alle Informationen über unsere Tester gesichert. Und hier kommt eine vielleicht noch bessere Frage, ein WEITERES MAL: Warum haben wir das nicht kommen sehen?

Antwort

B.,

der einzige Grund, den ich mir vorstellen kann, warum wir es nicht haben kommen sehen, wäre die erfolgreiche Vertuschung.
Die wir noch nicht in die Wege geleitet haben, was wir aber unvermeidlich tun werden.
Es sei denn, du möchtest die Möglichkeit in Erwägung ziehen, dass so etwas unmoralisch ist.
Es sei denn, du willst bewusst versuchen, von diesem Weg abzuweichen.

A.

Antwort

Ich finde es nicht unmoralisch, es ist nur gute Geschäftspolitik. Und es ist keine Vertuschung, sondern es handelt sich um Schadensbegrenzung.

Hör mal, ich hab hier jede Menge zu tun. Kevin hat für mich den Kontakt zu Watermark hergestellt, das ist eine private Ermittlungs- und Sicherheitsfirma, die auf genau diese Art von Fällen spezialisiert ist, ziemlich teuer, aber was sie machen, ist offen gesagt verdammt cool. Sie helfen uns, die Beta-Einheit aufzuspüren und passen gleichzeitig auf, Stillschweigen zu wahren, Datenmanagement und solche Sachen.

Und wir sollten ihren Empfehlungen folgen und den Beta-Test etwas früher als geplant abschließen. Ich meine, wir sind bei Tag 28, also kurz vor 30, und es würde glaubwürdig klingen, wenn wir sagen, dass 30 schon immer das Ziel war. Wir müssten alle noch übrigen Geräte in 3 Tagen zurückgeholt und verbucht haben.

Meine Frage an dich ist: Wie viel Öffentlichkeit haben wir? Ein Prototyp ist jetzt irgendwo da draußen, keine Ahnung, wo. Aber was bedeutet das für uns?

Antwort

B.,

ich sehe drei unterschiedliche Möglichkeiten ... Die ich in aufsteigender Folge nach »Wie sehr sind wir am Arsch« nummerieren werde.

1. Der Diebstahl war ein Zufall. In diesem Fall ist es relativ unwahrscheinlich, dass der Dieb jemals herausfinden wird, wie die transtemporale Funktionalität gehandhabt werden muss, und so sind wir im Wesentlichen aus dem Schneider. Arschfaktor: 1.
2. Der Diebstahl fand gezielt statt, weil sich jemand persönlich bereichern will. Diese Person benutzt das Gerät nun, um mit Börsenhandel reich zu werden, Lotteriegewinne einzustreichen usw. Das wird vermutlich irgendwann auffallen und uns um die Ohren fliegen. Arschfaktor: 4.
3. Der Diebstahl fand gezielt statt, weil sich ein Unternehmen damit bereichern will. In diesem Fall steht zweifellos eine Gruppe dahinter, die unsere Beta-Einheit nachbauen und selbst vermarkten will. Arschfaktor: 8.

Welche Optionen haben wir? Nicht viele.

A.

Antwort

Hey Mann, wir sind doch an der Sache dran. Kevin sagt, die Leute von Watermark sind die besten in ihrer Branche, und sie werden jeden Stein umdrehen. Es sollte nur eine Frage der Zeit sein, bis wir der Sache auf den Grund gegangen sind.

Antwort

B.,

ich bin mir sicher, dass sie jede Menge Erfahrung damit haben, gestohlene Zeitmaschinen ausfindig zu machen.
Bis dahin möchte ich dich auf ein neues Problem aufmerksam machen.
Schau dir im Anhang an, was ich heute früh aus dem Prototyp geholt habe …

Zitierter Text:

The Future legt in den USA einen soliden Start hin

Nach Monaten des Hypes und grassierender Spekulationen eröffneten am Neujahrstag die Läden von The Future überall im Land, begleitet von Warteschlangen rund um den Block und Verkaufsrekorden. Insider hatten mit einem starken Umsatz gerechnet, da mehr als 40 000 Menschen das Modell Future 1 online vorbestellt hatten, das am Sonntag für die Abholung und Auslieferung bereitstand. Da das Unternehmen eine Schätzung veröffentlichte, dass weitere 50 000 Einheiten an ihren 21 Standorten verkauft wurden, steht fest, dass die Erwartungen erreicht oder sogar übertroffen wurden.

Falls es dir nicht klar ist …
Das ist derselbe Artikel, den wir unseren Investoren gezeigt haben. Aber die Verkaufszahlen sind etwas niedriger.
Und die Anzahl unserer Läden hat sich um einen verringert.
Mit anderen Worten: Zum allerersten Mal haben wir es mit Diskrepanzen zu tun.

A.

Antwort

Hey Mann, Diskrepanzen von einem Laden und ein paar Tausend Einheiten sind aufs Ganze gerechnet doch keine große Sache, und erst recht nicht angesichts dessen, womit wir es gerade zu tun haben. Nämlich mit einer GESTOHLENEN EINHEIT und der Möglichkeit, dass unser komplettes Geschäftsmodell aus den Fugen geraten könnte.

Antwort

B.,

unser Geschäftsmodell besteht darin, Maschinen zu verkaufen, die in die Zukunft schauen können, korrekt und unfehlbar.
Wenn sie das jetzt nicht mehr tun …
wenn diese Abweichungen anhalten, vielleicht sogar zunehmen …
dann könnten wir genauso gut ins Horoskopgewerbe wechseln.

A.

Auszug aus dem Protokoll der Kongressanhörung vom 1. Dezember 2022

SEN. DANA BOUCHER (D-NV): Mr. Boyce, wie lautet die nächste Frage, die ich Ihnen stellen werde?
BOYCE: Äh ... keine Ahnung.
SEN. DANA BOUCHER (D-NV): Aber dies ist eine öffentlich dokumentierte Anhörung. Um sich darauf vorzubereiten, hätten Sie doch leicht die Möglichkeit nutzen können, auf das Protokoll unserer Fragen und Ihrer Aussagen zuzugreifen.
BOYCE: Ja.
SEN. DANA BOUCHER (D-NV): Dann möchte ich Ihnen eine direkte Frage stellen, und ich möchte Sie daran erinnern, dass Sie hier unter Eid stehen. Haben Sie eine Kopie des Protokolls dieser Anhörung abgerufen und eingesehen?
BOYCE: ... ja, das habe ich getan.

(Hörbares Raunen)

SEN. DANA BOUCHER (D-NV): Also sollten Sie in der Lage sein, eine Antwort auf meine nächste Frage zu geben.
BOYCE: Wie es scheint, kann ich mich nicht daran erinnern.
Sen. Dana Boucher (D-NV): Dann frage ich Sie nun: Wird Ihr Kollege Mr. Chaudry heute irgendwann zu uns stoßen?
BOYCE: Ich bin mir nicht sicher.
SEN. DANA BOUCHER (D-NV): Ein solches Detail sollte in Ihrer Erinnerung an die Dokumentation doch eigentlich sehr präsent sein. Wird Mr. Chaudry dabei sein?
BOYCE: Hören Sie, nach dem, was ich gesehen habe ... *war* Adhi anwesend. Von Anfang an. Ich habe eine Version dieser Anhörung gelesen, an der er teilgenommen hat. Und ehrlich gesagt ... was heute geschieht ... sollte eigentlich nicht so geschehen.
SEN. DANA BOUCHER (D-NV): »Sollte eigentlich nicht«? Interessant. Also geben Sie hier und jetzt zu, dass Ihre Technik nicht so unfehlbar ist, wie Sie zuvor behauptet haben?

BOYCE: Ich gebe zu, dass es, aber erst seit Kurzem, gewisse ... Diskrepanzen gegeben hat, wie wir das nennen. Und soweit wir feststellen konnten, hatten sie ihren Ursprung in der Beta-Phase.

SEN. DANA BOUCHER (D-NV): Das heißt, Sie glauben, die Beta-Tests könnten die Ursache sein?

BOYCE: Wir glauben, dass der *Diebstahl* sie verursacht haben könnte. Weshalb wir seitdem und bis heute unsere Sicherheitsmaßnahmen drastisch verschärft haben. Ich kann Ihnen versichern, dass wir die Lage unter Kontrolle haben.

SEN. GREG WALDEN (D-OR): Die Redezeit der Senatorin ist abgelaufen, das Wort erhält ...

SEN. DANA BOUCHER (D-NV): Mr. Boyce, inwiefern ist die Lage auch nur ansatzweise unter Kontrolle, wenn ...?

SEN. GREG WALDEN (D-OR): Senatorin Boucher, bitte überlassen Sie das Wort nun ...

SEN. DANA BOUCHER (D-NV): Senator Walden, würden Sie mir eine Schlussbemerkung erlauben? Vielen Dank. Mr. Boyce, inzwischen ist klar geworden, dass Sie *nichts* unter Kontrolle haben. Sie haben einen verschwundenen Mitgründer, eine Maschine, die nicht funktioniert, und einen Ausblick auf eine furchtbar düstere Zukunft. Doch Sie wollen uns nicht daran teilhaben lassen, obwohl es theoretisch Auswirkungen für uns alle hat. Wenn Sie möchten, dass dieses gesetzgebende Gremium Sie und Ihre Technologie nicht als gefährliche Bedrohung betrachtet, müssen Sie Ihre Bücher offenlegen, Ihr Unternehmen, einfach alles, damit wir sehen können, was sich hinter dem Vorhang verbirgt.

SEN. GREG WALDEN (D-OR): Die Redezeit der Senatorin ist beendet. Mr. Boyce, irgendeine letzte Erwiderung?

BOYCE: ... dazu kann ich im Augenblick nichts sagen.

SIEBZEHN

E-Mail vom 2. Oktober 2022

Von Adhvan Chaudry
An: Ben Boyce

B.,

heute früh habe ich ein paar gründliche Recherchen mit dem Prototyp angestellt …
und dabei VIELE weitere Diskrepanzen gefunden.
Neue Entwicklungen in der Zukunft, die sich letzte Woche noch gar nicht beobachten ließen.
Die vielleicht furchterregendsten sind diese Artikel:

USA starten Boden- und Luftoffensive in der Ukraine
USA starten Präventivschlag gegen russische Streitkräfte in der Ukraine

Geheimdienstinformationen aus dem Gerät von »The Future« führten zum Präventivschlag in der Ukraine

Russische Gegenwehr in der Ukraine könnte eskalieren

USA nennen »Künftige Verletzungen von Menschenrechten« als Rechtfertigung für Präventivschlag

China wirft den USA Eskalation des Konflikts vor, zitiert Geheimdienstinformationen von »The Future«

Auf der Halbinsel droht Krieg

Ich hänge die verlinkten Artikel an.
Bitte nimm dir die Zeit, sie alle zu lesen.
Das ist NEU. So etwas haben wir bisher noch nicht gesehen.
Wir müssen überlegen, wie wir damit umgehen …

A.

Antwort

Hey Mann, du musst dich ein bisschen entspannen. Lass den Prototyp in Ruhe und geh an die frische Luft. Uns war von Anfang an klar, dass unsere Technologie der internationalen Politik ins Gehege kommen wird. Wir haben die bewusste Entscheidung getroffen, nicht zu viel zu wissen. Und wir haben die feste REGEL aufgestellt, keine Daten über künftige globale Ereignisse herunterzuladen (und sie erst recht nicht zu TEILEN), weil es zu gewaltigen Problemen kommen kann, wenn davon etwas durchsickert.

Kevin und ich haben alles zusammengetragen, was hier passiert, und beschlossen, dass wir ein paar neue Sicherheitsprotokolle implementieren müssen. Morgen geht ein Memo mit den Einzelheiten raus, aber ich dachte mir, dass ich dich lieber frühzeitig einweihe.

Im Wesentlichen schränken wir die Nutzung der Maschine ein, damit sie sich ausschließlich für dringliche Angelegenheiten verwenden lässt, die die Zukunft des Unternehmens betreffen. Deshalb wird sie nur für uns beide (Kevin und mich) zugänglich sein. Ich denke, das dürfte für dich in Ordnung sein, da du sie in letzter Zeit sowieso kaum benutzt hast.

Antwort

B.,

zunächst einmal – wer zum Henker ist Kevin?
Und wie kann es überhaupt sein, dass er Richtlinien durchsetzt, die mir den Zugang zu meiner eigenen Erfindung verweigern?
Warum behältst du die Nutzungsrechte, während ich ausgesperrt werde?

A.

Antwort

Hör zu, Kumpel, das sind vorübergehende drastische Maßnahmen in schwierigen Zeiten. Mach dir deswegen nicht zu viele Sorgen. Und Kevin Martindale, um das mal klarzustellen, ist das ehemalige Mitglied einer Behörde mit drei Buchstaben, und zwar mit einem einwandfreien Führungszeugnis, und außerdem hat er einen tadellosen Ruf als privater Sicherheitsexperte. Das wäre dir bekannt, wenn du dich auch nur ansatzweise um den alltäglichen Betrieb kümmern würdest.

Und falls du noch nicht begriffen hast, was das alles bedeutet: Unsere Technologie wurde mir nichts, dir nichts GEKLAUT! Und offen gesagt finde ich es schon etwas mies, wenn du es als deine Erfindung bezeichnest, obwohl eigentlich klar sein sollte, dass diese Technologie ohne deinen und meinen Beitrag gar nicht existieren würde.

Wo stehen wir jetzt mit der 2.0? Es wird Zeit, damit weiterzumachen. DAS ist die Lösung des Problems, von dem du sprichst. Des wirklichen Problems. Des Problems unserer MACHTLOSIGKEIT. Und wenn es jemanden gibt, der es knacken kann, dann bist DU es.

Auszug aus dem Protokoll der Kongressanhörung vom 1. Dezember 2022

SEN. DIANA JACKSON (D-MI): Mr. Boyce, was war »die 2.0«?
BOYCE: Wie bitte, was?
SEN. DIANA JACKSON (D-MI): Es gibt Gerüchte, die von mehreren ehemaligen Angestellten bestätigt wurden, denen zufolge Ihre Firma erhebliche Mittel in die Erforschung eines neuen Technologieprojekts investiert hat, das intern nur als »die 2.0« bezeichnet wurde.
BOYCE: Ja, nun, das stand für ein Projekt, das noch in den Kinderschuhen steckte. Da es sich um ein Geschäftsgeheimnis handelt, sind wir gegenwärtig nicht daran interessiert, öffentlich darüber zu diskutieren.
SEN. DIANA JACKSON (D-MI): Wenn Sie möchten, dass dieses gesetzgebende Gremium Ihre Unternehmungen wohlwollend betrachtet, soweit es unsere künftige Gesetzgebung betrifft, sollten Sie Ihre diesbezügliche Einstellung vielleicht noch einmal überdenken.
BOYCE: Richtig. Also ... unsere erste Maschine ist die 1.0, mit der die Nutzer ein Jahr in die Zukunft schauen können. Wir gehen davon aus, dass wir irgendwann den Markt für dieses Produkt gesättigt haben ... und deshalb möchten wir in der Lage sein, ein Folgeprodukt zu präsentieren. Die 2.0. Was natürlich

bedeutet, dass die Nutzer damit einen Zeithorizont von zwei Jahren überblicken können.

SEN. DIANA JACKSON (D-MI): Ich dachte, Sie hätten zuvor erklärt, Sie wären nicht imstande, eine Maschine mit dieser Funktionalität zu bauen.

BOYCE: Ja, das heißt ... noch nicht. Wir sind weiterhin in der Entwicklungsphase. Aber wir sind zuversichtlich, dass wir mit der Zeit ...

SEN. DIANA JACKSON (D-MI): Manche haben spekuliert, dass die Obergrenze von einem Jahr nicht technologisch, sondern ... historisch bedingt sein könnte. Dass es zu verheerenden globalen Ereignissen kommen werde, die die Welt in einem solchen Ausmaß erschüttern, dass ... nun, vielleicht können wir die Welt in zwei Jahren gar nicht sehen, weil es dann gar keine Welt mehr gibt, die wir sehen könnten.

BOYCE: Nein, wir haben keinerlei Beweise, die das bestätigen würden. Außerdem werden wir diese überzogenen Gerüchte entkräften können, sobald wir über ein einsatzfähiges Modell mit zweijährigem Zeithorizont verfügen. Es ist genauso wie mit Computern und Telefonen, die jedes Jahr schneller werden ... und so wird es auch mit unserem Produkt sein, wenn man damit nicht nur ein, sondern zwei Jahre vorausschauen kann. Und Sie können sich vorstellen, dass wir irgendwann die 3.0 haben. Und die 4.0. Und so weiter. Ich denke, ich muss Ihnen nicht erklären, wozu diese Maschinen imstande sein werden.

SEN. DIANA JACKSON (D-MI): Also sieht Ihr Plan so aus, dass Sie die Leute mit der Zukunft anfixen wollen, um ihnen löffelweise immer etwas mehr zu geben, damit die Menschen bereit sind, viel Geld auszugeben, um den anderen ein klein wenig voraus zu sein.

BOYCE: Das ist zwar etwas zynisch formuliert, aber richtig. Wir beabsichtigen, mit jeder neuen Version immer bessere Informationsdienste anbieten zu können.

SEN. DIANA JACKSON (D-MI): Also hat die 2.0 nichts mit der Möglichkeit zu tun, tatsächlich einen Menschen in der Zeit zurückzuschicken?
BOYCE: Ich wünschte, es wäre so. Aber Adhi hat mir unmissverständlich klargemacht, dass das alles nur Sci-Fi-Schwachsinn ist.
SEN. DIANA JACKSON (D-MI): Also haben Sie niemals auch nur in Erwägung gezogen, vielleicht eine solche Maschine entwickeln zu können?
BOYCE: Niemals.

Internes Memo auf den Servern von »The Future«

Forschungsbericht zu neuem Produkt

»The Future 2.0«
Adhvan Chaudry

Theoretische Zielsetzung: Physische transtemporale Rückwärtsbewegung - das heißt, eine Zeitreise, bei der ein Individuum den gegenwärtigen Zeitrahmen verlässt und sich in einen anderen (vorhergehenden) Zeitrahmen begibt.

Theoretische Möglichkeit: Wie in der allgemeinen Relativitätstheorie erläutert, ist es durchaus möglich, zu einem früheren Zeitpunkt zu reisen (jedoch niemals zu einem späteren). Dies wird auf die einfachste Weise erreicht, indem ein Individuum schnell genug (mit mehr als Lichtgeschwindigkeit) von einem Punkt startet, um zu einem früheren Zeitpunkt sein Ziel zu erreichen.

Natürlich ist es auf Grundlage derselben Einstein'schen Prinzipien nicht möglich, ein physisches Objekt (z.B.

eine Rakete im All) auf Lichtgeschwindigkeit oder noch schneller zu beschleunigen, schlichtweg aufgrund der Begrenzung durch die Konstante *c*.

Doch unsere 1.0-Technologie basiert auf dem Prinzip der Bell'schen Ungleichung, der zufolge *Informationen* auf Quantenniveau unverzögert übermittelt werden können, dieser Begrenzung zum Trotz.

Das bedeutet, *wenn* ein physisches Objekt (z.B. eine Person) von Masse in Information konvertiert werden könnte, ließe sich diese Information mit derselben Quantencomputertechnik übermitteln, die wir mit dem 1.0-Prototyp nutzbar gemacht haben.

Eine Umwandlung von Masse in Daten mag kontraintuitiv klingen, doch das gilt nicht im theoretischen Gefüge der Stringtheorie, die alle punktartigen Elementarteilchen als eindimensionale »Strings« betrachtet, also als Energie mit spezifischer Vibration. Diese Vibration bestimmt die Masse, die Ladung und die Position des entsprechenden Teilchens im physischen Raum. Also ist vorstellbar, dass mit geeigneter Technologie besagte Daten (und damit besagte Teilchen) zu einem früheren Zeitpunkt übermittelt werden können.

Um den Vorgang mit einer groben Analogie zu erklären: Es ließe sich mit einem Faxgerät vergleichen, das ein physisches Objekt mittels visuellen/optischen Daten in ein Signal umwandelt, das es über eine größere Entfernung sendet, damit das Objekt vom Empfänger wieder in physischer Form ausgedruckt werden kann.

Natürlich ist dazu an beiden Enden jeweils ein Faxgerät nötig – es ist nicht möglich, ein Fax an einen Zielort ohne Faxgerät zu senden. Gleichermaßen würde ein »2.0«-Gerät einen Zielort benötigen, wo das übermittelte Objekt »ankommen« kann, was bedeutet, dass die Maschine niemals jemanden oder etwas zu einem Zeitpunkt schicken kann, der vor dem Bau des Geräts liegt.

Theoretische Einschränkung: Die wichtigste Einschränkung resultiert aus der Tatsache, dass sich die Umwandlung eines gegebenen Teilchens/Strings in reine Information (damit sie zu einem früheren Zeitpunkt geschickt werden kann) nur mit unendlicher Energiedichte erzielen lässt, die sich in der Größenordnung eines Schwarzen Lochs bewegt.

Unterschied zur 1.0-Technologie: Unsere existierende Technologie erlaubt, Informationen zu einem früheren Zeitpunkt zu senden, was bedeutet, dass der Zeitablauf durch die Nutzung unverändert bleibt.

Doch eine Technologie, die etwas Physisches (z.B. einen Menschen) übermittelt, würde möglicherweise eine gezielte Veränderung von Ereignissen und damit eine Aufspaltung der Zeitlinien bewirken, womit zwei (oder mehr) parallele Realitäten erzeugt würden. Dieses Konzept lässt sich am besten im Sinne der Theorie des Multiversums verstehen (z.B. Hugh Everetts Viele-Welten-Interpretation quantenphysikalischer Paradoxa).

Davon abgesehen ist eine solche mögliche Abweichung der Zeitlinie keineswegs eine Gewissheit. Falls diese Technologie eines Tages erfunden *wird*, würde das bedeuten, dass sie bereits erfunden *wurde* und sich schon jetzt Zeitreisende unter uns befinden. Experimentelle Untersuchungen wären nötig, um zu bestimmen, welche fundamentale Struktur der Realität der Wahrheit entspricht.

Existenzielle Einschränkungen: Es ist nicht klar, ob der Transport eines Körpers durch die Zeit den enthaltenen Geist bewahren würde. Selbst wenn man Vorstellungen wie »Seele« außer Acht ließe, wäre es möglich, dass ein Gehirn, das zwar unversehrt durch die Zeit befördert wird, das Bewusstsein dieser Person jedoch nicht aufrechterhalten kann.

Und selbst wenn die Übertragung erfolgreich durchgeführt werden kann, wäre die beförderte Person nicht in der Lage, in ihre Gegenwart zurückzukehren, sondern wäre permanent in der Vergangenheit gestrandet. Sie wäre praktisch einer von zwei Körpern innerhalb desselben Zeitfensters, was problematische ontologische Fragen aufwirft:

Könnten beide »Individuen« überleben und koexistieren?

Würde der »Zeitreisende« in der neuen Zeitlinie über Handlungsfähigkeit und freien Willen verfügen?

Wenn ja, hätte er theoretisch die Fähigkeit, die Vergangenheit zu verändern?

ACHTZEHN

E-Mail vom 4. Oktober 2022

Von: Adhvan Chaudry
An: Leila Keener-Boyce

L.,

könntest du mir einen Gefallen tun?
Würdest du dir bitte diese E-Mail ansehen, die ich aus dem Prototyp geholt habe?
(Die ich anscheinend in sechs Monaten schreiben werde.)

Zitierter Text:

> B.,
>
> bei den technischen Produktionsdaten sieht alles picobello aus.
> Die Zahlen zur Preisgestaltung sind exakt so, wie sie sein sollten.
> Ich hoffe, dir und Leila geht es gut.
>
> A.

Klingt das wirklich nach mir?

A.

Antwort

Hey A.,

ich verstehe deine Frage nicht. Aber du schreibst deine E-Mails auf ziemlich eindeutige Weise, und dieser Text ist definitiv in deinem Stil.

Wenn ich es mir noch einmal anschaue, fällt mir auf ... dass du mich normalerweise nicht mit Leila ansprichst. Und ich denke, so etwas zu Ben zu sagen ist schon etwas seltsam, in Anbetracht dessen, was geschehen ist. Aber ich hoffe, das bedeutet einfach nur, dass er nichts davon erfahren wird und wir drei wieder zur Normalität zurückkehren werden. Okay?

Antwort

L.,

ich kann mir buchstäblich kein Universum vorstellen, in dem ich das Wort »picobello« benutzen würde.
Und zurück zur Normalität? Vielleicht.
Aber ich würde niemals etwas so Unaufrichtiges sagen.
Ich werde nicht versuchen, dich zu überreden, dein Leben auf den Kopf zu stellen, aber ich werde niemals so tun, als wäre alles bestens.
Ich liebe dich.

A.

Antwort

Hey A.,

komm schon, darüber haben wir ausführlich gesprochen. Du weißt, wie ich empfinde. Doch es bricht mir das Herz und zerreißt mich geradezu, diese Worte auch nur zu sehen. Es liegt an dir, wie du von nun an deine Freundschaft zu Ben gestalten willst, aber ich verstehe einfach nicht, was es nützen soll, wenn du nicht wenigstens versuchst, nett zu sein. Wenn wir diese Sache geheim halten wollen, sollten wir das auch wirklich tun, okay? Und was die E-Mail betrifft, verstehe ich wirklich nicht, worauf du hinauswillst …

Antwort

L.,

was wäre, wenn jemand meine E-Mails fälscht?
Ben hat mich derzeit von der Benutzung des Prototyps ausgeschlossen …
also habe ich mir die Korrespondenz angesehen, die ich gespeichert hatte,
und mir fällt auf, dass sie verdammt spärlich ist.
Als würde ich jeden Tag nur wenige kurze Mails verschicken.
Alle sehr ähnlich und alle eher nichtssagend.
Deshalb habe ich mir überlegt:
Was wäre, wenn die Nachrichten in meinem Account von jemand anders geschrieben wurden?
Damit es, wenn ich in die Zukunft schaue, den Anschein hat, als wäre ich noch da,

als wäre ich am Leben und würde fröhlich meiner Arbeit nachgehen,
obwohl es gar nicht so ist.

A.

Antwort

Hey A.,

okay, ich verstehe, was du andeutest, und ich möchte nur sagen: Wir sollten nicht überreagieren. Denk dran, dass du so etwas schon einmal hattest, auch wenn es inzwischen ein paar Jahre zurückliegt. Damals dachtest du, andere Leute in deinem Institut wären die Urheber. Heute glaubst du, es könnten deine Kollegen sein. Ich sehe da ein Muster.

Ich weiß, dass du unter großem Stress stehst. Wenn deinem Gehirn sehr viel abverlangt wird, ist es normal, dass du einen klaren Kopf behalten möchtest und deine Medikamente vielleicht nicht zu den üblichen Zeiten nimmst. Ich werde rüberkommen, und wir setzen uns einfach zusammen und reden, damit wir die Sache im Keim ersticken und wieder gesund, zufrieden und entspannt leben können. Wir alle lieben dich, und alles wird wieder gut.

Antwort

L.,

et tu?

A.

Psychiatrische Klinik von Menlo Park

Bericht über Notaufnahme am 7. März 2020
Patient: Adhvan Chaudry
Bericht erstellt von: Dr. Ana Dawoud

Ursächliche Ereignisse für die Hospitalisierung

Die Campus-Polizei wurde informiert, dass Patient unter psychotischem Anfall leidet, nachdem Patient früher am Abend ein Telefonat mit einem Freund führte.

Polizisten fanden Patienten blutend auf dem Rasen vor dem Gebäude des Studentenwerks der Stanford University. Patient hatte per Hand mehrere Fenster eingeschlagen, linker Arm war schwer von Glassplittern verletzt. Patient schwebte in Lebensgefahr durch Verbluten, wäre er nicht aufgefunden worden, dennoch versuchte er sich den Polizisten zu entziehen. Nach der Hospitalisierung wurde Patient wegen Sachbeschädigung und Widerstand gegen die Festnahme verhaftet.

Bisherige Diagnosen

Bei dem Patienten wurde bereits im Alter von 17 Jahren bipolare Persönlichkeitsstörung diagnostiziert. Nach Notaufnahme wurde BPS als zutreffende Diagnose bestätigt, neben Anzeichen für eine co-morbide soziale Angststörung und eine generelle Angststörung.

Außerdem wurden Probleme mit Substanzmissbrauch festgestellt (mit 17 Jahren), doch Patient erklärt, er würde nur Cannabis konsumieren, um seine Angststörung zu behandeln, und hätte seit Beginn der medikamentösen Therapie seiner Diagnosen keinen anderen Substanzmissbrauch begangen.

Bisherige Medikation

Die Medikation des Patienten erfolgte mit Lithium, Antipsychotika (Zyprexa, Risperdal), Antikonvulsiva (Depakote), SSRI (Lexapro, Paxil, Zoloft) und Benzodiazepinen (Xanax, Ativan, Valium). Die letzte Medikation vor dem Anfall bestand aus Risperdal, Paxil und Ativan. Patient erklärt, er hätte während der vorausgegangenen 3 bis 4 Monate die regelmäßige Einnahme auf Ativan eingeschränkt, um Nebenwirkungen wie Trägheit, Verminderung der geistigen Leistungsfähigkeit und Impotenz zu vermeiden.

Bisherige Therapien

Patient wurde 2x in der stationären Psychiatrie behandelt (im Alter von 17 und 21), eine ambulante Behandlung wurde kontinuierlich fortgesetzt.

Beschreibung des Patienten

Patient ist Mitte zwanzig, Doktorand der Computerwissenschaft im Graduiertenprogramm. Körperlich fit. Keine gemeldeten Wohnungsprobleme. Ist gesellschaftlich in sein Umfeld integriert. Eingeschränktes Liebes- und Sexualleben (mehr dazu weiter unten).

Weitere Anmerkungen

Zum Zeitpunkt der Begutachtung war Patient lethargisch, depressiv und beschämt. Patient wurde mit Antipsychotika behandelt, und ursächlicher manischer Zustand hatte nachgelassen.

Beschreibung der manischen Zustände des Patienten: Selbstüberschätzung in Kombination mit paranoiden Einbildungen. Auf dem Höhepunkt der Unruhe glaubt Patient, die einzige Person zu sein, die imstande ist, bedeutende globale Krisen zu bewältigen. Während dieser Anfälle glaubt er außerdem, das Seminar, in dem er als Lehrassistent tätig war, sei eine Theaterinszenierung gewesen, mit der er lediglich getäuscht, getestet oder überwacht werden sollte (von Fall zu Fall). Patient glaubt, Bekannte und Kollegen wären Teil einer ausgeklügelten Täuschung, die seine Gedanken beeinflussen soll.

Im Verlauf der letzten 2 bis 3 Wochen war Patient zu der Überzeugung gelangt, die Bundesregierung würde ihn durch seine Universität ausspionieren. Der Vorfall vor dem Gebäude des Studentenwerks resultierte aus der Ansicht, die Universität würde seine Gedanken durch Funksender überwachen, die darin verborgen seien.

Patient berichtet außerdem von romantischer Fixierung auf eine Freundin, die mit einem engen Freund des Patienten verheiratet ist (übrigens derselbe Freund, der die Campus-Polizei über den Anfall des Patienten informierte und ihm damit wahrscheinlich das Leben rettete). Patient glaubt, die Freundin sei die einzige Person, die er jemals lieben könne, während der Freund des Patienten die einzige Person auf der Welt ist, die ihn liebt. Diese überzogene Dramatisierung der eigenen Person entspricht dem Muster einer BPS.

Patient erklärt den innigen Wunsch, seine geistige Gesundheit zu verbessern, und erkennt die Absetzung der Medikation als ursächlich für diesen Anfall. Patient räumt frühere Selbstmordgedanken ein, jedoch nicht während der jüngeren Gegenwart.

Empfehlung

48-stündiger stationärer Aufenthalt zur fortgesetzten Beobachtung und Diagnose, gefolgt von intensiver ambulanter Therapie (Gruppensitzungen, individuelle Gesprächstherapie, psychiatrisch betreute Medikation).

Auszug aus dem Protokoll der Kongressanhörung vom 1. Dezember 2022

REP. ALEJANDRO CORTES (D-NM): Mr. Boyce, war Ihnen die psychiatrische Vorgeschichte Ihres Mitgründers bewusst?
BOYCE: Bewusst? Natürlich. Seit dem College bin ich aktiv darin eingebunden gewesen. Als er während des Graduiertenprogramms seinen Zusammenbruch hatte, war ich es, der ihm zu einer Therapie verhalf und der verhinderte, dass er ins Gefängnis wanderte. Ich bin die ganze Zeit für ihn da gewesen.
REP. ALEJANDRO CORTES (D-NM): Hatten Sie jemals Bedenken bezüglich seiner Eignung, sich verantwortlich an der Geschäftsführung des Unternehmens zu beteiligen?
BOYCE: Die Geschäftsführung war mein Job. Deshalb waren wir ein so gutes Team. Adhi ist ein Genie, aber wenn man ihn mit seinen Sachen allein lässt, wird er sich darin verlieren.
REP. ALEJANDRO CORTES (D-NM): Ist es möglich, dass das seine heutige Abwesenheit erklären könnte?
BOYCE: Vielleicht. Keine Ahnung. Er läuft auf Hochtouren, und das heißt, dass man einen drohenden Anfall erst bemerkt, wenn es schon zu spät ist. Und als dann alles langsam den Bach runterging – als er ein wenig paranoid wurde und sich zurückzog, habe ich ihm vielleicht nicht mehr so viel Aufmerksamkeit geschenkt, weil ich mit ganz anderen Problemen zu tun hatte.

Post auf medium.com, später von *Huffpost* übernommen

12. Oktober 2022

Die Zukunft ist nicht weiblich

Von Carrie Chan

Sofern Sie nicht hinter dem Mond leben, wissen Sie, dass The Future auf dem besten Weg ist, *die* IT-Erfolgsstory des Jahrzehnts zu werden. Die Technologie wird weithin als Revolution der Kommunikation gepriesen, die es den Menschen ermöglicht, gleichberechtigt die Verantwortung für ihre Zukunft zu übernehmen.

»Gleichberechtigt«? Klaaaar! Glauben Sie nicht an den Hype.

Bis vor Kurzem habe ich für The Future gearbeitet, in der, wie ich dachte, beneidenswerten Position der Marketingdirektorin. Der Titel gefiel mir, genauso wie das Gehalt in einem Start-up, das viel Geld zum Fenster rauswerfen kann. Doch dann kam die Zeit, als ich gehen musste, aufgrund einer Kultur, die aus Sexismus, Geheimniskrämerei und der Machtdynamik eines Männerclubs besteht, dem ich einfach nicht länger angehören konnte.

Bevor ich fortfahre, muss ich mich ehrlich zu einem Teil meiner Zeit bei The Future äußern, auf die ich nicht stolz bin. Über einen Zeitraum von sechs Monaten mit Unterbrechungen hatten der Geschäftsführer Ben Boyce und ich eine Beziehung, in der die Grenzen der professionellen Angemessenheit überschritten wurden. Bei mindestens einer Gelegenheit wurde die Beziehung körperlich.

Ich weiß, dass »Grenzen überschreiten« und »körperlich werden« frustrierend unklar klingt, aber glauben Sie mir, dass ich bald genauer darauf eingehen werde. Vorläufig muss ich mich noch mit gerichtlichen Klagen herumärgern.

Doch der eigentliche Punkt, auf den ich hinweisen möchte, ist die Art und Weise, wie dieses feindselige Arbeitsumfeld emotional kompliziert wurde. Es war unmöglich, in einer Situation die Grenzen zu wahren, in der jede Interaktion mit der unausgesprochenen Erwartung aufgeladen war, dass ich die Rolle des »coolen Mädchens« spiele - unbeeindruckt von anzüglichen Bemerkungen und begehrlichen Blicken.

Darüber hinaus verschlimmerte sich die Angelegenheit erheblich, als Ben seine Frau in die Firma holte (für die sie nach wie vor arbeitet). Ben flirtete eine Minute mit mir und schaltete sofort um, wenn sie sich näherte. Es war eindeutig ein Psychospiel, und offensichtlich genoss er die Machtdynamik.

Gleichzeitig spielte er immer wieder auf die Möglichkeit an, wie vielversprechend »unsere Zukunft« miteinander sein würde (was er mit seiner kleinen Maschine gesehen hatte). Ich wusste, dass mich diese Andeutung zu einer Liebesbeziehung verleiten sollte. Allen, die sich im Valley (oder vermutlich in jeder größeren Stadt) auf Beziehungen eingelassen haben, ist klar, dass es das klassische Fuckboy-Verhalten ist (ja, auch verheiratete Männer können Fuckboys sein).

Der Knackpunkt des Ganzen ist nicht einfach nur die allzu vertraute Geschichte einer unzulässigen Büroromanze. Es ist die Geschichte eines technologischen Zaubers, der von Männern beherrscht und dazu benutzt wird, Frauen auszunutzen.

Ich habe Ben mehrere Male um Erlaubnis gebeten, den Prototyp von The Future benutzen zu dürfen. Schließlich haben auch Ben und sein Mitgründer Adhvan ihn regelmäßig benutzt, und das Gerät sollte schon bald für den öffentlichen Verkauf freigegeben werden. Und ich wusste, dass es einen unschätzbaren Wert für meine Arbeit haben könnte.

Doch Ben weigerte sich jedes Mal - mit Ausnahme eines einzigen Falls, bei dem es einen direkten Nutzen für ihn selbst hatte, weil es ihm half, sein Fehlverhalten zu vertuschen.

Ben schien es sogar zu genießen, mir den Zugang zu seinem kostbaren Prototyp zu verweigern. Er neckte mich mit Andeutungen über das, was er möglicherweise wusste. Gelegentlich ließ er durchblicken, er würde todsichere Börsentipps im Austausch gegen sexuelle Gefälligkeiten weitergeben (gespickt mit obszönen Witzen, bei denen einem das Kotzen kommt).

Das Problem beschränkt sich nicht auf dieses Unternehmen oder diese Technologie. Vielmehr besteht eine systemische Unterdrückung von Frauen durch Männer, die mit der Technologie und dem Kapital dieser Branche Druck ausüben.

Wenn wir wollen, dass unsere Zukunft anders aussieht als das, was ich bei The Future gesehen haben, müssen wir diesem Unternehmen die Stirn bieten – indem wir die bevorstehende Produkteinführung boykottieren, bis wir wirkliche praktische Veränderungen sehen, wie Frauen dort und überall in Silicon Valley behandelt werden.

Austausch von Textnachrichten

12. Oktober 2022, 13.52 Uhr

Leila Keener-Boyce
Ehrliche Frage: Wie viel von diesem Mist soll ich mir noch gefallen lassen? Denn meine Toleranz ist bis zur Grenze der Belastbarkeit strapaziert, und du solltest zumindest klarstellen, womit ich es hier zu tun habe.

Ben Boyce
Schatz, diese Tussi hat nicht alle Tassen im Schrank. Der einzige Grund, warum das passiert, ist der, dass ich ihr ganz KLAR gesagt habe, dass ich nicht interessiert und glücklich verheiratet bin.

Glücklich, alles klar.

Hey, erst warst du sauer, weil du dachtest,
ich würde etwas mit ihr anfangen.
Jetzt weißt du, dass das nicht passieren wird,
und du bist immer noch angepisst.

Versuchst du mich zu überzeugen, ich hätte nicht
das Recht, mich darüber zu ärgern, dass meinem Ehemann
sexuelle Belästigung vorgeworfen wird?

Hör zu, das tut mir wirklich leid. Ich habe es verbockt.
Ich bin es dir schuldig, das aus der Welt zu schaffen.
Wir kriegen das hin, das verspreche ich dir.
Aber zuerst ist die Arbeit dran.
Die Presse fragt an, ob ich zurücktreten werde.
Das könnte uns teuer zu stehen kommen.
Ich bin im Büro und arbeite an
einer öffentlichen Stellungnahme.
Du kannst mir dabei helfen oder auch nicht.

Was uns betrifft, ist es definitiv nicht »vorbei«.
Aber ich möchte auch nicht, dass du etwas vermasselst
oder mich noch mehr blamierst, als du es bereits getan
hast. Also ja, ich werde in 20 Minuten da sein, und du wirst
nichts tun, ohne es vorher mit mir abzusprechen.

Presseerklärung von Ben Boyce

Ich bin schockiert und enttäuscht von den Anschuldigungen unserer ehemaligen Angestellten, die heute online veröffentlicht wurden und uns völlig überrumpelt haben.

Zunächst muss ich als verheirateter Mann auf die Behauptungen und Unterstellungen eingehen. Ms. Chan hat seit unserer ersten Begegnung mit mir geflirtet. Ich habe mich bemüht, trotzdem einen professionellen Umgang mit ihr zu pflegen. Bedauerlicherweise habe ich mich bei einer Firmenfeier infolge einer Fehlentscheidung im Zusammenhang mit übermäßigem Alkoholkonsum tatsächlich zu einer unangemessenen Handlung hinreißen lassen. Doch es war nie eine sexuelle Beziehung, und es tut mir unendlich leid, dass ich meine Frau durch diese Fehlentscheidung verletzt habe, und ich verspreche, es nie wieder zu tun.

Was unsere Unternehmenskultur betrifft, bin ich über Ms. Chans unbesonnene und unbegründete Anschuldigungen entsetzt. Ich als schwarzer Unternehmer und mein indisch-amerikanischer Mitgründer Adhvan Chaudry, wir sind uns bewusst, was es bedeutet, zu einer marginalisierten Gruppe zu gehören und versuchen zu müssen, sich in der überwiegend weißen Kultur von Silicon Valley zu behaupten.

Bei The Future behandeln wir Frauen mit größtem Respekt. Dafür gibt es kaum einen deutlicheren Beweis als die Tatsache, dass meine Frau Leila Keener-Boyce - eine stolze und starke Feministin, wie man sie nicht jeden Tag findet - sich entschieden hat, ihre Stelle in einer Anwaltskanzlei aufzugeben, um hier zu arbeiten. Wir werden weiterhin versuchen, uns zu entwickeln und neue und bessere Möglichkeiten zu finden, unsere weiblichen Kollegen aufzubauen, aber unbegründete Anschuldigungen werden wir nicht tatenlos hinnehmen.

The Future ist ihrem Wesen nach eine demokratische Technologie. Wir haben entschieden, unser Gerät zu bauen und werden es bald auf den Markt bringen, und zwar so, dass die größtmögliche Anzahl von Menschen davon profitiert. The Future steht für die Unterstützung und Gleichstellung der Unterdrückten. Historische Ungleichheit und Ungerechtigkeit, einschließlich der Ausgrenzung von Frauen, werden durch die Technologie verschwinden, die wir für SIE bauen.

Austausch von Textnachrichten

12. Oktober 2022, 19.25 Uhr

Adhvan Chaudry
Düstere Zeiten, Lei.
Die Geschichte dieser Frau in Zweifel zu ziehen.

Leila Keener-Boyce
Komm schon, betrachte es mal aus meiner Perspektive.
Ich kann nur mit dem arbeiten, was Ben mir sagt.
Da sowohl meine Ehe als auch mein Lebensunterhalt von dieser Firma abhängen, könntest du vielleicht ein bisschen Nachsicht mit mir haben.

Ich möchte nur, dass du ganz du selbst bist.
Die Frau, auf die dein College-Ich stolz wäre.

Ich habe das Bestmögliche mit den Informationen gemacht, über die ich verfüge.

Du hättest mich fragen können.

Willst du damit sagen, dass du davon gewusst hast?

Natürlich wusste ich davon.

Ach du Sch…! Warum hast du nicht
früher mit mir gesprochen?

Das stand mir nicht zu.
Aber hättest du gefragt, hätte ich dich nie belogen.

Also gut. War es wirklich nur ein Kuss?
Soweit du weißt.

Ja.
Das heißt, eher ein wildes Geknutsche,
aber ja, das war alles, was ich gesehen habe.

Moment, heißt das, du hast es tatsächlich gesehen?
Auf der Party zum 4. Juli?

Ja. Nachdem du gegangen warst.
Alle waren ziemlich betrunken.
Was keine Rechtfertigung sein soll.
Was glaubst du, warum ich mich mit Ben geprügelt habe?

Ich kann mir sogar mehrere gute Gründe vorstellen.

Wohl wahr.

Ich habe ihn mehrmals danach gefragt,
aber er sagte, es wäre um Geld gegangen.

Kannst du dir vorstellen,
dass ich wegen $ auf ihn einschlage?

Ich kann mir eigentlich gar nicht vorstellen,
dass du überhaupt jemanden schlägst.
Ich hoffe, du hast nicht gedacht,
du müsstest meine Ehre verteidigen oder
irgendeinen Macho-Blödsinn durchziehen.

Ich war nur stinksauer auf ihn.
Tut mir leid, dass ich es dir nicht früher gesagt habe.
Ich dachte mir, so etwas tut man nicht.

Weil er dein Freund ist?

Etwas in der Art.

Du weißt, dass auch wir beide Freunde sind.

Ja, aber ich wollte mehr von dir.
Weshalb ich es dir nicht sagen konnte.

Uff! Du hast nicht gedacht, wenn ich die Wahrheit
darüber wüsste, würde es mir einige Schuldgefühle
ersparen, die ich wegen dem hatte, was zwischen uns
passiert ist? Das hat mir schlaflose Nächte bereitet.

Ich durfte nicht zulassen, dass das für deine
Entscheidungsfindung eine Rolle spielt.

Das scheint dir in der Tat gelungen zu sein.
Aber jetzt muss ich andere Entscheidungen treffen,
zum Beispiel, ob ich gehen sollte oder nicht.

Meinst du Ben oder The Future?

Beide. Und offen gesagt, der Hauptgrund für meinen
inneren Konflikt ist die Tatsache, dass mein Dad sich freuen
würde, wenn er recht behält. In beiden Fällen. Und das ist
vielleicht das Einzige, das es noch schlimmer machen
könnte. Also: Sollte ich lieber gehen oder bleiben?

Ein echtes Dilemma.

Kannst du mir nicht einfach sagen, was ich tun sollte?
Ich weiß, dass du mehr gesehen hast,
als du mir gesagt hast.

Ich kann dir sagen, dass für dich alles gut wird.

Komm schon! Bitte!

Wenn ich es dir sage, würde genau das
deiner Entscheidung in die Quere kommen.
Es wäre besser, wenn du es nicht weißt.

Wenn du das wirklich so siehst, warum
willst du der Welt dann eine Maschine geben,
die so ziemlich genau das macht?

Allmählich frage ich mich das auch.

NEUNZEHN

Internes Memo des Verteidigungsministeriums

Intern verteilt am 6. 10. 2022
Veröffentlicht am 15. 9. 2023
Download durch Prototyp am 3. 11. 2022

Verteidigungsministerium
1000 Pentagon Rd.
Washington, DC, 20301-1000

Mitteilung an:
Sekretariate der Militärabteilungen
Vorsitzender der Vereinigten Stabschefs
Staatssekretär für Verteidigung
Stabchefs der Militärdienste
Justitiar des Ministeriums für Verteidigung

Betreff: Sicherheitsgefährdung durch neuartige zivile Technologie

Das zivile Technologieunternehmen The Future hat ein Elektronikprodukt entwickelt, das es (wie behauptet wird) den Nutzern ermöglicht, auf Daten aus dem Internet der

Zukunft zuzugreifen. Das Unternehmen beabsichtigt, das Produkt am 1. 1. 2023 in den USA auf den Markt zu bringen. Dieses Memorandum fasst potenzielle Sicherheitsgefährdungen zusammen, die sich aus dieser Technologie ergeben.

1. Internationale Militärstreitmächte
Die Regierungen aller Staaten, die Zugang zu dieser Technologie haben, könnten künftige Truppenstationierungen und die Militärtaktik der Streitkräfte der USA vorhersehen, um sie für einen strategischen Vorteil zu nutzen.
2. Internationale Terroristen
Terrorgruppen wie radikale Dschihadisten und andere könnten die Technologie von The Future verwenden, um Anschläge mit größtmöglichem Schaden zu planen, oder Prophezeiungen zur Rekrutierung nutzen (vor allem gegenüber Bevölkerungsschichten mit geringerer Bildung und ohne Zugang zu Technologie).
3. Internationale Geheimdienste
Feinde können die Technologie dazu einsetzen, Informationen über unsere geplanten Geheimdienstaktionen zu sammeln, an Satellitendaten aus der Zukunft zu gelangen, zur digitalen Spionage und Täuschung usw.
4. Waffenentwicklung
Das Gerät von The Future könnte benutzt werden, um Pläne für künftige Raketen, Schusswaffen und Cyber-Waffensysteme in der Gegenwart zu empfangen/abzufangen/zu übermitteln, womit sich unsere Feinde einen technologischen Vorsprung verschaffen würden.

Empfehlung: Das Ministerium für Verteidigung wird dieses Unternehmen und seine Technologie als Gefährdung der nationalen Sicherheit einstufen und empfiehlt sofortige juristische Maßnahmen, um es zu verpflichten, die Markteinführung zu unterlassen, bis angemessene behördliche Maßnahmen eingeleitet wurden.

E-Mail vom 4. November 2022

Von: Ben Boyce
An: Leila Keener-Boyce

Hey Baby, ich weiß, im Moment läuft so einiges schief, aber jetzt hat sich etwas ergeben, bei dem ich deine Hilfe gebrauchen könnte. Kevin und ich haben den Prototyp benutzt, um uns einige bevorstehende Sachen anzusehen, und dabei haben wir dieses Memo des Verteidigungsministeriums in die Finger bekommen.

Es ist zwar schon vor einem Monat geschrieben worden, wird aber erst Ende nächsten Jahres öffentlich verfügbar sein (vermutlich durch einen Leak). Ich schicke es dir, weil es so aussieht, als sollten wir versuchen, dem zuvorzukommen. Und da wir es jetzt immer wieder mit gewissen Diskrepanzen zu tun haben, bin ich mir nicht sicher, was aus dieser Sache wird …

Antwort

Verstanden. Wunderbar. Ich dachte gerade, die Verteidigung gegen diese Google-Klage, die ich für meinen untreuen Ehemann durchziehe, lastet mich nicht so ganz aus, also wäre eine juristische Auseinandersetzung mit dem Verteidigungsministerium jetzt genau das Richtige für mich. Also ja, ich werde mich sofort darum kümmern.

Übrigens könnte ich vielleicht eine gute Strategie entwerfen, wenn du mir weitere Infos über die kommende Entwicklung zur Verfügung stellst. Aber ich weiß schon, dass du mir nicht helfen wirst. Also muss ich mich blind vorantasten.

Antwort

Hey Baby, ich versteh ja deinen ganzen Frust. Davon abgesehen ist mir aber nicht klar, was das genau bedeutet – ob du dich darum kümmern wirst oder ob ich einen anderen unserer Mitarbeiter damit beauftragen sollte.

E-Mail vom 8. November 2022

Von: Leila Keener-Boyce
An: (verborgene Empfänger)

An den Verteidigungsminister und das Verteidigungsministerium:

Als Leiterin der Rechtsabteilung von The Future schreibe ich Ihnen präventiv zu Ihrem Memo »Sicherheitsgefährdung durch neuartige zivile Technologie«.

Ich denke, dem Ganzen liegt ein wesentliches Missverständnis zugrunde, was das Wesen unserer Technologie betrifft und welche Auswirkungen sie auf die Welt haben wird, sobald sie gleichwertig zur Anwendung kommt (d. h. mit gleichberechtigtem Zugang für alle, was jegliche strategische Vorteile oder Sicherheitsgefährdungen obsolet macht).

Ich wende mich in der Hoffnung an Sie, ein kostspieliges und langwieriges Gerichtsverfahren vermeiden zu können. Wir haben gegen keine Gesetze verstoßen, und unser Unternehmen unterliegt nicht der Rechtsprechung der Bundesgesetzgebung für Verteidigungsangelegenheiten und damit auch nicht der Kontrolle durch Ihr Ministerium.

Hochachtungsvoll
Leila Keener-Boyce
Leiterin der Rechtsabteilung
The Future

Antwort

Sehr geehrte Mrs. Keener-Boyce,

vielen Dank für Ihre Mitteilung. Ich bin geneigt, Sie zu fragen, wie dieses Memo in Ihre Hände gelangt ist, obwohl es als streng vertraulich eingestuft wurde, aber das ist für mich nicht das dringlichste Problem.

Ich denke, es könnte uns gelingen, eine Übereinkunft auszuhandeln. Ich würde mich sehr gern zu einer Besprechung mit Ihnen und den Mitgründern Boyce und Chaudry treffen. Bitte leiten Sie meinen Vorschlag weiter, und wenn Sie bereit sind, wird mein Büro eine Reise nach D.C. zügig organisieren.

Hochachtungsvoll
Michael P. Stenhoff
Verteidigungsminister

Weiterleitung

Von: Leila Keener-Boyce
An: Ben Boyce, Adhvan Chaudry

Hey Jungs,

wie es aussieht, möchte sich der Verteidigungsminister mit uns allen treffen. Ich vermute, das bedeutet alle drei auf einmal, und die Teilnahme dürfte verpflichtend sein. Das Verteidigungsministerium hat zwar praktisch keine Gerichtsbarkeit über Konsumartikel, aber es gibt einige Präzedenzfälle, auf deren Grundlage sie unser Unternehmen als Gefährdung der nationalen Sicherheit einstufen, womit sie praktisch das FBI und das Justizministerium auf uns hetzen können.

Ich weiß, dass es schwierige Zeiten für uns sind, aber könnten wir alle unsere Differenzen weit genug beiseitelegen, damit wir in der Lage sind, das Militär davon zu überzeugen, dass unsere Computer die Welt nicht in die Luft jagen werden?

Antwort

Von: Ben Boyce
An: Leila Keener-Boyce, Adhvan Chaudry

Ja, damit komme ich klar.

Antwort

Von: Adhvan Chaudry
An: Ben Boyce, Leila Keener-Boyce

L.,

ich schreibe diese Antwort in der Erwartung, dass sie von der Bundesregierung gelesen wird.
Wenn ich mich weigere, werde ich vermutlich ohnehin mittels Chloroform und einem weißen Lieferwagen zur Besprechung abgeholt.
Also ja, ich werde dabei sein.

A.

Antwort

Von: Adhvan Chaudry
An: Ben Boyce

B.,

wegen Leis Bemerkung »die Welt in die Luft jagen« …
Ich schätze, du hast ihr die Artikel nicht gezeigt, die ich aus dem Prototyp geholt habe, wo es um Russland, die Ukraine usw. geht. Du weißt schon, die Zukunft, in der unsere Technologie tatsächlich den 3. WK in die Wege leitet.
Ich denke, das sollten wir tun, bevor wir in diese Besprechung gehen.

A.

Antwort

Hey Mann, ich versteh dich, aber ich finde nicht, dass wir es Lei sagen sollten. Was hätten wir davon? Wir sollten einfach so wenig wie möglich ausplaudern, eher ganz allgemein über die Technologie reden, und wenn sie zu viel weiß, wird sie nur umso tiefer hineingezogen.

Wir haben es hier offenbar mit einer neuen Situation zu tun. Die ursprünglichen Vorhersagen sind nicht mehr hundertprozentig gültig. Das heißt, wir können nicht mehr alles für bare Münze nehmen. Diese Besprechung mit dem Ministerium – es gibt keinen Grund, warum wir ihnen irgendetwas geben sollten. Vielleicht werden wir auf diese Weise herausfinden, was wir bekommen können.

E-Mail

Von: Paolo Ventrini
An: Ben Boyce, Adhvan Chaudry

Hey Jungs,
ein Vögelchen hat mir gezwitschert, dass ihr zu einem Treffen im Pentagon eingeladen wurdet. Ich halte es für wichtig, dass ich dort die Interessen der Investoren vertrete, da die Konsequenzen, die möglicherweise zur Sprache kommen, Auswirkungen auf den Profit des Unternehmens haben werden. Bitte beschwört keine neue Google-Situation herauf.

Paolo

Antwort

Von: Adhvan Chaudry
An: Paolo Ventrini, Ben Boyce

P.,

das Pentagon lädt niemanden »plus Partner« ein.
Selbst wenn wir wollten, könnten wir dich nicht mitnehmen.
Wende dich an den Verteidigungsminister.

A.

Antwort

Von: Ben Boyce
An: Adhvan Chaudry

»Das Pentagon lädt niemanden ›plus Partner‹ ein.« LOL! Danke, dass du mir damit den Tag gerettet hast. Weswegen ist Paolo überhaupt sauer? Wir wachsen immer noch, und diese Idioten werfen uns weiterhin ihr Geld hinterher.

Antwort

B.,

danke für den Friedenszweig,
aber wenn du dich über meine E-Mail schlapp lachst, ist das kein Ersatz dafür, mir den Zugang zu unserer Technologie zu verweigern.
Wir sehen uns im Pentagon.

A.

Twitter-Postings, 9. November 2022

@HEYBENBOYCE
Komme gerade von einer vertraulichen Besprechung mit Vertretern des Verteidigungsministeriums über The Future. Sie wollen die exklusiven Rechte an unserer Technologie erwerben. #TheFutureIsYours

@HEYBENBOYCE
Wir lassen uns nicht vom MILITÄRISCH-INDUSTRIELLEN KOMPLEX kaufen! #TheFutureIsYours

@HEYBENBOYCE
Sie drohen damit, uns als Gefährdung der nationalen Sicherheit einzustufen. Warum? Weil diese Technologie MÄCHTIG ist. #TheFutureIsYours

@HEYBENBOYCE
Eure Regierung will nicht, dass ihr die Kontrolle über eure eigene Zukunft habt. #TheFutureIsYours

@HEYBENBOYCE
Bekämpft die Macht! The Future ist bald für euch da! #TheFutureIsYours

Austausch von Textnachrichten

9. November 2022, 19.25 Uhr

Adhvan Chaudry
Glaubst du wirklich, dass es die beste Vorgehensweise ist, wenn Ben wie Trump tweetet?

Leila Keener-Boyce
Natürlich nicht. Aber er hört einfach nicht mehr auf mich. Und jetzt hat er kein süßes Marketingmädchen mehr, das ihm sagt, was er tun soll. Also ist die Katze aus dem Sack. Aber hast du das alles nicht längst vorhergesehen?

Nein.
Diese Straßen sind nicht mehr auf unserer Landkarte verzeichnet.
Jetzt weiß ich auch nicht mehr über die Zukunft als alle anderen.

Bist du bei der Besprechung deshalb so still gewesen?

Das war vielleicht ein Grund.
Hab nur zugehört. Und nachgedacht.
Es ist klar, dass ich mich bei diesen beiden Sachen nicht auf Ben verlassen kann.

Haha, das waren noch nie seine starken Seiten.
Aber es ist schön gewesen, dich heute wiederzusehen,
auch wenn die Umstände etwas seltsam waren.

Für mich sind die Umstände schon
die ganze Zeit über seltsam.
Ich bin froh, dass wir jetzt zumindest
auf derselben seltsamen Wellenlänge sind.
Aber ja.
Auch ich habe es schön gefunden, dich wiederzusehen.

E-Mail vom 9. November 2022

Von: Orville Crane
An: Adhvan Chaudry

Sehr geehrter Mr. Chaudry,

ich schreibe Sie an, um mich als wahren Fan Ihrer Arbeit vorzustellen.

Wie Sie sich vorstellen können, war das Verteidigungsministerium über die Reaktion Ihres Mitgründers auf die vertrauliche Besprechung sehr verärgert. Ich muss einräumen, dass die Generäle den Ton angegeben haben. Wir dagegen – als Wissenschaftler in der Verteidigungsforschung – hatten darauf vertraut, dass sie mit einem gewissen Respekt vor der unglaublichen Arbeit vorgehen, die Sie geleistet haben. Wir werden diesen Fehler nicht noch einmal machen.

Angesichts des Ausgangs dieser Besprechung hoffen wir, dass Sie uns von der DARPA nicht per se als »die Regierung« betrachten. Wir haben uns gedacht, wir könnten uns auf direkterem Wege und aus einem konkreteren Grund an Sie wenden.

Wir wissen, dass Sie bereits seit einiger Zeit an einer Version Ihrer Technologie arbeiten, die sie als »2.0« bezeichnen. Wir wissen auch, dass Sie das Projekt als theoretisch unmöglich aufgegeben haben, aufgrund der Notwendigkeit einer ergänzenden Technologie – der Teleportation, wie Sie es formulieren – sowie enormen Mengen an Energie.

Ich kann hier nichts über geheime Informationen sagen, aber eine *freigegebene* Information ist die Tatsache, dass es bei einer Technologie, an der wir bei DARPA bereits seit Mitte der Sechziger Jahre gearbeitet haben, rundheraus gesagt um *Teleportation* ging. Obwohl Teleportation nach Science-Fiction klingen mag, haben wir die sehr realen Möglichkeiten erkundet, wie sich Masse in Information umwandeln und verzögerungsfrei über große Entfernungen senden lässt. Das Projekt hat erst einige Fortschritte gemacht, wurde dann jedoch im Gefolge des MKUltra-Debakels aufgegeben.

Allerdings dürfte Ihnen zweifellos der Artikel »Deterministische Quantenteleportation von atomaren Qubits« von Barrett et al. aus dem Jahr 2007 bekannt sein. Und Sie können sich wahrscheinlich denken, wie dieser Aufsatz das Interesse der DARPA am Teleportationsprojekt geweckt (und vielleicht sogar wiederbelebt) hat. Falls Sie einen Blick in die Berichte aus dem vergangenen Jahrzehnt über die Verteidigungsausgaben und insbesondere die Finanzierung der DARPA geworfen haben und die in neuerer Zeit publizierten/realisierten Ergebnisse dagegenhalten, werden Sie vermutlich denken, dass wir a) entweder ein großes schwarzes Loch sind, in dem Steuergelder verschwinden, oder dass wir b) etwas *wirklich verdammt Geiles* ausbrüten.

Nun, zu den Steuergeldern im schwarzen Loch ist noch nicht das letzte Wort gesprochen, aber ich würde einfach sagen …

warum kommen Sie nicht mal ins DARPA-Labor rüber, bevor Sie nach Kalifornien zurückreisen? Ich würde Ihnen gern etwas *wirklich verdammt Geiles* zeigen.

Orville Crane
Leiter für die Entwicklung von Sonderprojekten
Defense Advanced Research Projects Agency

Antwort

O.,

ich bin interessiert.
Um das klarzustellen: Gilt diese Einladung auch für Ben?

A.

Antwort

Lieber Mr. Chaudry,

diese Einladung gilt für Sie persönlich und nur für Sie allein, und wir würden es sogar vorziehen, wenn Sie nicht einmal mit anderen Personen darüber sprechen. Vertraulichkeit ist in unserer Organisation von höchster Priorität.

Wenn Sie Bedenken haben, sich ohne Ihren Mitgründer mit uns zu treffen, würde ich das absolut respektieren. Doch angesichts seines Verhaltens in den Social Media nach unserer Besprechung halten wir ihn nicht für vertrauenswürdig genug, wenn es um die nationale Sicherheit geht. Die Entscheidung liegt bei Ihnen. Und wenn Sie es für sich abwägen, möchte ich Ihnen einfach folgende Überlegung vorschlagen: Würde er diese Gelegenheit erhalten und nicht Sie, was würde er dann tun?

In der Hoffnung auf ein baldiges Treffen,
Orville Crane
Leiter für die Entwicklung von Sonderprojekten
Defense Advanced Research Projects Agency

Antwort

O.,

ich werde da sein.

A.

ZWANZIG

Blog-Post auf Tumblr, 11. November 2022

**Das Schwarze Loch:
Gedanken eines
anonymen Sci-Fi-Superfans**

»Scheiß auf Doctor Who«

Ich habe *Doctor Who* in der Mittelstufe entdeckt,

während der unübertroffenen Herrschaft von David Tennant.

Ich habe davon geträumt, er würde eines Tages kommen und mich in der TARDIS mitnehmen.

Für die Uneingeweihten: Doctor Who ist ein Timelord,

ein unsterblicher Außerirdischer, der immer wieder in neuen Körpern auftritt (deshalb die verschiedenen Schauspieler).

In jeder Inkarnation schließen sich ihm bei seinen Abenteuern neue Begleiter an,

die daraufhin ihr Zuhause verlassen und ihm durch Zeit und Raum folgen.

Als Jugendlicher ohne Freunde bin ich von der Idee fasziniert gewesen, zu einem Begleiter zu werden,

dem brillanten und mächtigen Doctor zu begegnen,

also von einer Freundschaft, die über die Grenzen meiner eintönigen Realität hinausgeht.

Doch je älter ich werde, desto klarer sehe ich ... dass Doctor Who ein narzisstischer Soziopath ist.

Ein Unsterblicher, der Sterbliche in seine gefährlichen galaktischen Eskapaden hineinzieht.

Er verlangt, dass sie ihr Zuhause, ihre Freunde und ihre Familie aufgeben,

dass sie alles riskieren, sich ihm voll und ganz anvertrauen und ihm folgen.

Doch er selbst geht mit niemandem eine wechselseitige Verpflichtung ein.

Er selbst riskiert nichts.

Die Begleiter sind nicht mehr als Gelackmeierte,

Fans, die alles geben, um ein klein wenig Aufmerksamkeit von einem höheren Wesen zu bekommen.

Wir sollen immer wieder voller Begeisterung dabei zuschauen,

wie Doctor Who neue Gestalten annimmt und neue Begleiter findet.

Dabei verheizt er die Menschen im Grunde nur,

nutzt ihre Talente und ihre Leidenschaften aus, damit sie seinen eigenen Zielen dienen,

seiner Selbstüberhöhung.

Scheiß drauf!

Vielleicht ist man in dem Augenblick erwachsen geworden, wenn man sich nicht mehr danach sehnt, zu einem Begleiter zu werden,

und man bereit ist, sich selbst als den Doctor zu betrachten.

E-Mail vom 11. November 2022

Von: Adhvan Chaudry
An: Leila Keener-Boyce

L.,

würde ich abhauen ... würdest du dann mitkommen?
An einen Ort irgendwo (vielleicht auch irgendwann), wo man uns niemals finden könnte.
Wenn ich eine Möglichkeit hätte, neu anzufangen.
Wirklich und wahrhaftig neu anzufangen.
Würdest du?

A.

Antwort

Hey A.,

ich habe keine Ahnung, wovon du redest. Es gibt keinen Neuanfang. Nicht für uns, für niemanden. Tut mir leid, aber das ist die Realität.

Hör mal, du bedeutest mir sehr viel. Und ich mag den Träumer in dir. Aber vielleicht reißt dich das manchmal aus deinem eigenen Leben. Die Verlockung anderer Möglichkeiten hält dich vielleicht hin und wieder davon ab, das anzuerkennen und zu genießen, was wirklich IST. Hier und jetzt, genau vor deiner Nase.

Du hast buchstäblich deinen Traumjob gefunden. Du genießt Freundschaften, Respekt und Erfolg. Ich sage nicht, dass dein Leben perfekt oder die Welt rundum gut und wunderschön ist, aber vielleicht solltest du damit anfangen, dich der Realität zu stellen und etwas zu verbessern, statt ständig nach Fluchtwegen zu suchen.

Lei

E-Mail vom 12. November 2022

Von: Ben Boyce
An: Adhvan Chaudry

Hey, bist du heute wieder im Büro? Schon in ein paar Wochen gehen wir in die Produktion, aber wir haben da noch ein paar Macken, die wir am Nutzer-Interface geradebiegen müssen. Evelyn macht sich Sorgen, das Gerät könnte sich praktisch mit einem Jailbreak knacken lassen … Ich habe ihr gesagt, dass so etwas unmöglich ist, aber ich weiß eigentlich nicht genug, um es zu erklären. Könntest du mit ihr reden?

E-Mail

Von: Ben Boyce
An: Adhvan Chaudry

Hey, ich habe gehört, du bist noch gar nicht aus D.C. zurück und hast dort einen weiteren Termin. Stimmt das? Wenn ja, müssen wir das sofort besprechen.

E-Mail

Von: Ben Boyce
An: Adhvan Chaudry

Kumpel, du kannst mich nicht einfach so ignorieren. Ich lasse es dir durchgehen, wenn du nicht ins Büro kommst und nicht ans Telefon gehst, aber du musst zumindest auf Nachrichten antworten. Melde dich so schnell wie möglich.

E-Mail

Von: Ben Boyce
An: Adhvan Chaudry

Hey Mann, das ist deine letzte Chance, bevor ich drastische Maßnahmen in Erwägung ziehe. Du bist eine Führungskraft dieser Firma, und wir befinden uns an einem kritischen Punkt.

Verdammt, wir werden von allen möglichen Seiten ANGEGRIFFEN! Wir könnten die MARKTEINFÜHRUNG verpassen. Wir haben ein Gerichtsverfahren am Hals, das groß genug ist, um uns restlos zu ERLEDIGEN.

Antwort

B.,

wollte dir Bescheid geben …
Ich trete von meinem Posten als TD zurück
und verzichte auf mein Gehalt für den Rest des Jahres.
Ich ziehe mich von The Future zurück.

A.

Antwort

Ähmmm, was zum Henker faselst du da? Das ist auch deine Firma, das ist kein Job, den du einfach KÜNDIGEN kannst! Komm rüber und REDE MIT MIR!

Weitere Antwort

Ignoriere mich nicht einfach. Glaubst du wirklich, du würdest allein besser klarkommen?! Glaubst du, du hättest etwas in dieser Art ohne mich schaffen können? Ist dir überhaupt klar, dass du diesen Job bei Google nach der Uni nur bekommen hast, weil ICH dich dafür vorgeschlagen habe? Und DIESEN Job würdest du offensichtlich nie machen, wenn ich nicht das nötige Geld aufgetrieben hätte. Und dann habe ich vor fünf Monaten meinen Hals riskiert, damit du im Vorstand bleiben kannst. Also bin ich buchstäblich für deine gesamte Karriere verantwortlich gewesen, für jeden Dollar, den du verdient hast, und jetzt steigst du einfach aus? Im Ernst? Ich weiß nicht, was in deinem Kopf abgeht, aber wenn dir noch etwas an mir liegt, an unserer Freundschaft, an unserer Firma, musst du dranbleiben und das durchziehen.

E-Mail

Von: Adhvan Chaudry
An: Prisha Chaudry

Mom!

Wollte dir nur sagen, dass ich entschieden habe, meinen Job aufzugeben. Das heißt, ich werde die Firma verlassen, die ich aufgebaut habe.
Ich werde in ein neues Projekt einsteigen, und zum ersten Mal seit einer Ewigkeit wage ich mich wirklich ins Unbekannte hinaus.
Ich lasse mir eine beträchtliche Gewinnausschüttung entgehen, aber ich sehe keine Alternative.
Deshalb werde ich vielleicht nicht mehr in der Lage sein, dir Geld zu schicken.
Es tut mir leid, wenn ich dich auf irgendeine Weise enttäuscht habe. Jetzt oder in der Vergangenheit.

A.

Antwort

Adhvan, danke fur die Nachricht. Wenn du deine Firma verlasst ist das bestimmt richtig fur dich, sonst wurdest du es nicht tun. Ich bin nicht Ente auch369ent369.tauscht, ich bin sehr stolz, du bist klug und arbeitest hart und jetzt hast du vielleicht Zeit ein nettes Madchen zu finden. Am Sonntag werde ich Daal machen. Kannst du bitte fruher kommen weil das Internetkonto nicht stimmt? Das Leben ist komisch man weis nie was passiert aber es ist besser nicht allein zu sein.

E-Mail vom 15. November 2022

Von: Adhvan Chaudry
An: (verborgene Empfänger)

Kollegen,

in einer sehr kurzen Zeit haben wir hier etwas wahrlich Erstaunliches geschaffen.
Aber wenn ich darüber nachdenke, was wir getan haben und wohin wir unterwegs sind,
fühle ich mich an Robert Oppenheimer erinnert, den Vater der Atombombe.
Als er die erste Detonation miterlebte,
die »mit dem Feuer von einer Million Sonnen brannte«,
sagte er einen Satz, mit dem er Krishna in der *Bhagavad Gita* zitierte:
»Jetzt bin ich zum Tod geworden, dem Zerstörer der Welten.«

Zuallererst brachte Oppenheimer damit seine Furcht vor der Macht der Waffe, die er geschaffen hatte, zum Ausdruck.

Ich teile diese Furcht hinsichtlich der Technologie von The Future.
Ich fürchte, dass wir zum Tod geworden sind, dem Zerstörer der Welten.
Aber in meinem Fall hat es vielleicht eine noch viel treffendere Bedeutung.
Das hinduistische Glaubenssystem stützt sich auf ein nichtlineares Verständnis der Zeit.
Alle Ereignisse – Vergangenheit, Gegenwart und Zukunft – sind unvermeidlich und wirklich, alle gleichzeitig.
Der »Zerstörer der Welten« ist keine Bombe.
Und auch kein Gott.
Es ist die *Zeit*.

Ich habe gesehen, wohin diese Technologie uns führen wird – und bin erschüttert.
Ich habe nicht vor, mich der Verantwortung zu entziehen, so etwas geschaffen zu haben,
aber ich kann mich auch nicht länger daran beteiligen.
Ich muss etwas tun, um es aufzuhalten.
Ich muss aktiv werden, um die Welt besser zu machen, im Hier und Jetzt,
statt hilflos in eine Zukunft zu starren, die wir nicht vermeiden können.

Ich danke euch allen für eure unermüdliche Arbeit in den vergangenen zehn Monaten.
Unter der Anleitung von Evelyn weiß ich euch in guten und fähigen Händen, sie ist eine einzigartige Ingenieurin, die ideale Voraussetzungen mitbringt, in meine Fußstapfen zu treten.
Ich wünsche euch allen viel Glück bei eurer weiteren Arbeit.

A.

Austausch von Textnachrichten

15. November 2022, 14.14 Uhr

Ben Boyce
Hast du Adhis Kündigungsschreiben gesehen?

Leila Keener-Boyce
Ja. Hast du das nicht kommen sehen?

Ein Scheißblitz aus heiterem Himmel.
Ich meine, offensichtlich lief es nicht so gut.
Zwischen uns.
Aber das ist völlig verrückt.
Was können wir jetzt tun?

Zuerst müssen wir schauen, wie wir das drehen können.
Es wird bald durchsickern, und wir müssen
eine öffentliche Erklärung herausgeben,
damit es nicht mehr ganz so schlimm klingt.
Genauso wichtig wäre eine interne Kommunikation.
Die Leute sind schon unruhig,
und das macht es nicht besser.

Wegen der internen Wahrnehmung
mache ich mir keine Sorgen.

Das solltest du aber. Das war auch der Untergang
für Facebook, unter anderem. Lass zumindest eine E-Mail
von deinem Marketingmädchen entwerfen.
Ich geh davon aus, dass es wieder ein Mädchen ist,
das du auf diesen Posten gesetzt hast.

Für so etwas habe ich keine Zeit.

Natürlich nicht.

Diese Adhi-Sache ist nicht nur ein Problem.
Es ist ein totaler Verrat.
Er tritt uns bewusst in den Arsch.
Er weiß, dass ich Evelyn nicht auf seinen Posten
setzen möchte, aber jetzt muss ich es tun.
Der Wichser hat uns gerade ein Loch ins Deck geschlagen
und fährt nun mit einem Rettungsboot davon.
Wir müssen überlegen, wie wir ihn abservieren können.

Abservieren?
Dir ist doch klar, dass er krank ist, oder?
Er ist nicht ganz bei Verstand.

Das ist mir jetzt offen gesagt scheißegal.
Vertragsbruch? Fahrlässigkeit?

Du hast immer noch den Prozess gegen Google am Hals.
Willst du jetzt wirklich deinen Mitgründer verklagen?

Ja.

Wie du meinst, aber daran werde ich mich nicht beteiligen.
Wenn du Adhi verklagst, bin ich raus.

E-Mail vom 16. November 2022

Von: Ben Boyce
An: (verborgene Empfänger)

Hey Leute,

ich weiß, dass viele von uns (mich eingeschlossen) ganz und gar überrascht auf Adhis Entscheidung regiert haben, das Unternehmen zu verlassen. Die Neuigkeit war für mich besonders verstörend, weil Adhi nicht nur mein Partner, sondern auch mein Freund war.

An dieser Stelle muss ich über etwas sprechen, das ich zuvor nie öffentlich diskutieren wollte. Aber ich habe euch allen gegenüber eine Verantwortung und bin der Wahrheit verpflichtet. Adhi leidet unter erheblichen psychischen Problemen, insbesondere ist er bipolar mit manischen Anfällen, und das schon seit vielen Jahren. Vor zwei Jahren hatte er einen manischen Anfall, weshalb er beinahe ins Gefängnis gekommen und von Stanford ausgeschlossen worden wäre – was auch passiert wäre, wenn ich mich nicht für ihn eingesetzt hätte.

Adhis Entscheidung und die paranoiden Wahnvorstellungen, die dazu führten, sind das Ergebnis einer gestörten Psyche. Das sollten wir uns bewusst machen, bevor wir die Arbeit hinterfragen, die wir hier leisten. Wir wollen Adhi eine schnelle Genesung wünschen, während wir weitermachen.

All jenen, die angesichts seiner Abwesenheit Zweifel an der Zukunft unserer Technologie geäußert haben, möchte ich sagen: Macht euch keine Sorgen. Unsere neue Technische Direktorin Evelyn Andrada hat bereits seit über einem Jahrzehnt auf dem Gebiet der Quanteninformatik gearbeitet und sich längst als unschätzbares Teammitglied erwiesen. Nun übernimmt sie die Aufgabe, uns in ein aufregendes neues Kapitel zu führen.

The Future ist eine Firma mit einer Vision für die Welt – die das menschliche Denken und die Kommunikation revolutionieren und den Weg zur Lösung des Problems der Erderwärmung sowie zur Beendigung internationaler Konflikte bahnen könnte! Alle, die diese Vision nicht teilen, dürfen gern gehen, so wie Adhi gegangen ist. Wir werden es niemandem nachtragen, wir werden lediglich damit weitermachen, in eine bessere neue Welt aufzubrechen, die wir zweifellos für immer verändern werden.

Vielen Dank,
Ben Boyce

E-Mail

Von: Ben Boyce
An: Kevin Martindale

Kevin, wir haben ein großes Problem mit dem Adhi-Debakel. Wir müssen herausfinden, wo er steckt, was er tut und warum er wirklich gekündigt hat. Vielleicht, um Material für eine Klage zu sammeln, aber auch einfach nur für sachdienliche Informationen. Ist das etwas, wobei Watermark hilfreich sein könnte? Wie sieht der grobe Preisrahmen für so etwas aus?

Antwort

Hey Boss.
Total hundertprozentig die richtige Adresse. Watermark hat eine Ermittlungsabteilung, die wir damit beauftragen können. Ausgehend von 30 Tagen würde ich geschätzt 80K veranschlagen, beziehungsweise entsprechend mehr, wenn wir verlängern müssen. Keine Sorge, ich bin am Ball.

E-Mail

Von: Thomas Keener
An: Leila Keener-Boyce

Liebe Leila,

es ist ein trauriger Tag, wenn ich mich in diesem Format, das mir so zuwider ist, an meine eigene Tochter wenden muss, also werde ich versuchen, mich kurzzufassen.

Deine Position bei The Future ist unhaltbar. Nach dem inzwischen öffentlich gewordenen Weggang eines der beiden Gründer stürzt das Unternehmen nun in sich zusammen. Der Vorstand hat jetzt gute Gründe, Ben mit sofortiger Wirkung abzusetzen. Das Gerichtsverfahren werden wir nun mit Leichtigkeit gewinnen. Wir hoffen nur, einen ausreichend hohen Gegenwert herauszubekommen, bevor die Börsenaufsicht euer Unternehmen zerschlägt.

Als dein Vater möchte ich eindringlich an dich appellieren, zum Wohl unserer Familie den Schaden zu begrenzen. Du und Ben, ihr könnt immer noch mit einem Mindestmaß an Würde aus der Situation aussteigen – und mit einer mehr als ausreichenden Summe Geld. Es ist deine Pflicht, nicht nur als sein

Rechtsbeistand, sondern auch als seine Frau, ihm seinen Stolz auszureden und ihn wieder etwas zur Vernunft zu bringen.

Mit freundlichen Grüßen
Dad/Thom

Antwort

Hallo Dad,

du hast mir beigebracht niemals aufzugeben – was du inzwischen vermutlich bereust.

Ben ist auf keinen Fall perfekt. Aber wenn es um seinen Ehrgeiz und Stolz und seinen geschäftlichen Einsatz geht, kann ich nicht vortäuschen, deswegen auch nur im Geringsten überrascht zu sein.

Du hingegen hast dein Leben lang behauptet, deine Arbeit stünde im Dienst deiner Familie. Aber in dieser Situation hast du aktiv den Konflikt zwischen beiden gesucht, und während er eskaliert, steht deine Entscheidung fest. Du hast die Arbeit gewählt und nutzt unsere Beziehung als Druckmittel, um zu gewinnen.

Ich finde es angebracht, dich wissen zu lassen … dass ich die Zukunft gesehen habe. Deshalb weiß ich, dass ich diesen Fall nicht verlieren werde. Ich könnte dir bis ins letzte Detail erklären, zu welcher Vereinbarung wir letztlich gelangen werden … aber das würde dem Ganzen den Spaß an der Auseinandersetzung nehmen.

Liebe Grüße
Leila

EINUNDZWANZIG

E-Mail vom 16. November 2022

Von: Evelyn Andrada
An: Ben Boyce

Lieber Mr. Boyce,

ich bin mir nicht sicher, ob Sie die technischen Berichte lesen, die ich Ihnen übersende, aber ich finde, ich sollte Ihre Aufmerksamkeit auf ein paar besonders auffällige Probleme richten.

Nachdem Adhvan vor zwei Monaten die erste Diskrepanz ermittelt hatte, haben wir ein System zur Diskrepanzüberprüfung eingerichtet, das eine Auswahl von 2200 Datenpunkten benutzt, die seit der ersten Nutzung der Technologie erfasst wurden.

Der allgemeine Trend ist ganz einfach: Die Anzahl der Diskrepanzen erhöht sich. Am erschreckendsten ist vielleicht, dass es einige Datenpunkte gibt, die vor einem Monat nicht als Diskrepanzen markiert wurden, aber inzwischen zu Diskrepanzen geworden sind. Was bedeutet, dass unsere Technologie entweder in zunehmendem Maße versagt oder dass sich die Zukunft »ändert«.

Wir hoffen, dass Sie einen Termin für ein Treffen mit unserem Team finden werden, um die Konsequenzen dieser

Ergebnisse und potenzielle Strategien zur Behebung zu besprechen.

Evelyn Andrada
Technische Direktorin
The Future

Antwort

Evelyn, ich habe Ihnen Adhis Job gegeben, weil ich gehofft hatte, Sie würden das tun, was er getan hat: sich um die Technologie kümmern, damit ich selbst mir keine Gedanken darüber machen muss. Ich bin mir sicher, dass es noch einige Schwierigkeiten gibt, mit denen jedes Technologieunternehmen rechnen muss. Machen Sie es einfach so gut wie möglich, damit wir in die Produktion gehen können, was unbedingt notwendig ist. Ich bin ab morgen für anderthalb Wochen verreist, um Verkaufsflächen anzumieten.

Ich weiß, dass Sie Adhi als Ihren Mentor bewundert haben, aber ich möchte Ihnen sagen … dass er eigentlich gar nicht so besonders war. Er war ein kluger Kerl, der über eine tolle Idee gestolpert ist. Die Sache zum Laufen zu bringen ist etwas, das jeder andere kluge Kerl (oder ein Mädchen wie Sie) schaffen kann. Ich glaube an Sie!

Antwort

Lieber Mr. Boyce,

ich danke Ihnen für Ihr Vertrauen in meine Intelligenz und meine Fähigkeiten, doch ich muss noch ein paar Punkte hinzufügen.

Erstens, Adhvan ist WIRKLICH eine ganz besondere Person. Ich verstehe, dass er die Entscheidung getroffen hat, dem Unternehmen den Rücken zuzukehren, aber er könnte eines Tages als das einzigartige Genie seiner Generation betrachtet werden, in der Größenordnung eines Nikola Tesla. Ich sage das nur, um Ihnen das Ausmaß der Arbeit bewusst zu machen, vor der unser Team nun steht, wenn wir versuchen, diese Technologie zur Marktreife zu bringen.

Zweitens, ich hatte gehofft, es Ihnen persönlich erklären zu können, aber ich halte es für wichtig, dass Ihnen die Art einiger aufgetretener Diskrepanzen bekannt sind, die ich als äußerst beunruhigend empfinde.

Zum Beispiel: Ursprünglich sagte der Prototyp voraus, dass die Warriors die NBA-Finals des Jahres 2023 gewinnen werden. Diese Vorhersage wurde vor einem Monat bestätigt. Doch wenn wir jetzt nach »Sieger NBA-Finals 2023« suchen, finden wir Artikel, in denen es heißt, dass die NBA-Spiele wegen Sicherheitsbedenken ausgesetzt wurden. Eine weitere Suche konnte das Problem auf ein bestimmtes Ereignis zurückführen (siehe Anhang), das vor zwei Monaten definitiv noch KEIN Teil unserer Zukunft war.

Bitte lesen Sie den angehängten Artikel und geben Sie mir Bescheid, wann wir darüber sprechen können, da ich finde, dass unsere Philosophie der Geheimhaltung allmählich moralisch untragbar wird.

Angehängter Nachrichtenartikel
mit Datum vom 16. September 2023

Tödliche Explosion im Madison Square Garden

Mitten im Spiel der Knicks gegen die Cavaliers detonierte gestern Abend eine Rohrbombe in der Nähe der Pressetribüne im Madison Square Garden. Ersten Meldungen zufolge kamen zwei Personen ums Leben, und mehrere sind verletzt worden. Die Behörden haben die Identität der Opfer noch nicht bekanntgegeben.

In dem anschließenden Chaos flohen die verängstigten Fans aus der Arena. Feuerwehr und Sanitäter erreichten den Schauplatz der Explosion innerhalb weniger Minuten, und die Durchsuchung der Trümmer dauert noch an.

Das FBI meldet, dass bislang keine Tatverdächtigen verhaftet oder identifiziert werden konnten. Gegenwärtig werden Aufnahmen der Überwachungskameras ausgewertet, um die Herkunft des Sprengsatzes zu klären. Man vermutet, dass die Bombe vor dem Spiel in der Arena deponiert und durch Fernzündung aktiviert wurde.

Obwohl noch keine Verdächtigen ermittelt werden konnten, hat sich die technikfeindliche Aktivistengruppe COTA (Citizens Opposing the Technological Apocalypse – »Bürger im Widerstand gegen die Technologische Apokalypse«) bereits zu dem Anschlag bekannt. Für Amy Herzog, die Leiterin der FBI-Taskforce für Cyberterrorismus, war das keine Überraschung. »Die COTA haben bislang jede Gewaltanwendung verurteilt und behauptet, sie würden ihre Ziele nur durch strategisches Hacking erreichen

wollen. Doch dieser jüngste Anschlag ist eine klare Eskalation ihrer Taktik.«
Herzog erklärte, neuere Chats in Online-Foren für Randgruppen wie 4Chan deuteten auf erhebliche Meinungsverschiedenheiten innerhalb der COTA hin, außerdem wäre es möglich, dass sich die informelle Organisation in mehrere Lager aufgesplittert hat. »Aber lassen Sie mich eines klarstellen«, fügte Herzog hinzu. »Dieser Anschlag ist Terrorismus, nicht mehr und nicht weniger, und wir werden gegen die COTA ermitteln und sie entsprechend belangen.«
Das Motiv für den Anschlag scheint die Entscheidung des Madison Square Garden zu sein, die Technologie von The Future im Stadion zu installieren. In der Arena wurde erst neulich ein Feature namens »Instant Preplay« eingerichtet, das auf dem großen Jumbotron-Bildschirm Highlights aus künftigen Spielen zeigt, häufig in dramatischer Zeitlupe. Funktionäre der Basketball-Liga hatten gehofft, dieser Ansatz könnte das Interesse an Sportveranstaltungen wiederbeleben.
Die Einführung des Systems war eine Reaktion auf die zurückgehenden Besucher- und Zuschauerzahlen im vergangenen Jahr, seit die Technologie allgemein verfügbar wurde. Nachdem sich Spielergebnisse jetzt im Voraus abrufen lassen, haben die Fans das Interesse an den Spielen verloren. Die Liga hat verschiedene Maßnahmen ausprobiert, unter anderem eine Blockierung der Daten, bislang jedoch ohne Erfolg.
Viele Fans haben in »Instant Preplay« ein Einknicken vor dem Druck gesehen, der neuen Technologie entgegenzukommen, und damit einen Ausverkauf des Sporterlebnisses.
Die Anschläge in der vergangenen Woche auf die Wall Street und andere Ziele in Finanzbezirken waren ähn-

lich motiviert, und – wie es scheint – erweitern die COTA das Ausmaß ihrer Zerstörungskampagne. Doch die Mitglieder der Gruppe bleiben anonym, und es konnten keine Personen identifiziert werden, die im Zusammenhang mit diesen Anschlägen stehen.
Zum Redaktionsschluss hat die Liga bekanntgegeben, dass alle bevorstehenden Spiele an allen Austragungsorten im ganzen Land abgesagt werden, bis eine angemessene Einschätzung der Sicherheitslage vorgenommen wurde.
Unterdessen sieht sich The Future harter Kritik ausgesetzt, da dieses Ereignis offenbar nicht durch ihre Technologie vorhergesagt wurde. Geschäftsführer Ben Boyce veröffentlichte eine Stellungnahme, in der es heißt: »Wir von The Future sind furchtbar traurig über diese Gräueltat, aus diesem Grund sind wir mit unseren Gedanken und Gebeten bei den Opfern und ihren Angehörigen. Wir werden eine gründliche Untersuchung durchführen und unsere Arbeit fortsetzen, um zuverlässige Produkte und Dienstleistungen liefern zu können.«
Das Unternehmen steht weiterhin im Rampenlicht, während sich der Druck durch stärkere Regulierung in den kommenden Wochen noch verschärfen könnte. Viele fordern Boyce auf, von seinem Posten als Geschäftsführer zurückzutreten, doch bislang hat er sich nicht öffentlich zu seinen Plänen geäußert.

Antwort

Behalten Sie das vorläufig für sich. Ich bin mir sicher, dass sich eine Lösung finden lässt. Ich werde so schnell wie möglich ins Büro zurückkehren (indem ich die letzten drei Städte meiner Reise auslasse), dann könnten wir es persönlich besprechen.

E-Mail

Von: Kevin Martindale
An: Ben Boyce

Hey Boss,
schauen Sie sich mal den angehängten Bericht von den Ermittlern über Chaudry an …

Anhang:

Watermark, Ermittlungsabteilung
Observationsbericht Personenüberwachung #1073

Disclaimer: Alle in diesem Bericht genannten Informationen wurden von konzessionierten Privatermittlern in Übereinstimmung mit den geltenden gesetzlichen Bestimmungen gesammelt (*California Private Investigator Act* und *District of Columbia Municipal Regulations Chap. 17*).

Zielperson: Adhvan Chaudry

Tagesablauf 17. 11. – 21. 11.
Übernachtung in Luxussuite im Hilton Hotel in Arlington, wacht ca. 6.00 Uhr auf.
Frühstück in Hotellobby.
Fährt mit Lyft vom Hotel zum Gebäude der DARPA außerhalb von Arlington.
Geht ca. 7.30 Uhr durch Sicherheitsschleuse.
Keine Observationsmöglichkeit während des Aufenthalts bei DARPA.
Scheint das Gebäude während der Öffnungszeiten nicht zu verlassen.

Telefonüberwachung deutet darauf hin, dass Zielperson im Gebäude kein Mobiltelefon benutzt (Ermittlungen ergeben, dass bei DARPA kein völliges Verbot besteht, nur in bestimmten sensiblen Bereichen des Gebäudes ist Benutzung von Mobiltelefonen untersagt).
Fährt zwischen 18 und 21 Uhr mit Lyft zum Hotel zurück.
Abendessen über Zimmerservice oder Lieferservice; während des Observationszeitraums keine gemeinsame Mahlzeit mit anderen Personen.
Hotelaufenthalt im Zimmer oder in Hotellobby. Lektüre besteht aus Taschenbuchausgaben von *Daodejing* und *Bhagavad Gita.*
Licht im Hotelzimmer ca. 23 Uhr ausgeschaltet.

22.11.
Zielperson folgt üblichem Ablauf vom Frühstück bis zum Erreichen des DARPA-Gebäudes. Geht 7.45 Uhr durch Sicherheitsschleuse.
Zielperson wurde nicht bei Verlassen des DARPA-Gebäudes beobachtet (Überwachungsteam blieb vor Ort, bis Gebäude von Nachtwacheteam vollständig verschlossen wurde, ca. 23.30 Uhr).
Zielperson wurde nicht im Hotel gesehen. Zimmerbeleuchtung wurde nicht eingeschaltet.
Hotelpersonal bestätigte, dass Zielperson nicht ausgecheckt ist; Reinigungspersonal hat verifiziert, dass Zielperson offenbar nicht zurückgekehrt ist.
Folgende 24-Stunden-Überwachung von DARPA-Gebäude und Hotel ergab keine Hinweise auf Zielperson.
Gegenwärtiger Aufenthaltsort der Zielperson unbekannt.

Antwort

Hey Kevin, was zum Teufel soll ich damit anfangen? Was *macht* er überhaupt bei der DARPA? Bewirbt er sich um einen neuen Job, oder will er IHNEN UNSERE TECHNOLOGIE VERKAUFEN????

Und »Aufenthaltsort unbekannt«? Vielleicht sollte dort stehen, dass sie nur die Eier geschaukelt haben! Ich dachte, diese Jungs wären verfickte Top-Spione, aber wie es scheint, wurden sie von einem Computerprogrammierer AUSGETRICKST, der normalerweise nicht mal merkt, dass Klopapier an seinen verdammten Schuhen klebt.

Antwort

Hören Sie, Boss, mir ist klar, dass Sie sauer sind, aber ich kann Ihnen versichern, dass diese Jungs absolute Profis sind. Überlegen Sie mal, was hier los ist. Bei der DARPA sind keine Idioten, es geht um Militärtechnik. Falls Chaudry wirklich Staatsgeheimnisse weitergeben soll, hätten sie genauso gut eine komplette Spionagetruppe der NSA auf uns ansetzen können. Ja, vielleicht haben sie unsere Jungs ausgetrickst, vielleicht haben sie Chaudry in ein Geheimgefängnis oder an einen sicheren Ort gebracht. Verdammt, er könnte immer noch im DARPA-Labor eingesperrt sein, wenn sie dafür sorgen wollen, dass niemand ihn sieht. Ich werde ein paar alte Kontakte abarbeiten und versuchen, so viele Informationen wie möglich zu bekommen.

Antwort

Adhi hat gerade auf Instagram gepostet, von der Stanford Dish. Er ist ZURÜCK in Palo Alto. Was bedeutet, dass er sich entweder an zwei Orten gleichzeitig aufhalten kann oder dass er den Watermark-Clowns entwischt ist und sich auf den Heimweg quer durch das Land gemacht hat. Und dann postet er ein Foto von sich während einer WANDERUNG, nur um UNS ZU VERALBERN, weil er weiß, dass ich ihn beobachten lasse, und jetzt reibt er es mir unter die verdammte NASE.

ZWEIUNDZWANZIG

Vorladung, 24. November 2022

Im Namen des Repräsentantenhauses
des Kongresses der
Vereinigten Staaten von Amerika

An: Mr. Benjamin Boyce und Mr. Adhvan Chaudry

Hiermit wird angeordnet, dass Sie persönlich vor dem Sonderausschuss für existenzielle technologische Gefahren für unsere Demokratie erscheinen, um diesem Gremium des Repräsentantenhauses der Vereinigten Staaten am 1. Dezember 2022 um 9.00 Uhr EST im Plenarsaal des Hauses im Zusammenhang mit einer Untersuchung durch besagtes Gremium Rede und Antwort zu stehen.

Während der Befragung ist Ihnen nicht gestattet, sich ohne Erlaubnis besagten Gremiums zu entfernen.

Des Weiteren wird angeordnet, dass Sie sämtliche Aufzeichnungen, die im Zusammenhang mit der Forschung, Entwicklung und Produktion relevanter Technologien stehen, in unbearbeiteter Form vorlegen und zur Verfügung zu stellen haben.

Betreffendes Material ist diesem gesetzgebenden Gremium spätestens bis zum 29. November 2022 vorzulegen.

Jegliche Weigerung, den Maßgaben dieser Vorladung nachzukommen, wird als Anlass für eine Anklage wegen Missachtung des Kongresses betrachtet und mit angemessenen strafrechtlichen Mitteln verfolgt.

Hochachtungsvoll
Senator Greg Walden

E-Mail

Von: Ben Boyce
An: Leila Keener-Boyce

Hey Prinzessin, ich habe gerade diese Vorladung bekommen. Ich weiß, dass du mich vorgewarnt hast, aber es fühlte sich trotzdem wie ein Schlag in die Magengrube an. Wie es scheint, ist jetzt der beste Moment, um uns in den Arsch zu treten. Wir gehen am 1. 12. in die Produktion (mit einer ersten Charge von 500 000 Einheiten), damit wir die Läden am 1. 1. öffnen können. Was bedeutet, dass wir jetzt mit 100 Millionen Dollar voll in der Patsche sitzen.

Und hast du irgendwas von Adhi gehört? Er ist spurlos verschwunden, aber er wird aus seinem Loch kriechen müssen, um sich zu dieser Anhörung zu begeben.

Antwort

Jetzt wieder Prinzessin, wie? Nett, nur weiter so!

Ja, das Timing ist offenkundig strategisch gewählt. Das ist kein gutes Zeichen. Sie wollen dir nicht entgegenkommen, sondern dich an den Eiern packen. Sie hoffen, dass du die Markteinführung aufschiebst.

Als dein Rechtsbeistand muss ich dich auf das Risiko hinweisen. Sie könnten durchaus gesetzliche Bestimmungen gegen die Nutzung deiner Technologie erlassen, bevor sie am Ende des Jahres in die Winterpause gehen. Das würde bedeuten, dass deine Läden (und dein Produkt) bereits am Tag der Eröffnung illegal wären.

Und nein, ich habe nichts von Adhi gehört, was derzeit offensichtlich seinen Wünschen entspricht.

Antwort

Hey Prinzessin (ja, ich bleibe dabei), ich verstehe dich, aber ich weiß nicht, ob ein Rückzieher jetzt der beste Weg ist. Würden wir damit nicht einfach nur unsere Position schwächen?

Wir haben immer größere Abweichungen von der Zukunft erlebt, wie wir sie ursprünglich vorhergesagt haben … was, wie du weißt, theoretisch UNMÖGLICH sein sollte. Und wir wissen immer noch nicht, WARUM das so ist.

Ich bin mir nicht sicher, wem ich hier noch vertrauen kann. Also frage ich dich nicht als meinen RECHTSBEISTAND, sondern als meine FRAU, die Person, deren Urteil ich respektiere und bewundere, mehr als bei irgendjemand anderem in der Welt: Was sollte ich jetzt tun?

Antwort

Schmeicheleien werden dich nicht retten. Aber wenigstens hast du dir damit ein paar Punkte verdient.

Also werde ich ganz ehrlich zu dir sein. Würde es sich hier um irgendeine App oder ein Telefon oder gewöhnliche Unterhaltungselektronik handeln, würde ich empfehlen, auf jeden

Fall die Produktion zu stoppen, die Lage neu einzuschätzen und dann demütig und zerknirscht weiterzumachen.

Aber es ist klar, dass diese Technologie entweder eine durchschlagende Weltrevolution oder gar nichts sein wird. Und wenn man sich online ein wenig umschaut, ist es offensichtlich, dass die Leute diese Technologie haben wollen. Es wird definitiv ein Gesetzentwurf kommen, mit dem dein Gerät für illegal erklärt wird. Aber Gesetzgeber müssen sich darüber bewusst sein, dass sie sich, wenn sie gegen uns entscheiden, von ihren Wählern im gesamten politischen Spektrum entfremden.

Also würde ich empfehlen, die Produktion wie geplant zu starten ... allerdings bedeutet das, dass du alles darauf setzen musst, welchen Eindruck du vor diesem Gremium machen wirst. Und offen gesagt gibt es, wie wir beide wissen, noch einen Joker in diesem Spiel, und das ist Adhi.

Antwort

Ich liebe dich so sehr! Ich bin dabei. Danke, danke, danke!

E-Mail vom 28. November 2022

Von: Ben Boyce
An: Adhvan Chaudry

Hey Mann, ich hoffe, du hast einen guten Thanksgiving-Urlaub. Ich weiß überhaupt nicht, wo du steckst, ob du noch wanderst oder immer noch in D.C. bist ... keine Ahnung. Aber ich denke, du wirst die Vorladung auf die eine oder andere Weise auch bekommen haben.

Ich dachte mir, es könnte ein guter Moment sein, um dir zu schreiben und die Kommunikation wiederherzustellen. Ich meine, ich weiß, dass es noch gar nicht so lange her ist, und war davon ausgegangen, dass ich noch etwas warte, bis sich die Scheiße etwas gelegt hat, bevor ich mich melde, aber du weißt ja … dann kam diese verdammte Vorladung und hat meinen Zeitplan durcheinander gebracht.

Auf der praktischen Ebene sieht es so aus, dass wir uns diese Woche vor den Scheißkongress setzen und unsere Geschichte erzählen müssen. Es könnte ziemlich blöd werden, wenn dann immer noch Funkstille zwischen uns herrscht.

Auf der persönlichen Ebene gebe ich gern zu, dass ich nicht gerade der umgänglichste Arbeitskumpel bin. Ich weiß, dass wir beide Sachen getan und Dinge gesagt haben, auf die wir nicht stolz sind. Das sage ich im Geist der Versöhnung, und ich übernehme die Verantwortung für meinen Anteil daran.

Gib mir Bescheid, Bro.

Ben

Antwort

B.,

ja, mir ist klar, dass wir nicht ewig Funkstille halten können.
Ich räume ein, dass ich vielleicht etwas neben der Spur war, als ich gekündigt habe.
Lass uns im Geist der Versöhnung aufeinander zugehen.
Wie wär's, wenn wir uns morgen Nacht an der Dish treffen, sagen wir um 11?

Auf ein paar Bier?
Die Sterne müssten zu sehen sein.

A.

Antwort

Hey Mann, große Erleichterung, von dir zu hören, und du klingst wieder wie du. Ja, auf jeden Fall, nichts wäre mir lieber als ein paar Bier an der Dish. Ich könnte meine Konstellationen wieder mal ein bisschen auffrischen, haha. Wir sehen uns.

Auszug aus dem Protokoll der Kongressanhörung vom 1. Dezember 2022

SEN. DAVID HOLMES (D-NY): Wir sollten noch einmal die Abfolge der Ereignisse klären. Mr. Chaudry hat Ihr Unternehmen verlassen, ziemlich überstürzt, unmittelbar nach Ihrer ersten Reise nach D.C. Ohne einen klaren Grund zu nennen. Eine Woche lang hörten Sie nichts von ihm. Dann tauchte er wieder auf, weil Sie vor diesem Gremium aussagen sollten ... und sie trafen sich am folgenden Abend mit ihm, in der Nähe von Stanford.
BOYCE: Ja, richtig. An der Dish. Das ist diese große Satellitenschüssel in der Nähe des Campus. Ein kleiner Wanderweg führt dahin. Wir haben uns manchmal dort getroffen, um abzuhängen oder Quatsch zu labern. In der Nacht war es eiskalt, aber ich dachte mir, er hätte den Ort aus sentimentalen Gründen ausgesucht. Er hatte immer eine Bedeutung für uns.

SEN. DAVID HOLMES (D-NY): Ich verstehe. Um welche Uhrzeit haben Sie sich dort getroffen?

BOYCE: Um elf. Es war spät, aber Adhi ist eine Nachteule, und er mag es, wenn man die Sterne sehen kann.

SEN. DAVID HOLMES (D-NY): Wie würden Sie die Art Ihres Treffens charakterisieren?

BOYCE: Na ja, zu Anfang ... war es schwierig. Als ich angekommen war, wusste eine Minute lang keiner von uns beiden, was wir sagen sollten. Zuerst unterhielten wir uns über Videospiele. Offen gesagt, ich war mir noch gar nicht sicher, ob es sich lohnte oder ob ich lieber abhauen sollte.

Doch dann entschuldigte sich Adhi. Was vielleicht zum ersten Mal überhaupt zwischen uns passierte. Er sagte, dass er es bereute, mich im Stich gelassen zu haben. Es tat ihm leid, dass er kein besserer Freund gewesen war. Und erst in diesem Moment wurde mir richtig bewusst, wie misstrauisch ich war. Wie angespannt. Und wie sehr ich daran arbeitete, der Kluge und Vorausschauende zu sein und nicht derjenige, der falschlag.

Aber als er sich entschuldigte, war es fast, als wäre ein Damm gebrochen, und dann war es auch für mich okay, mich zu entschuldigen. Wir redeten über alles, was so viele Monate lang extrem schwierig gewesen war, und darüber, dass wir nie genau gewusst hatten, worauf wir uns tatsächlich eingelassen hatten. Wir lachten darüber – wie zwei arrogante kleine Arschlöcher wie wir beide plötzlich zu Milliardären werden konnten. Und dann wurde es philosophisch. Er sagte, wie komisch dieses Universum ist, weil man weiß, dass alles nur Chaos und Physik ist, aber wenn man zurückschaut, fühlt es sich immer so an, als hätte es einen Plan gegeben, der einen zum gegenwärtigen Moment geführt hat. Wir hatten das Gefühl, wieder auf derselben Wellenlänge zu sein. Und am Ende umarmten wir uns.

SEN. DAVID HOLMES (D-NY): Hat er Ihnen einen Grund für seinen überstürzten Rückzug aus der Firma genannt?
BOYCE: Er sagte, man hätte ihn zu einem geheimen Regierungsprojekt eingeladen, aber mehr konnte er darüber nicht sagen. Was zwar ziemlich vage klang, aber ich erkannte, dass er nicht genauer darauf eingehen wollte. Ich meine, ich fragte ihn, ob er etwas von unserer Technologie weitergegeben hatte, doch dann wich er dieser Frage irgendwie aus, und ich wusste, dass ich auch in diesem Punkt lieber nicht nachhaken sollte. Ich sagte, wir könnten Gras darüber wachsen lassen, wenn er einfach nur zurückkäme. Ich ging davon aus, dass er am nächsten Tag wieder im Büro sein würde. Aber er kreuzte nie auf.

E-Mail vom 30. November 2022

Von: Ben Boyce
An: Adhvan Chaudry

Hey Kumpel, danke für das Treffen gestern Nacht. Das war toll. Im Ernst, ich gebe es nur ungern zu, aber ich habe dich ziemlich vermisst.

Jedenfalls habe ich vorhin im Büro nachgeschaut, ob du wieder da bist. Ich will dich nicht drängen, aber es wäre schon ein bisschen wie Superman, wenn du dich nur nach Lust und Laune blicken lässt. Und wenn wir die Chance hätten, uns noch einen Tag lang abzusprechen, bevor wir nach D.C. fliegen, wäre das toll.

E-Mail vom 30. November 2022

Von: Ben Boyce
An: Adhvan Chaudry

Hey Kumpel, ich habe nichts gehört, aber ich wollte checken, dass mit dir zumindest alles in Ordnung ist und du ohne Probleme nach Hause gekommen bist. Vor dem aktuellen Hintergrund kannst du sicher verstehen, dass ich ein bisschen besorgt bin. Wenn du nicht im Büro arbeiten möchtest, ist das okay, aber vor D.C. würde ich gern noch ein wenig reden.

E-Mail vom 30. November 2022

Von: Ben Boyce
An: Adhvan Chaudry

Okay Mann, ich muss bald zum Flughafen düsen, D.C. drängt. Inzwischen machen sich eine Menge Leute Sorgen um dich. Die Polizei wurde benachrichtigt und könnte beschließen, so etwas wie einen Gesundheitscheck durchzuführen. Falls du zu Hause bist, entspann dich, so etwas ist mehr oder weniger Routine.

E-Mail vom 1. Dezember 2022

Von: Ben Boyce
An: Adhvan Chaudry

A.? Wo bist du, Mann? Alles okay? Werd ich dich heute dort sehen?

Auszug aus dem Protokoll der Kongressanhörung vom 1. Dezember 2022

SEN. DAVID HOLMES (D-NY): Noch einmal zu dieser Nacht, als Sie ihn gesehen haben – gibt es sonst noch jemanden, der davon wusste oder bestätigen kann, dass Sie sich an diesem Abend um 23 Uhr mit ihm getroffen haben?
BOYCE: Ähmmmm ... meine Frau, die Leiterin unserer Rechtsabteilung, Leila. Sie wusste davon.
SEN. DAVID HOLMES (D-NY): Und Sie hat gesehen, wie Sie zu dem Treffen aufgebrochen und später zurückgekehrt sind?
BOYCE: Also ... nein. Sie, äh ... Ich hatte mir ein Apartment gemietet, näher am Büro. Wir hatten ein paar persönliche Schwierigkeiten, deshalb wohnen wir gerade nicht zusammen. Aber ich hatte ihr von dem geplanten Treffen erzählt.
SEN. DAVID HOLMES (D-NY): Mr. Boyce, genau zu dem Zeitpunkt, an dem Sie sich angeblich mit Mr. Chaudry getroffen hatten, um 23 Uhr, befand sich Mr. Chaudry an einem anderen Ort. Er war im Büro von The Future. Anscheinend ist er dort als Einziger anwesend gewesen. Er meldete sich an, benutzte verschiedene Computerterminals und verschaffte sich Zugang zu dem Prototyp, wie Sie ihn nennen.
BOYCE: Das ist ... unmöglich. Ich war mit ihm zusammen.
SEN. DAVID HOLMES (D-NY): Es sieht nicht danach aus. Während das Gremium tagte, empfing ich persönlich Videobeweise und Überwachungsdaten, die sehr eindeutig zeigen, dass sich Mr. Chaudry in der fraglichen Nacht von 23.03 bis 0.46 Uhr im Bürogebäude von The Future aufhielt.
BOYCE: Das ist ... unmöglich. Das muss ich überprüfen. Hier muss ein Fehler vorliegen. Von wem haben Sie das bekommen?
SEN. DAVID HOLMES (D-NY): Von einer anonymen Quelle. Zweifellos von jemandem aus Ihrem Unternehmen. Sagen Sie mir, Mr. Boyce, hätten Sie den nötigen Zugang, um sich diese Über-

wachungsdaten anzusehen – um festzustellen, ob Mr. Chaudry das Gebäude betreten und die Computerterminals benutzt hat?
BOYCE: Den Zugang habe ich, ja. Aber von all dem wusste ich nichts. Das heißt, ich habe mir keine Videos oder Daten aus dieser Nacht angesehen. Wie ich erwähnte, war ich mit Adhi zusammen. An der Dish.
SEN. DAVID HOLMES (D-NY): Aus gewissen Quellen wurde ich informiert, dass während der Zeit, die wir hier mit dieser Anhörung verbringen, die Polizei von Palo Alto beauftragt wurde, unsere Vorladung durchzusetzen, nachdem Mr. Chaudry es versäumt hatte, vor dem Kongress zu erscheinen. Ich habe soeben einen Bericht erhalten, dass ein Einsatzteam der Polizei in seine Wohnung in Palo Alto eingedrungen ist, wo er nicht vorgefunden wurde. Doch man entdeckte Spuren eines Kampfes, einschließlich Blut.
BOYCE: Ich weiß wirklich nicht ... Dürfte ich den Grund für diese Fragen erfahren?
SEN. GREG WALDEN (D-OR): Ja, Senator Holmes, wir scheinen von dem eigentlichen Thema dieser Anhörung abzuweichen.
SEN. DAVID HOLMES (D-NY): Mr. Boyce, haben Sie, nachdem Sie von Mr. Chaudrys Entscheidung erfuhren, die Firma zu verlassen, in einer Textnachricht geschrieben, dass Sie ihn »abservieren« wollten?
BOYCE: Juristisch, meinte ich. Damals war ich wütend und hatte darüber gesprochen, ihn zu verklagen. Wirklich mit gutem Grund, weil er unsere Firma aus heiterem Himmel im Stich gelassen hatte!
SEN. DAVID HOLMES (D-NY): Falls Mr. Chaudry zu Tode kommt, was würde dann mit seinen Firmenanteilen geschehen?
BOYCE: Ich bekomme sie jedenfalls nicht, falls Sie so etwas andeuten wollen. Sie würden verkauft werden, und wahrscheinlich würde seine Mutter sehr reich werden. Aber ich halte es für verfrüht anzunehmen, er wäre, äh ...

SEN. GREG WALDEN (D-OR): Senator Holmes, dies ist kein Strafgerichtsverfahren. Außerdem könnten spätere strafrechtliche Ermittlungen kompromittiert werden, wenn Sie versuchen, Mr. Boyce in dieser öffentlichen Situation zu vernehmen.

SEN. DAVID HOLMES (D-NY): Verzeihen Sie, Senator Walden, ich werde mich bemühen, meine Fragen auf die Technologie und das Unternehmen zu beziehen, aber diese unterschiedlichen Probleme scheinen sich zu überlappen.

Mr. Boyce, wir haben festgestellt, dass Ihr Mitgründer von einer Regierungsbehörde kontaktiert wurde, die an der Benutzung der Technologie interessiert war. Haben Sie eine solche Übernahme als Gefahr für Ihr Unternehmen und infolgedessen für Ihr persönliches Vermögen empfunden?

BOYCE: Wie gesagt, ich wusste nicht einmal, was dort ausgetüftelt wurde, also ...

SEN. DAVID HOLMES (D-NY): Sie haben einen privaten Ermittlungsdienst von fragwürdiger Legalität beauftragt, Ihren Mitgründer zu beobachten und auszuspionieren, und erwarten von uns, dass wir glauben, Sie hätten seine ausweichende Antwort einfach so und ohne weitere Nachfrage hingenommen, als er sich vage zu einer Angelegenheit äußerte, die den Wert Ihrer Firma vollständig vernichten könnte?

BOYCE: Ich meine ... ich habe ihm vertraut. Er ist mein Freund.

SEN. DAVID HOLMES (D-NY): Todesdrohungen und Spione, sieht so eine Freundschaft für Sie aus? Vielleicht ist das so in Silicon Valley, aber für mich und meine Wähler sind solche Werte kaum ...

SEN. GREG WALDEN (D-OR): Senator Holmes, in dieser Anhörung werde ich keine Selbstdarstellungen dulden. Wenn Sie keine weiteren *Fragen* haben ...

BOYCE: Das ist völlig verrückt. Und was Sie mir hier unterstellen ...

SEN. DAVID HOLMES (D-NY): Ich unterstelle überhaupt nichts. Ich weise lediglich auf die Tatsache hin, dass Ihr Mitgründer die Aussichten Ihres Unternehmens in Gefahr brachte, was bedeutet, dass Sie offensichtlich von seinem Tod profitieren würden. Und Ihr bisheriges Auftreten als Geschäftsführer trägt nicht gerade dazu bei, den Glauben an Ihre Unschuld zu stärken.
SEN. GREG WALDEN (D-OR): Gut, Senator Holmes, Ihre Zeit ist abgelaufen. Schweigen Sie nun, damit Sie selbst nicht wegen Missachtung belangt werden.
BOYCE: Sir, wenn ich noch eine Sache sagen könnte ...
SEN. GREG WALDEN (D-OR): Sie haben bereits genug gesagt, Mr. Boyce, und ich möchte Ihnen sogar empfehlen, jetzt *nichts* mehr zu sagen, nicht zuletzt in Ihrem eigenen Interesse. Wie es scheint, wird sich die Polizei nun genauer mit einigen Fragen beschäftigen, die das Schicksal Ihres Mitgründers betreffen, und Sie sollten unbedingt Rechtsbeistand suchen, bevor Sie sich weiter zu dieser Angelegenheit äußern.

Damit ist unsere Anhörung beendet. Ich glaube, sowohl Ihre Persönlichkeit als auch die Gefahr, die von Ihrer Technologie ausgeht, wurde den Mitgliedern dieses Gremiums vor Augen geführt. Wir danken Ihnen für Ihre Unterstützung und werden alle Aspekte in Betracht ziehen, wenn wir entscheiden, welche gesetzlichen Bestimmungen für diese Technologie gelten sollten.

DREIUNDZWANZIG

Nachrichtenartikel auf Theeconomist.com, 12. Dezember 2022

Das Ende von The Future?

Im September feierte das Tech-Start-up The Future sein Leben als jüngstes Einhorn aller Zeiten – als die Firma, die am schnellsten eine Wertsteigerung auf über eine Milliarde Dollar erreichte. Sie schaffte es in acht Monaten und übertraf damit den bisherigen Rekord von elf Monaten, der vom E-Scooter-Unternehmen Bird gehalten wurde.

Heute jedoch grassieren Spekulationen, ob The Future überhaupt bis zum Tag der Markteinführung ihres ersten Produkts und zu dem der Eröffnung ihres ersten Ladengeschäfts überleben wird.

Vergangene Woche fand eine dramatische, per Livestream übertragene Kongressanhörung statt, als die beiden Gründer Ben Boyce und Adhvan Chaudry vor das Repräsentantenhaus geladen wurden, um über die mutmaßliche Sicherheit ihrer Technologie zu sprechen. Zweifellos hatten sie geplant, ihren guten Ruf wiederherzustellen, die Öffentlichkeit zu beruhigen und den anwesenden Kongressmitgliedern zu garantieren, dass auch sie einen Nutzen von dem bevorstehenden Geldregen haben würden.

Stattdessen türmte sich ein Desaster auf das andere. Geschäftsführer Boyce war der Einzige der beiden, der vor dem Kongress erschien, und er mühte sich damit ab, die Technologie seiner eigenen Firma zu erklären - sowie die abenteuerlichen Folgerungen, wie sie die Welt verändern könnte. Sein aggressiver Tonfall verstimmte das Untersuchungsgremium, das ihn in zunehmendem Maße als feindseligen Zeugen betrachtete.

Zum Ende der Anhörung kam es zu einer wahrlich bizarren Wendung, als Sen. David Holmes (D-NY) andeutete, Boyce könnte seinen Mitgründer ermordet haben, der nun offiziell als vermisste Person geführt wird. Boyce steht derzeit unter Tatverdacht, zusätzlich zu den juristischen Vorwürfen der Börsenaufsicht und einem schwerwiegenden Rechtsstreit mit Google.

Wie Insiderquellen berichten, haben die renommierten Kapitalgeber, die das Unternehmen finanziell in die Stratosphäre gehoben haben, damit begonnen, ihre Anteile zu verkaufen - wie die Ratten, die das sinkende Schiff verlassen. Angeblich hat Paolo Ventrini, der allererste Investor der Firma, seine Beteiligung liquidiert, genauso wie zwei weitere Vorstandsmitglieder.

Unterdessen sind weniger namhafte Investoren in die Bresche gesprungen, als sie einen Notverkauf und die Chance witterten, die Technologie des Unternehmens in die Hände zu bekommen - sofern sich nicht noch in Kürze alles als Schall und Rauch herausstellt. Wenn Boyce seine Firma über Wasser halten will, muss er nicht nur seinen Ruf wiederherstellen, sondern mit einer erfolgreichen Markteinführung ein Kaninchen aus dem Hut zaubern.

Austausch von Textnachrichten

14. Dezember 2022, 21.16 Uhr

Ben Boyce
Hey Prinzessin, würdest du bitte einfach nur mit mir reden?
Warum antwortest du nicht einmal auf meine Anrufe?
Mal im Ernst, selbst wenn du aussteigst, bist du immer noch meine Frau.

16. Dezember 2022, 15.07 Uhr

Ich bin heute zum Haus gefahren. Was ist los?
Du musst mir sagen, wo du bist.
Bitte.

16. Dezember 2022, 17.15 Uhr

Leila Keener-Boyce
Hör zu! Bei einem persönlichen Gespräch würde ich mich nicht sicher fühlen. Wenn du etwas besprechen willst, können wir hier reden.

Du fühlst dich nicht sicher?
Bitte sag mir, dass du nicht an diesen Adhi-Scheiß glaubst.
Warum sollte ich ihm etwas antun?

Ehrlich gesagt, in den meisten unserer Unterhaltungen der letzten drei Monate kamen genug Gründe zur Sprache, warum du Adhi vielleicht etwas antun möchtest.

Baby, das ist so falsch.
Er ist mein Freund.
Ich war sauer auf ihn, aber das wärst du auch gewesen!

Und dann ist er einfach so verschwunden?

JA!

16. Dezember 2022, 19.11 Uhr

Hallo?
Bist du noch da, Prinzessin?

Ich spreche erst wieder mit dir,
nachdem ich mit Adhi gesprochen habe.

E-Mail vom 16. Dezember 2022

Von: Ben Boyce
An: Kevin Martindale

Hey Kevin, dieses Adhi-Problem muss für uns jetzt von allerhöchster Priorität sein. Du musst ihn so schnell wie möglich aufspüren und herausfinden, was zum Teufel da los ist.

Antwort

Verstanden, Boss, bin dran.

E-Mail vom 17. Dezember 2022

Von: Evelyn Andrada
An: Ben Boyce

Mit der Technologie sind wir in eine seltsame neue Phase eingetreten. Die Häufigkeit der Diskrepanzen stieg während des gestrigen Tages weiter an, bis eine genauere Auswertung immer schwieriger wurde. Seit etwa 17 Uhr kam es dann teilweise zu Ausfällen, das heißt, wir waren gar nicht mehr in der Lage, ein Antwortsignal zu empfangen, wenn wir versuchten, mit dem Prototyp eine Anfrage zu stellen.

Anfänglich dachten wir, es könnte sich um eine neu aufgetretene Fehlfunktion der Technologie handeln, bis wir uns einige der letzten Downloads ansahen, die hereinkamen, darunter auch dieser Nachrichtenartikel (in genau einem Jahr veröffentlicht):

Zitierter Text:

Globale Anschläge gegen Internet-Infrastruktur

17. Dezember 2023

Panik breitete sich heute auf der ganzen Welt aus, als Meldungen über eine Serie von 16 Anschlägen hereinkamen, die gegen wichtige Infrastrukturziele in neun verschiedenen Ländern gerichtet waren.

Gwen Pallieri, die als Leiterin der FBI-Taskforce für die US-amerikanischen Ermittlungen verantwortlich ist, erklärte dazu: »Diese verwerflichen Anschläge fanden koordiniert und gezielt statt und wurden mit militärischer Präzision ausgeführt. Wir behandeln sie als eine direkte Gefahr für die Freiheit und Sicherheit der USA.«

Pallieris Erklärung deutete an, dass die für die Anschläge verantwortlichen Terroristengruppen großkalibrige Waffen benutzten und große Sprengsätze zündeten. Die Angreifer nahmen Geiseln und setzten in einigen Fällen Gewalt gegen Sicherheitskräfte an den Einrichtungen ein. Insgesamt wurden vier Sicherheitsmitarbeiter getötet und viele weitere verletzt, während die Terroristen erheblichen Schaden an der Infrastruktur anrichteten, die globale Internetdienste ermöglicht.

Viele der Anschläge vernichteten Serverfarmen für zahlreiche Websites – Lagerhäuser und Büros, in denen Tausende von Servern untergebracht waren. Am Lakeside Technology Center in Chicago töteten bewaffnete Angreifer zwei Sicherheitskräfte, bevor sie Plastiksprengstoff an Servertürmen deponierten. Die folgenden Explosionen brachten den Rohstoffhandel unverzüglich zum Erliegen, der daraufhin ganz gestoppt wurde.

Das SuperNAP, ein streng abgesichertes staatliches Datenzentrum außerhalb von Las Vegas, war der Schauplatz eines besonders dreisten und gewagten Angriffs. Eine Kolonne aus weißen Lieferwagen durchbrach den Sicherheitsposten, wo ein Sicherheitsmitarbeiter tödlich verletzt wurde, während sich 10-15 maskierte Terroristen direkt zu der wichtigsten Serverfarm begaben. Im Gebäude brachten sie mehrere selbst konstruierte Sprengsätze zur Explosion, worauf der Betrieb auf unbestimmte Zeit unterbrochen wurde.

Ein weiterer Angriff ohne gemeldete Opfer wurde gegen Seekabel an der Ostküste unternommen, was die interkontinentale Kommunikation auf unbestimmte Zeit lahmlegte.

Infolge der Anschläge sind weite Bereiche des Internets abgestürzt und unerreichbar und viele Seiten nur eingeschränkt funktionsfähig. Nach vorsichtigen Schätzungen sind die Internetzugänge von 750 Millionen Bürgern gestört, und viele könnten über Wochen oder Monate offline bleiben.

Die Randgruppe, die nur als COTA (Citizens Opposing the Technological Apocalypse) bekannt ist, gab eine öffentliche Stellungnahme heraus, in der sie die Verantwortung für die Anschläge übernimmt und vor weiteren Aktionen warnt. Die Gruppe hat erklärt, Gewalt sei nicht ihre Absicht, während sie jedoch alle nötigen Mittel einsetzen werde, um ihr Ziel zu erreichen, die öffentliche Einstellung zur Technologie zu ändern.

Anmerkung der Redaktion: Im Einklang mit den meisten Mainstream-Medien haben wir entschieden, KEINE eigenen Verlautbarungen dieser Gruppe zu zitieren, um ihr keine größere Stimme in der Öffentlichkeit zu geben.

Das Weiße Haus hat unverzüglich Militärpersonal entsandt, um die Sicherheit an allen gefährdeten Technologiezentren zu erhöhen. Eine Fernsehansprache des Präsidenten wurde für den späteren Nachmittag angekündigt, auch wenn die Empfangsmöglichkeiten für die amerikanischen Bürger erheblich beeinträchtigt sind.

Also scheint es, dass die Funktionalität unserer Technologie derzeit eingeschränkt ist, da das Internet in der Zukunft in globalem Ausmaß gestört sein wird.

Ich überlege, ob jetzt die Zeit gekommen ist, unsere Maßgaben hinsichtlich der Verbreitung dieser Informationen zu ändern. Wenn wir weitermachen, wird unser Produkt in 14 Tagen käuflich zu erwerben sein, was bedeutet, dass diese Daten ohnehin für alle zugänglich sein werden.

Evelyn

Antwort

Okay, ja, das ist eine Eskalation der Entwicklung, die wir bislang beobachtet hatten, aber ich halte es nicht für hilfreich, irgendetwas an unserer Planung zu ändern. Sie müssen diese E-Mail (und diesen Artikel) löschen und ihn einfach vergessen. Die Leute werden Zugang zu diesen Informationen bekommen, wenn sie das Produkt kaufen, aber erst dann. Vorher könnte es sehr viele potenzielle Kunden abschrecken.

Ich glaube sogar, dass es das Beste wäre, keine Diskrepanzen mehr zu dokumentieren. Es könnte an der Zeit sein, auf andere Weise mit diesen Problemen umzugehen. Wir sollten sie als Funktion und nicht als Fehler betrachten. Die Diskrepanzen könnten Gelegenheiten für Veränderungen darstellen! Also ist dieser Bericht, den Sie mir geschickt haben, nicht zwangsläufig eine todsichere Prognose, sondern eher der Hinweis auf eine Gefahr, die sich vermeiden ließe ... solange wir ein gut gesichertes Gerät haben.

Wir sind jetzt in der Produktion. Die Leute werden die TF1-Maschinen in zwei Wochen kaufen. Sie sollten sich jetzt ausschließlich darauf konzentrieren, Fehler aufzuspüren, die wir mit künftigen Software-Updates beheben könnten.

Austausch von Textnachrichten

24. Dezember 2022, 9.55 Uhr

Ben Boyce

Willst du mich verarschen?
Mir wurde gerade eine Scheidungsantrag zugestellt.
An Heiligabend.

Leila Keener-Boyce

Tut mir leid wegen des Timings,
das war keine Absicht. Außerdem
ist es ja noch nicht offiziell.
Aber mir ist klar, dass ich dich nur auf diese Weise
dazu bringen kann, es ernst zu nehmen.

Okay, jetzt hast du meine Aufmerksamkeit.

Evelyn hat mir den Artikel über die Terroranschläge
geschickt. Es läuft aus dem Ruder.

Das wäre ein weiterer Grund, sie zu feuern …
Aber ich weiß nicht, was ich sonst noch dazu sagen soll.

Ben, alle anderen erkennen, dass diese
Technologie die Welt in den Abgrund stürzen wird.
Das musst du stoppen.

Was soll ich tun?
Den Stecker ziehen?
Das kann ich nicht. Wir würden finanziell ausbluten.
Alle Investoren würden uns verklagen.

Es ist sehr gut möglich, dass du verklagt wirst,
aber ich werde dich dabei unterstützen.
Du wirst Konkurs anmelden, was eigentlich bedeutet,
dass WIR Konkurs anmelden werden. Aber das ist
nicht das Ende der Welt. Wir werden uns wieder
aufrappeln. Vielleicht müssen wir Hilfe von meiner Familie
annehmen, vielleicht musst du auch wieder in einem
richtigen Job arbeiten. Aber wir werden es durchstehen.

Lei, jemand anders wird die Technologie
in die Finger bekommen.
Am Ende wird Google sie einfach schlucken.
Oder das verdammte Militär.
Und sie werden sie auf viel
schlimmere Weise missbrauchen.

Du hättest die Möglichkeit, dich öffentlich von deiner
eigenen Technologie zu distanzieren. Du könntest sogar
die Informationen publik machen, die du bekommen hast.
Das wird die Gesetzgeber umschwenken lassen und
schlagartig zu einem Verbot führen, garantiert.

Ich habe so hart gearbeitet.
Das ist nicht fair.

Nein, fair ist es nicht. Und ich bin stolz auf die Arbeit,
die du geleistet hast. Aber jetzt ist es vorbei.
Du kannst deine Firma haben oder mich.
Aber nicht beides.
Deine Entscheidung.

E-Mail (Entwurf) vom 25. Dezember 2022

Von: Ben Boyce
An: (verborgene Empfänger)

Hallo Leute!

Zunächst einmal frohe Weihnachten! Oder eher möglichst frohe Weihnachten in diesem Jahr, angesichts der aktuellen Ereignisse.

Ich schreibe diese Nachricht mit schwerem Herzen. Ich hatte überlegt, sie erst nächste Woche herumzuschicken, aber dann dachte ich, dass es nichts nützt, wenn ich die Wahrheit hinauszögere. Zumindest das bin ich euch schuldig.

Die Zeit ist gekommen, einen Schlussstrich unter dieses Unternehmen und die Technologie zu ziehen, die wir erschaffen haben. Einfach gesagt, ich habe zu viel gesehen, um weitermachen zu können. Mir ist klar geworden, dass wir die Welt nicht verbessern werden, wie ich es mir früher mal erträumt hatte. Wir würden sie nur schlimmer machen. Viel, viel schlimmer.

Trotz allem bin ich euch sehr dankbar für die unglaublichen Opfer, die ihr gebracht habt. Ich weiß, dass viele von euch auf ein höheres Gehalt in größeren Firmen verzichtet haben, zugunsten von Aktienoptionen, die jetzt praktisch nichts mehr wert sind. Ich werde alles tun, was ich kann, um euch beim Übergang in die nächste aufregende Phase eurer Karriere zu unterstützen.

Bei der Arbeit mit diesem außerordentlichen Team habe ich unglaubliche Innovation und Beharrlichkeit erlebt. Aber letztlich ist es der *Charakter*, der den größten Einfluss auf meine Entscheidung hatte

(Der Entwurf obiger E-Mail wurde nach Empfang folgender E-Mail abgebrochen.)

E-Mail

Von: Kevin Martindale
An: Ben Boyce

Hey Boss, das Admin-Team hat Chaudrys Passwörter geknackt, sodass wir jetzt Zugang zu seinen Accounts haben. Also habe ich mir alles angesehen, um brauchbare Hinweise zu erhalten. Ich habe einige E-Mails gefunden, die mit einem Tumblr-Account zusammenhängen. Ich bin mir nicht sicher, ob Sie das wissen, aber er hat für einen Blog geschrieben, irgendwas mit Science-Fiction. Er hat ihn vor etwa 7 Jahren anonym angemeldet.

Zuerst dachte ich, das wäre keine große Sache, aber ich habe einen Alarm eingerichtet, um irgendwelche Aktivitäten zu überwachen, um zu sehen, ob ein Kommentar uns vielleicht weiterhelfen könnte. Und raten Sie mal, wer einen NEUEN Beitrag veröffentlicht hat, und zwar buchstäblich GESTERN ABEND. Hier ist der Link …

Blog-Post auf Tumblr, 24. Dezember 2022

Das Schwarze Loch:
Gedanken eines anonymen Sci-Fi-Superfans

»Gerechtigkeit für Jacob Marley«

Da ich in diesem Forum dafür plädiert habe, den Sci-Fi-Kanon um religiöse Texte und Vampirfernsehserien zu erweitern,

möchte ich heute einen weiteren, zeitlich passenden Beitrag hinzufügen:

Eine Weihnachtsgeschichte von Charles Dickens,

die, soweit ich feststellen kann, die erste Geschichte über eine Zeitreise ist.

Wir alle kennen sie in groben Zügen:

Scrooge, der geizige Geschäftsmann,

erhält Besuch von den Geistern der vergangenen, der diesjährigen und der zukünftigen Weihnacht,

die ihn vorwärts und rückwärts und seitwärts durch die Zeit werfen,

sodass er die emotionalen Folgen miterleben kann, die seine Mumpitzerei angerichtet hat.

Der Blick durch die Zeit ist für Scrooge ein Weg zur Erlösung.

Dass seine Seele gerettet wurde, mag zwar schön und gut sein,

aber man fragt sich doch: Was ist mit John Marley?

Sein Geschäftspartner, der 7 Jahre zuvor in den Tod verbannt wurde,

ist in seiner Existenz als Geist zu ewigem Elend verdammt,

während er seine Kette mit sich herumschleppt, von unentrinnbarer Schuld geplagt.

Doch Marley hat seine Fehler bereits eingesehen.

Er ist derjenige, der Scrooge gleich zu Beginn ermahnt,

mit der Weisheit, der er zuhören muss.

Er wird im ersten Satz der Geschichte erwähnt (»Marley war tot, damit wollen wir anfangen.«)

Er ist für die Epiphanie unseres Protagonisten entscheidend,

der zu einer Reise der transtemporalen Selbstvervollkommnung aufbricht,

bis er im letzten Kapitel der Geschichte freudig durch London läuft,

Kinder küsst und laut seine Errettung verkündet.

Doch wir sollen glauben, dass Marley für immer ein jämmerlicher Geist bleibt,

nur weil seine eigene Wandlung nicht früh genug kam.

Wenn diese Zeitreisegeschichte eine Möglichkeit herbeizaubern kann, Scrooge zu retten,

dann sollte es doch auch für Jacob eine Hoffnung auf Erlösung geben.

Aber es gibt keine.

»Weite Reisen liegen noch vor mir«, erklärt er, bevor er fortgeht,

unter der Bürde einer schweren Kette und eines noch schwereren Herzens.

Am Ende haben Scrooge (und Dickens) Marley völlig vergessen.

Aber ich hege die Hoffnung, dass auch ihm die Schuld vergeben wird, die er in seinem Leben auf sich geladen hat,

und dass er eines Tages von seiner Kette befreit sein wird.

E-Mail

Von: Ben Boyce
An: Kevin Martindale

Danke, das ist wirklich gute Arbeit. Es beweist, dass er am Leben ist. Aber vor Gericht könnte es nicht ausreichen. Mach weiter und versuch, konkretere Beweise zu finden, dass er das tatsächlich geschrieben hat, idealerweise dafür, wo er steckt und was zum Henker er im Schilde führt.

Antwort

Wird gemacht, Boss.

E-Mail

Von: Ben Boyce
An: Evelyn Andrada

Liebe Evelyn, es tut mir aufrichtig leid, dass ich dich während der Feiertage belästige. Ich weiß, dass ich in letzter Zeit viel von dir verlangt habe. All das ist mir eben erst in den Sinn gekommen.

Ich weiß, ich hatte dir gesagt, dass ich nichts über diese Anschläge usw. hören will, aber das war wohl ein Fehler. Jetzt frage ich mich, ob es vielleicht noch mehr Informationen gibt, von denen ich wissen sollte, vor allem über die Gruppe, die dahintersteht, über die führenden Köpfe. Ich brauche einfach alles, was du finden kannst. Es ist mir wirklich wichtig, und ich würde gern so viel wie möglich über diese Sache zu sehen bekommen.

Antwort

Lieber Ben,

kein Problem, ich hasse Weihnachten.

Ich schicke dir gern alle Informationen, die ich über die COTA habe, die »Bürger im Widerstand gegen die Technologische Apokalypse«. Aber allzu viel lässt sich nicht darüber finden, wahrscheinlich weil weite Bereiche des Internets ausgefallen sind. Es existieren diverse Gerüchte, von Verschwörungen unter falscher Flagge über radikale muslimische Terroristen (worauf es aber keine Hinweise gibt) bis zu irgendeiner Randgruppe von Maschinenstürmern, allerdings ohne schlüssige Beweise.

Andererseits gibt es ein kurzes Online-Statement. Es wird als »Mini-Manifest« bezeichnet, und da die Internetaktivitäten fast zum Erliegen gekommen sind, hat noch niemand ein #Minifest daraus gemacht. Es ist mit einem offensichtlichen Pseudonym signiert, und viele glauben, dass eine radikale technikfeindliche Idee dahintersteht (damit scheint »die dunkle Nacht« impliziert zu sein). Hier ist es, falls es dich interessiert:

Zitierter Text:

Wir wurden lange genug von Technologie versklavt.
Die Zeit ist gekommen, unsere Ketten abzuschütteln.
Wir alle sind zum Tod geworden, dem Zerstörer der Welten.
Die Zeit ist gekommen, damit aufzuhören.
Wir alle sind zu verblendeten Dienern der Hightech geworden.
Die Zeit ist gekommen, unser Schicksal wieder selbst in die Hand zu nehmen.

Wir fordern eine verantwortungsvolle Einschränkung der Informationstechnologie.
Wir fordern die Kontrolle der Bürger über Innovationen.
Wir fordern ein vollständiges Verbot der transtemporalen Datenübermittlung.
Die Zerstörungen werden weitergehen und eskalieren,
bis weltweit Anordnungen zu unserer Zufriedenheit erlassen werden.
Ihr seid gewarnt.
Die Zukunft ist vorbei.
Dr. Night

Antwort

Danke, Evelyn! Viele dürften ratlos sein, wer das in der Zukunft schreiben wird, aber mir ist es jetzt ziemlich klar.

E-Mail vom 25. Dezember 2022

Von: Ben Boyce
An: (verborgene Empfänger)

Hallo Leute!

Zunächst einmal frohe Weihnachten! Ich weiß, dass die Feiertage in diesem Jahr für uns alle eine schwierige Zeit sind, da unser Unternehmen im Augenblick vor großen Herausforderungen steht. Juristisch, logistisch und existenziell.

Wie es scheint, hat sich ausgerechnet mein Mitgründer gegen uns gewandt. Es hat haltlose Unterstellungen gegeben, ich wäre für sein Verschwinden verantwortlich, aber diese Behauptungen sind völlig FALSCH und werden sich schon bald als falsch ERWEISEN. Ihr werdet erfahren, dass er gesund und munter ist und sich weiterhin der Technologie WIDERSETZEN wird, die wir erschaffen.

Es macht mich traurig, dass er sich auf die Seite der Furcht geschlagen hat, auf die Seite der Menschen, die diese Revolution AUFHALTEN wollen. Aber wir werden nicht NACHGEBEN. Wir sind auf einen LANGEN WEG vorbereitet. Wir werden KÄMPFEN!

Ich bin so stolz auf die Menschen und die Arbeit, die ich hier sehe. Ich weiß, dass viele von euch auf ein höheres Gehalt in größeren Firmen verzichtet haben, zugunsten von Aktienoptionen … und ich VERSPRECHE EUCH, dass sie euch (schon bald) REICH machen werden, wenn ihr dranbleibt.

Wir werden all unsere Zielvorgaben weiterverfolgen. Der VERKAUF der 1.0 wird IN EINER WOCHE beginnen. Die Zukunft gehört UNS!

Mit herzlichen Grüßen
Ben Boyce
Geschäftsführer und leitender Visionär
The Future

Das ist das Ende.

Zumindest sind das die letzten Daten, die ich zusammenstellen konnte, bevor ich ging.

Aber lies bitte weiter …

SCHLUSS

B.,

Frohe Weihnachten!
Mein Geschenk für dich ist dieses Manuskript,
das gleichzeitig die Möglichkeit zu einer Veränderung enthält.
Ich habe diese Dokumente zusammengestellt und sie zu dir zurückgebracht.
Zurück in der Zeit.
Ich weiß, wie das alles klingt, aber lass dich bitte nicht beirren.
Du dürftest dies am 25. Dezember 2021 lesen,
obwohl ich es Weihnachten 2022 geschrieben habe.
Und ich bin zurückgereist, um es ein Jahr in der Vergangenheit an dich zu schicken.
Während du dies liest, gibt es auf deiner Zeitebene zwei Versionen von mir –
den Zeitspringer, der diese Worte schreibt,
und ein anderes »Ich«, das ein Jahr jünger ist, in seliger Unwissenheit, was all diese Ereignisse betrifft.
Dieser Version von mir wirst du heute etwas später frohe Weihnachten wünschen,
aber zuvor noch musst du hören, was ich (diese Version meines »Ichs«) dir zu sagen habe.
Du fragst dich vermutlich:

Hat Adhi jetzt völlig den Verstand verloren?
Ist das ein ausgeklügelter Schwindel oder eine Folge seines letzten Anfalls?
Ich versichere dir, das ist es nicht.
Alle Dokumente in diesem Manuskript sind echt.
Sie stammen aus einer Vielzahl von Quellen, hauptsächlich online,
und von den Servern von The Future (die Firma, die du und ich im nächsten Jahr gründen werden).
Einige dieser Dokumente sind aus der früheren Vergangenheit.
Manches hast du schon gesehen oder in gesprochener Form gehört (die Rede zu deiner Hochzeit).
Andere Sachen werden dich zweifellos ziemlich verblüffen – da sie nicht nur aus dem nächsten Jahr kommen, sondern aus der noch ferneren Zukunft.
Ich habe alles zusammengestellt, um ein möglichst treffendes Bild zu zeichnen,
wie sich diese Technologie auf die Welt auswirkt,
aber auch, wie sie Menschen verändert.
Wie sie *uns* verändert hat.
Ich schicke dir dieses Manuskript, nachdem ich es zurück durch die Zeit gebracht habe,
in dem Wissen, dass es auf gesunde Skepsis stoßen wird.
Ich lade dich ein, die Authentizität auf jede erdenkliche Weise zu überprüfen,
und wenn du bereit bist, die Möglichkeit in Betracht zu ziehen, dass alles der Wirklichkeit entspricht …
oder eher, dass alles wirklich sein *wird*, in der Zeitlinie, aus der ich gekommen bin …
dann werde ich erklären, wie es sich so entwickeln konnte.
Später wirst du mir eine Nachricht schicken und mir frohe Weihnachten wünschen.

Deine Arbeit frustriert dich, und du suchst nach einem Ausweg.
Du wirst mich nach der Dissertation fragen, die ich an der Uni geschrieben hatte,
und du wirst mich bitten, sie dir zu schicken, damit du sie lesen kannst.
Danach wirst du begeistert sein,
und wenn du begeistert bist, ist alles möglich.
Also werden wir – du und ich – zügig ein Milliarden-Dollar-Unternehmen aufbauen,
und gemeinsam werden wir eine Technologie realisieren, die die Welt verändern wird.
Möglicherweise wird sie die Welt zerstören.
Auf jeden Fall wird sie unsere Freundschaft zerstören.
Also habe ich diese Auswahl von Dokumenten zusammengestellt
und sie unter großer Gefahr für mich zu dir gebracht,
zu dem Preis, nie mehr in meine eigene Zeit zurückkehren zu können,
um zu versuchen, die Zukunft zu ändern.
Lass mich zuerst das Wie erklären.
Wenn du bis zu dieser Stelle gekommen bist, hast du hoffentlich den Unterschied zwischen der 1.0-Technologie (Information durch die Zeit zurückschicken)
und der 2.0-Technologie (eine Person körperlich zurück durch die Zeit reisen lassen) verstanden.
Die 1.0-Technologie kann in die Zukunft schauen, aber diese Zukunft ist nicht veränderbar.
Die 2.0-Technologie ist eine Möglichkeit, die Vergangenheit zu ändern, indem einem früheren Punkt auf der Zeitlinie eine neue Wesenheit aus Materie und mit handlungsfähigem Bewusstsein hinzugefügt wird.
Die Geschichte lässt sich verändern.

Zu diesem Zweck bin ich hier.

Für einen Moment bin ich wirklich davon überzeugt gewesen, dass 2.0 unmöglich ist,

weil dazu eine nahezu unendlich hohe Energiedichte erforderlich wäre.

Wie sich gezeigt hat, ist es durchaus möglich.

Dazu ist nur ein großer Teilchenbeschleuniger nötig.

Nachdem wir beide im November 2022 mit dem Verteidigungsministerium gesprochen hatten

(ich benutze die Vergangenheitsform, weil es für mich schon geschehen ist, wenn auch für dich noch nicht),

wurde ich zu einem gesonderten Treffen mit Leuten von der DARPA eingeladen.

Sie hatten schon seit Jahren an 2.0 gearbeitet, jedoch ohne Erfolg,

weil sie 1.0 nie entwickelt hatten.

Ich habe eine Woche lang mit ihrem Team gearbeitet und ihnen geholfen, die Lücken auszufüllen.

Wir hatten Erfolg.

Wir bauten eine funktionierende Maschine, die eine Person durch die Zeit zurückschicken kann.

Natürlich würde ein solcher Zeitreisender niemals zurückkehren können.

Es war durchaus möglich, dass die Maschine den ersten Menschen, der versuchte, sie zu benutzen, unverzüglich tötete.

Ein Freiwilliger wurde gebraucht, ein Neil Armstrong der Zeitreise.

Ich hob die Hand.

Ich hatte gute Gründe und nichts zu verlieren.

Ich reiste nur drei Monate zurück in die Vergangenheit, in den August 2022.

Ich sagte dem DARPA-Team, dass es ein guter Zeitrahmen wäre, um verifizieren zu können, dass die Technologie funktioniert –

um zu diesem früheren Zeitpunkt Kontakt mit ihnen aufzunehmen und sie über unseren Erfolg zu informieren.
Nur dass ich nie die Absicht hatte, mich mit ihnen in Verbindung zu setzen.
Ich führte meine eigenen Forschungen durch, um zu sehen, ob eine 2.0-Intervention tatsächlich die Zeitlinie ändern konnte.
Ich wählte den August als Ziel, weil das die Zeit war, in der unser Beta-Test lief.
Das wollte ich zur Kontrolle nutzen, da ich wusste, dass wir unseren Prototyp bereits dazu eingesetzt hatten, Daten zu gewinnen, wie der Beta-Test abgelaufen war.
Ich versuchte diese Daten zu ändern, indem ich eine der Beta-Einheiten stahl.
Ja, ich selbst war für den Diebstahl dieser Beta-Einheit verantwortlich,
während du und mein anderes Ich noch völlig ahnungslos waren.
Es tut mir leid wegen der Probleme, die ich damit ausgelöst habe.
Dieser Diebstahl war der Grund für die Diskrepanzen, die du beobachtet hast.
Deine Gegenwart wurde physisch erschüttert,
sodass sich die von unserem Prototyp vorhergesagte Zukunft veränderte
und ich bewiesen hatte, dass eine Beeinflussung der Zeitlinie möglich ist.
Ich hatte gehofft, dass eine solche Änderung der Zeitlinie vielleicht einige der negativen Konsequenzen verhindern werde, die ich vorhergesehen hatte.
Dass wir den großflächigen finanziellen Zusammenbruch, den internationalen Konflikt
und die Gegenreaktion der Terroristen vielleicht vermeiden können.

Stattdessen schien ich das alles nur schlimmer zu machen.
Vielleicht weil eine Herausforderung, die sich dir stellt, nur deine Entschlossenheit stärkt.
Zu diesem Zeitpunkt (November 2022) war ich drei Monate in die Vergangenheit zurückgegangen
und hatte diese drei Monate noch einmal durchlebt,
und meine Versuche, die Zukunft zu verbessern, waren gescheitert.
Ich dachte mir, ich bräuchte einen Verbündeten, wenn ich etwas bewirken wollte.
Also gab ich mich meinem anderen Ich zu erkennen –
dem Adhi, den du im November 2022 kanntest (kennen wirst).
Ich erklärte dem anderen Adhi, woher ich gekommen war,
und er war verständlicherweise ziemlich ... baff.
Aber er war auch fasziniert.
Ich hatte schon immer die Welt verändern wollen,
also war mein anderes Ich natürlich begeistert, dass er endlich die Chance dazu erhielt.
Gemeinsam beschlossen wir, The Future zu zerrütten.
Wir mussten die Firma in Schwierigkeiten bringen – die Firma und *dich* –
also heckten wir einen Plan aus, wie wir den Tod des anderen Adhi vortäuschen konnten,
und zwar so, dass der Verdacht auf dich fällt.
Aber nicht so sehr, dass du tatsächlich im Gefängnis landen würdest
(es war geplant, dass Adhi lange vorher wieder in der Öffentlichkeit auftaucht),
aber der daraus folgende Skandal sollte zumindest die geschäftlichen Aussichten der Firma verschlechtern.
Wir dachten, wenn du unter Mordverdacht stündest,
wärst du nicht mehr in der Lage, das Produkt auf den Markt zu bringen.

Als wir beide nach D.C. bestellt wurden,
blieb der andere Adhi in Palo Alto,
während ich (ja, mein durch die Zeit gereistes Ich) dich zum Gespräch mit dem Verteidigungsministerium begleitete.
Du konntest den Unterschied nicht erkennen.
Allerdings war ich auch nur ein paar Monate älter als meine andere Version,
und der Stress unserer Anstrengungen hatte uns beide vorzeitig altern lassen.
Als du ins Valley zurückgekehrt bist und dich mit »mir« an der Dish getroffen hast,
war das der andere Adhi, der aus deiner Zeitebene,
und während du dich mit »mir« unterhalten hast,
war ich im Büro und habe die Dokumente beschafft, die ich hier zusammengestellt habe.
Leider schien auch der Plan, dir einen Mord in die Schuhe zu schieben, alles nur noch schlimmer zu machen.
Du hast beschlossen, das Produkt trotzdem auf den Markt zu bringen,
und die Zukunft, die unser Gerät vorhersagte, wurde sogar noch düsterer als zuvor.
Zu diesem Zeitpunkt (Heiligabend im nächsten Jahr)
wurde offensichtlich, dass ich auf dieser Zeitebene nichts tun konnte, um dich aufzuhalten
oder die Zukunft grundlegend zu ändern.
Ich erkannte, wenn ich tatsächlich etwas bewirken wollte,
musste ich noch weiter zurückgehen.
Ich musste nämlich verhindern, dass The Future überhaupt gegründet wird,
und dafür sorgen, dass der Prototyp niemals gebaut wird.
Als du deine Absicht bekanntgabst, die Markteinführung durchzuziehen,

druckte ich gerade die Dokumente aus, die ich den Firmenservern entnommen hatte,
und am Weihnachtstag 2022 fuhr ich zum DARPA-Labor in D.C.
Dort einzubrechen war einfach, da ich bereits zuvor Zugang zur Einrichtung gehabt hatte,
und selbst wenn ich Alarm auslöste, musste ich mir keine Gedanken über einen Fluchtweg machen.
Ich würde hineingehen, aber nicht wieder herauskommen.
Ich benutzte den Prototyp, um zurückzureisen –
doch diesmal ging ich weiter.
Ein Jahr, um genau zu sein.
Zurück zum … heutigen Tag. Dem 25. Dezember 2021.
Das ist der Tag, an dem du mich zum ersten Mal wegen meiner Forschungsarbeit angesprochen hattest.
Der Tag, an dem The Future auf die Welt kam.
In der Hoffnung, dass ich dich davon abbringen kann.
In der Hoffnung, dass ich dich überzeugen kann, darauf zu verzichten.
Wahrscheinlich möchtest du mir sagen:
Warum redest du nicht mit dir selbst?
Warum gehst du nicht zu dem anderen Adhi, der zu dieser Zeitebene gehört?
Aber genau das habe ich schon einmal getan, als ich in den August 2022 zurückreiste,
und ich bin nicht stolz darauf, wie ich mich verhalten habe.
Oder eher, wie meine beiden Ichs sich zusammen verhalten haben.
Ich bin auch nicht stolz darauf, dass ich versucht habe, Leila zu überreden, mit mir abzuhauen,
und vor allem bin ich nicht stolz auf meinen Plan, dir den Mord an mir anzuhängen.
Zu guter Letzt habe ich mich selbst erkannt.

Ich weiß, dass ich von der tiefen Überzeugung geleitet werde,
dass ich im Grunde völlig allein bin –
dass ich alles selbst in Ordnung bringen muss,
ohne Rücksicht darauf, ob etwas richtig oder falsch ist oder wer dadurch verletzt wird.
Ich würde mich immer für Wissen und Information entscheiden,
und auf einer tiefen, unabänderlichen Ebene, allen gegenteiligen Beweisen zum Trotz,
werde ich immer daran glauben, dass *Wissen* alles besser macht.
Ich werde immer zu der Überzeugung gelangen, dass ich es diesmal unter Kontrolle habe.
Deshalb weiß ich, dass der andere Adhi, würde er dieses Manuskript bekommen, von dieser Offenbarung begeistert wäre.
Er würde sich einreden, dass er alles anders machen würde.
Wahrscheinlich würde er sogar *mich* überreden, dabei mitzumachen,
bis auch ich erneut daran glaube, *dass es diesmal anders sein wird.*
Ich habe gelernt, dass ich es nicht lassen kann.
Wenn ich die Chance bekomme, werde ich jedes Mal die Büchse der Pandora öffnen.
Also versuche ich jetzt etwas anderes,
indem ich die Entscheidung jemand anderem überlasse.
Meinem Captain. Meinem Kirk.
Ich wende mich an dich und hoffe, dass es mit dir anders werden kann.
Ich hoffe, dass du dich nicht für Wissen entscheidest. Oder für Erfolg. Oder für Kontrolle.
Sondern … für Freundschaft.
Du weißt, dass du der einzige wahre Freund bist, den ich je hatte.

Als du an den Disziplinarausschuss geschrieben hast,
obwohl du davon keinen Vorteil hattest, außer mir zu helfen.
Als du die E-Mail an Google geschrieben hast, um mich für den Job zu empfehlen
(wovon ich erst während der Vorbereitung dieses Manuskripts erfahren habe),
und als du Paolo ausgetrickst hast, damit ich im Vorstand bleibe
(was du, während du dies liest, noch gar nicht getan hast) –
all das sind Beweise,
dass ich nicht, wie ich befürchtet hatte, allein bin.
Natürlich begehren meine Gedanken in düsteren Momenten auf
und versuchen mich zu überzeugen, dass selbst diese Gefälligkeiten nur clevere Fiktionen waren,
die in jedem einzelnen Fall sicherlich auch dir auf irgendeine Weise geholfen haben.
Aber ich muss daran glauben, dass das alles real war
und dass sich unsere Freundschaft auf Zuneigung und Wahrhaftigkeit gründete,
weil andernfalls genauso gut die ganze Welt verdammt sein könnte.
Angesichts dessen, was du hier gelesen hast,
halte ich es für eine unbestreitbare Tatsache, dass diese Technologie ein Problem darstellt.
Für dich. Für mich.
Für Leila und deine Ehe.
Für die Welt als Ganzes.
Es ist eine Technologie, die mehr Informationen produziert, aber weniger Entscheidungsfreiheit lässt –
und das Ergebnis ist für alle katastrophal.
Zu meiner Zufriedenheit habe ich bewiesen, dass das Unmögliche möglich ist –

dass die Vergangenheit geändert werden *kann* –,
und dadurch kann auch die Zukunft geändert werden.
Damit bleibt nur noch die Frage:
Können *wir* uns ändern?
Ich konnte es nicht.
Dennoch frage ich dich:
Kannst du es?
Da ich nicht das tun kann, was für mich das Beste ist …
hoffe ich, dass du das tun kannst, was für uns beide das Beste ist.
Ich hoffe, dass du mir – meinem anderen Ich – heute etwas später schreibst …
und ihm einfach nur frohe Weihnachten wünschst.
Ich hoffe, dass du ihn zu einem Treffen an der Dish einlädst.
Um Bier zu trinken.
Um in die Sterne zu schauen.
Denn dieses Mal liegt es an dir.
Die Zukunft gehört dir.

Mit zutiefst freundschaftlichen Grüßen
A. aus der Zukunft

DANKSAGUNGEN

Es ist alles andere als ein einsames Unterfangen, ein Buch zu schreiben. Es wird von anderen inspiriert, lange bevor die Niederschrift überhaupt beginnt, und seine Entstehung wird von der Begeisterung, dem Feedback und der Unterstützung einer ganzen Gemeinschaft gefördert. Ich bin sehr glücklich, dass ich mich mitten in einem Netzwerk aus brillanten Individuen befinde, die alle ihren Anteil daran hatten, eine spontane Idee in den Roman zu übersetzen, den Sie soeben gelesen haben.

Als Erstes danke ich vielmals meiner Agentin Zoe Sandler, deren Zuversicht und Arbeit mir dabei geholfen haben, meinen Kindheitstraum, zu einem Schriftsteller zu werden, zu verwirklichen.

Ebenfalls danke ich meiner fantastischen Lektorin Sarah Peed für ihre exzellente Arbeit an dem Manuskript und dafür, dass sie Ben und Adhi fast genauso sehr lieb gewonnen hat wie ich. Und dem ganzen Team bei Del Rey, dass sie es in der bestmöglichen Form in die Welt gebracht haben.

Dank geht an meine Familie für die unermüdliche Unterstützung, insbesondere an meinen Vater, der mich gelehrt hat, von der Zukunft zu träumen.

An meine brillanten und kreativen Freunde, die zu meinen ersten Testlesern wurden und anspornendes Feedback gegeben haben, vor allem Kevin Oeser, Sarah Schuessler, John Carey,

Aqsa Altaf, Ariel Heller, Dave Crabtree, Nicole Wachell, Andrew Gori und den Mitgliedern meiner Schriftstellergruppe mit dem unglücklich gewählten Namen »Deez Notes«.

Außerdem möchte ich zahlreichen Leuten für ihre Hilfe bei der Recherche der Kultur von Silicon Valley danken, unter anderem Jason Rugolo, Ashley Grabill, Nick Dazé und Hunter Rosenblume.

Ich danke auch jenen, die an das Buch geglaubt haben, unter anderem Ryan Casey, der es weitergegeben hat, sowie dem Produzentenpaar und Powerteam Sev Ohanian und Natalie Qasabian, von denen sehr kluges kreatives Feedback kam. Und dem Filmemacher Aneesh Chaganty, dem sehr viel an Adhi und seiner Darstellung lag, sodass die Handlung besser wurde und ich mich durch die Arbeit zu einem Schriftsteller entwickelte.

Zu guter Letzt bin ich meiner Frau Casey unendlich dankbar, die vorschlug, dass diese Geschichte am besten als Roman erzählt werden sollte und nicht in Form eines bizarren Online-Experiments, und deren Glaube an mich das alles möglich machte.

diezukunft.de

Das Magazin für die Welt von morgen in Science und Fiction

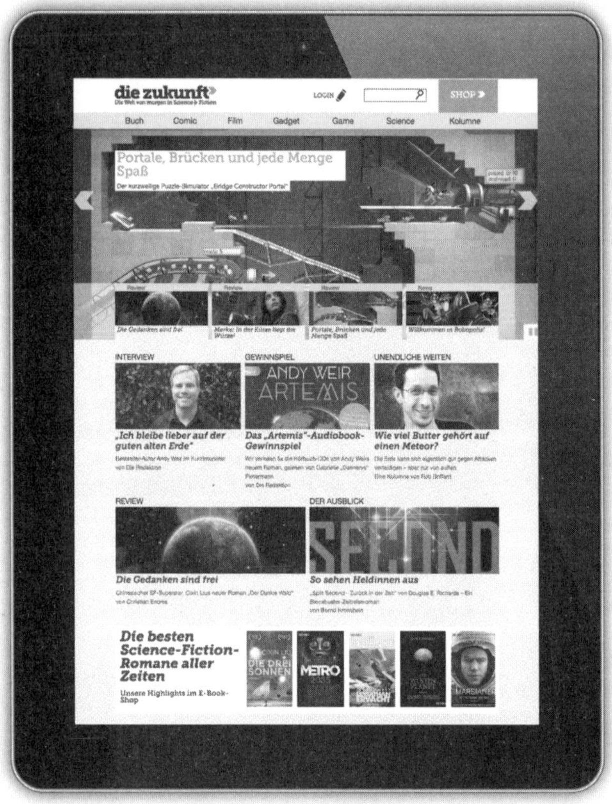

Täglich aktuelle News, Essays und Rezensionen

Science-Fiction-Romane und Storys aus über fünf Jahrzehnten

Exklusive E-Only-Klassiker im Shop

Bücher-, Comic- und Kinoticket-Verlosungen

Sie finden uns auch auf

HEYNE